JN410023

추억 여행

어느 우물 안 개구리의 여로

추억 여행

어느 우물 안 개구리의 여로

글·사진 조병수

자연과 사람

추억의 장을 펼치며

멋모르고 시작한 은행원으로 반평생을 살아오던 생활에서 벗어날 즈음, 그 동안의 세월이 저에게 남겨준 감사한 일들과 기억들을 반추해보다가 문득, 우물 안 개구리처럼 바깥 세계를 모르던 갓 서른의 젊은이가 첫돌이 지난 아이를 안고 영국 땅에 도착하면서부터 시작된 해외 주재원 시절의 일화들과 스스로 부족했던 점들을 정리해보고 싶다는 생각이 들었습니다.

그래서 제대로 글 쓰는 법을 배워본 적도 없는 사람이, 영국과 미국 땅에서 온몸으로 부딪치며 배워나가던 어설펐던 시절의 애환과 에피소드, 국내외에서 경험한 직장과 사회의 모습, 삶과 가족에 대한 마음들, 그리고 은퇴 후 새로운 배움의 시간을 통해 깨우치게 된 내용들을 틈틈이 메모하게 되었고, 이번에 그런 이야기들을 모아서 한 권의 책으로 발간하게 되었습니다.

일찍이 드넓은 세상을 보고 경험할 기회를 베풀어주신 옛 직장의 상사와 선배, 동료 분들께 감사드리며, 문외한의 습작을 세상에 내놓도록 격려해 주신 김인영 전 서울경제신문 사장님, 이 책의 출간을 맡아 애써 주신 도서출판 자연과 사람의 김유수 대표님과 관계자들께도 감사드립니다.

그리고 저와 이 여정을 함께 하며 동고동락해온 아내의 사랑과 헌신, 자신들의 바쁜 일상 속에서도 꼼꼼한 조언과 성원을 아끼지 않은 딸 혜영과 혜진의 마음이 너무나 고맙고, 정말 사랑한다는 말을 전합니다.

무엇보다도, 이런 모든 여건과 과정들이 이루어질 수 있도록 허락해 주신 하나님께 감사 기도 드립니다.

2022년 4월

조 병 수

목 차

제1부 | 우물 안 개구리의 여로

제2부 | 생각의 조각들

제3부 | 배움으로 가득 찬 여가

제4부 | 추억 여행

제1부

우물 안 개구리의 여로

모트 가든, 윈저성, 영국

처음 타는 비행기

언론인 박권상씨가 1980년대 초에 쓴 『영국을 생각한다』라는 책의 제목이 참 인상적으로 느껴질 때가 있었다. 갓 서른을 넘긴 새내기 젊은 부부가 처음으로 비행기를 타고 나가서 살게 되었던 1980년대 중반의 영국을 생각하면, 지금이라도 금방 가슴에서 원색의 초록 물감이 뚝뚝 떨어져 내릴 것만 같다. 젊은 시절 맨몸으로 부딪치며 배워나가는 다른 세상에서 때로는 남모르는 아픔도 있었지만, 그렇게 보고 배운 새로운 세계와 그 배경으로 등장하는 아름다운 풍경들이 너무나 가슴 저리게 각인되어 있기 때문이다.

자연이란 바로 이런 것이 아니겠는가 싶었다. 영국을 방문한 어느 분이 "영국에서는 흙이 안 보인다"라고 하던 말처럼, 아름다운 색조의 하늘과 양 떼, 솜털 같은 구름과 돌담길, 목가적인 시골 풍경과 동화 같은 고성들, 유서 깊은 도시와 왕궁, 기마병과 마차, 마룻바닥 소리가 울리는 아기자기한 선술집 퍼브Pub의 모습들과 라거맥주lager beer의 고소한 맛, 좁다란 수로를 거슬러 가는 배들과 수채화폭 같은 바닷가 언덕들….

그리고 자동차 경음기 소리란 들어볼 수 없이 여유롭게 기다려주고 비켜주고 손을 흔들며 지나가는 운전자들, 왕궁 같은 근엄한 느낌의 호텔 리셉션장 입구에 서서 봉으로 바닥을 치며 웅장한 소리로 입장 손님을 호명하던 안내자의 모습들….

첫 해외 근무지가 한때 '해가 지지 않는 나라'라고 불렸던 영국이었다는 것은 개인적으로는 행운이었다고 할 수 있겠다. 그러나 그런 곳에

버킹엄 궁전 근위병 교대식

서 겪은 색다른 경험들이 그저 주어지는 것이 아니기에, 지나고 나니 아름다운 추억으로 남게 되는 것인가 보다.

처음 런던으로 향하던 1983년 말은 요즈음과 달리 해외여행도 자유롭지 않았던 시절이었다. 88 서울 올림픽 이후 1989년부터 '해외여행 자유화'가 시작되었으니, 그 당시 유일한 국적 항공사이던 대한항공도 런던으로 가는 직항 편이 없었다. 앵커리지를 거쳐 파리로 가서 다른 비행기로 갈아타고 가야 하던 때였다.

비행기를 타본 경험이라고는 그 몇 년 전 제주도로 신혼여행 간다고 처음으로 비행기에 올라 안전벨트를 매고 앉아 있다가 태풍 때문에 출발도 못하고 내린 것이 전부였던 사람이, 갓 돌이 지난 딸과 아내를 대동하고 먼 타국으로 떠나게 되었으니 잔뜩 긴장되지 않을 수 없었다.

떠나는 날 김포공항에는 얼마 전 갑자기 발견된 종양으로 병원에 입원해 계시던 부친께서 아들 내외와 손녀가 외국으로 떠나는 모습을 보신다면서 불편한 몸을 이끌고 전송을 나오셨다. 딸을 안고 출국장 문 안으로 들어서는 순간, 나도 모르게 왠지 뒤돌아보고 인사를 해야 할 것 같은 느낌이 들어서 멈춰 섰다. 그때 뒤돌아 석별의 목례를 드리며 바라보던 그 순간이 이 세상에서 아버지를 뵙는 마지막 장면이 될 줄은 그 당시로는 전혀 생각지도 못했다.

건강하셨던 분이라, 느닷없이 들게 된 그 질병의 의미를 '설마' 하는 생각으로 너무 소홀히 여기고 지냈던 것이 늘 죄스럽다. 크리스마스이브에 전해지던 그 황망한 순간과, 그때 불편한 몸을 가누며 공항 대합실 의자에 앉아서 손을 흔들던 부친의 그 모습은 잊혀지지 않는 장면으로 늘 마음속에 남아 있다.

그렇게 떠난 첫 해외여행은, 미지의 세계로 첫발을 내딛는 설렘과 긴장으로 비행기를 타고 가는 내내 잠시도 눈을 붙일 수 없게 만들었다. 주위에 앉은 어린아이의 칭얼거림이 '외국으로 입양 가는 어린아이의 것'이라는 말을 들었을 때의 충격과, 이를 보살펴주는 승무원들의 정성스런 모습도 생경하게 다가왔다.

옆에 앉은 독일인이 묻는 말에 무어라고 답변을 하면서도 그런 '외국인과 대화'가 은근히 부담스러웠고, 어린 딸이 갑갑한 기내 공기와 소음 속에 조금이라도 칭얼거릴라치면 주위 분들에게 실례가 될 것 같아서 노심초사하던 그 모든 상황들이, 말 그대로 긴장의 연속이었다.

'중간에 앵커리시에 기착한다는데 그곳에서는 어떻게 되는 것인가? 파리에서 비행기를 갈아탈 때는 어디로 가서 어떻게 하나? 영국에서의 입국 심사 때는 무슨 질문을 할 것이며 뭐라고 대답할까?' 등등의 걱정이 끊이지 않았다.

비행기가 중간 기착지인 앵커리지에 도착할 때가 되어갈 즈음에 안내 방송이 나오는데, 기체에 무슨 문제가 있는지 앵커리지가 아닌 "가까운 미 공군 기지에 착륙한다"는 것이었다. 착륙한 뒤 내다 본 창밖은 깜깜한 밤중에 엄청난 눈보라가 휘몰아치고 있었다. 무슨 문제가 있는지에 대해서는 구체적인 안내도 없는 가운데 비행기에서 내리지도 못하고 대책 없이 좌석에 매여 있으려니까 모두들 걱정스런 모습들이었다.

여기저기서 어린아이들이 칭얼거리고 사람들이 웅성거렸다. 식사 시간이 한참 지났는데도 요기할 음식도 제공되지 않고 있으니 모두들 시장기가 역력한데, 특히 어린아이들이 참고 견디기가 힘들었을 것이다. 그 와중에서도 다행이었던 것은, 딸을 모유로 키웠던 아내 덕분에 내 딸은 그런대로 넉넉한 포만감과 여유를 부리면서 그 상황을 이겨낼 수 있었다.

그렇게 네댓 시간을 기내에서 꼼짝 못하고 갇혀 있는데 비행기 출입문이 열렸다. 그 문으로 기내식 상자들이 교체되어 들어오는 것을 보면서, '이제는 뭐가 좀 해결되어가고 요기라도 할 수 있겠구나' 하는 안도감이 밀려 들었다. 그때 잠깐 열린 비행기 문밖으로는, 저 멀리 불빛 몇 개만 보이는 깜깜한 밤하늘에 세찬 눈보라가 거의 수평으로 휘날리고 있었다.

긴장되고 어려운 시간들이었지만 어쨌거나 무사히 다시 출발할 수 있게 되어 감사했다. 하지만 '처음 타보는 비행기'에서 두고두고 기억에 남을 신고식 끝에 다시 비행기가 파리로 향하는 동안에는 또다시 '도착 시간이 지연되는 바람에 파리에서 런던으로 가는 연결 편이 없으면 어떻게 하나? 빈자리는 있을까?' 하는 걱정들로 마음은 무거워져만 갔다.

그런 가운데서도 시간은 흘러 파리 공항에 도착했다. 갈아탈 비행기를 확인한 후에 런던 사무실에다 저간의 사정을 알려주고는 공항 대합실을 서성거리는데, 머리를 짧게 깎은 남자가 말을 걸며 다가왔다.

그 당시에는 해외여행을 하는 사람은 반드시 소양 교육을 받아야 했는데, 그 교육에서 “외국 여행할 때 괜히 접근하고 말을 거는 사람은 수상한 사람일 수 있으니 조심하라”는 말을 들으면서 섬뜩했던 기억이 있다. 아내와 같이 장충동 쪽 어딘가에 가서 그런 교육을 받은 터에, 낯선 파리 공항에서 왜 자꾸 나를 따라오며 말을 거는 것인지 덜컥 겁이 났다.

대충 인사만 하고 아내와 눈짓을 주고받으며 슬슬 피해가려는데, 그 사람은 계속 따라오며 말을 걸어오는 것이었다. ‘이거 이러다가 해외여행 초행길에 우리 가족 모두 납치되는 것은 아닌가’ 하는 생각으로 약간은 당혹스러운 느낌마저 들었다.

그분이 “교통부 공무원인데 영국 남서부 웨일스Wales지방에 연수하러 간다”는 말에 조금 안심은 되었으나, 마음 한구석으로는 ‘그 말도 어떻게 믿을 수 있나?’라는 의구심을 떨칠 수 없었다. 지금 생각하면 정말 웃기는 장면이었다.

젊은이답게 용감하게 그 사람이 무슨 말을 어떻게 하는지 끝까지 들어보며 부딪쳐 보았어야 했는데, 어설픈 초보 해외여행자의 지나친 소심함과 호랑이 담배 먹던 시절의 투철한 반공정신과 소양 교육 덕분에 ‘가족을 보호해야겠다’는 본능이 앞서고 말았던 것이다.

나중에 웨일스 지방의 카디프Cardiff로 연수 받으러 온 친구를 보면서 우리 공무원들이 그 곳으로도 연수를 간다는 것을 확인했다. 혼자서 여행하다가 비행 중에 어려운 일을 겪고 동병상련의 기분을 나누고자 했던 그분이 국가의 큰일을 담당할 재목임을 미처 알아보지도 못하고, 슬금슬금 자리를 피하려던 그 풋내기 직장인의 결례를 오해하지 않았기를 바라는 마음이다.

'우물 안 개구리의 해외 근무'는 그렇게 시작되었다.

2009년 3월 당시 아우디코리아 사장이던 트레버 힐은 매일경제신문 칼럼에서 '해외에서 근무하기'에 대해 이렇게 표현했다.

"외국인으로서 다른 나라에 파견 근무를 할 수 있는 기회를 갖는 것은 영예로운 일이라고 생각하며, 그런 점에서 나는 개인적으로 운이 좋았다고 생각한다. 다국적 기업들은 자사 직원들을 국외 지사로 파견함으로써 새로운 비즈니스 문화를 접하게 하는 것뿐만 아니라 파견 근무 시 여러 가지 힘든 상황을 극복하고 긍정적인 에너지로 전환시킬 수 있는 능력을 배양한다는 측면에서 기업 가치 증대에 기여할 수 있다고 보는 것 같다."

힐 사장의 이야기처럼 문화와 환경이 다른 곳에서 근무하며 세상을 배우는 기회를 갖는 것은 남다른 경험일 것이다. 우리가 젊은 시절 군복무 때의 색다른 경험과 고생담을 두고두고 이야기하듯이, 다른 문화와 생활 환경에 적응하느라고 겪었던 숱한 에피소드들도 나름대로의 추억거리로 다가온다.

새로운 지평

한국상업은행(現 우리은행) 런던지점에서의 첫 해외 근무는 출장이나 연수 등 해외여행을 갔다가 오면 여권을 인사부에 반납하던 시절에 시작되었다. 1980년대 초에 은행이 크고 작은 금융 사고들에 휩싸여 힘든 시기였는데, 발령을 받아 떠난 부임길에 비행기의 불시착으로 예상치 못했던 경우들을 두루 겪으면서 런던의 히스로 공항에 도착하게 된다.

20여 시간을 눈 한 번 제대로 붙여보지 못한 긴 여행 끝에 기대와 긴장감을 잔뜩 안고 입국장을 나서니, 지점 총무 책임자 댁에서 우리 가족을 위한 저녁 식사 준비를 해두었다고 했다. 어둠이 내려 깔린 꾸불꾸불한 도로와 회전 교차로roundabout, 낮은 보도 턱이 인상적이었던 런던 근교 길을 한참 달려서 그 댁에 도착하자마자, 염치 불구하고 전혀 예상할 수도 없었을 부탁을 드리고 말았다.

"정말 죄송하지만 제가 댁에서 샤워 좀 하면 안 될까요?"

꼬박 하루 동안 비행기 안에 갇혀 있으면서 제대로 먹지도 못한데다가 긴장과 초조함으로 그 긴 시간 동안 눈 한 번 못 붙였으니, 우선 몸에 물이라도 좀 적셔야만 살 것 같았다. 엉뚱한 요청에도 웃으면서 허락해 준 데 감사하며 샤워를 하는 동안, 몸에 흐르는 그 물줄기가 그렇게 시원하고 상쾌할 수가 없었다. 마치 무사히 살아있음을 확인하는 순간처럼 느껴졌다.

그 댁에서 정성스레 마련한 저녁 식사를 마치자, 미리 구해둔 주택으로 안내를 해주었다. 런던 외곽 남서쪽의 뉴몰든New Malden에 있는 그 집은 옆집과 벽이 붙어 있는 두 채 연립 주택semi-detached house이었다.

그 선배가 간단한 설명과 함께 열쇠 꾸러미와 재물 조사 목록을 건네주면서, “그릇이나 가구들의 개수와 상태를 잘 챙겨서, 나갈 때 피해를 입는 일이 없도록 하라”고 주의를 주었다. 우리가 도착하기 전에 임차 주택을 인수하면서 재물 조사까지 마치고 건네준 그 명세표에는 그릇에다가 담요, 숟가락 숫자까지 그 상태와 함께 표시되어 있었다.

“내일 아침 출근 때 데리러 오겠다”는 말과 함께 그분 내외가 떠나자, 낯선 영국 주택에서 기대와 설렘 속에서 짐을 풀었다. 그렇게 해서 난생 처음인 해외로의 긴 여정은 막을 내리고, 런던에서의 첫날밤이 시작되었다.

창밖으로 인적 없는 도로 위에 조용히 내려앉는 밤안개와 불그스레한 가로등 불빛이 이방인의 마음을 적셔왔다. 우여곡절 끝에 무사히 도착했다는 안도감에 피로가 몰려들었으나, 눈앞에 펼쳐진 새로운 세계에 대한 생각으로 가슴이 설레어 잠을 쉽게 이루지 못하였다.

날이 밝자 첫 출근길을 도와주려고 다시 찾아준 선배와 함께 워털루역으로 가는 기차를 탔다. 칸마다 좌석 두 개가 마주보고 있고 문이 따로 있는데, 그 문들의 안쪽에는 손잡이가 없었다. 영국 신사들은 역무원이나 짐꾼들이 문을 열어줄 때까지 기차 내에서 그대로 기다렸던 과거의 전통 때문이라고 한다. 기차에 타고 있던 사람들이 창틀을 내리고는 바깥에만 있는 손잡이를 돌려서 문을 열고 내리는 모습들이 신기했다.

그리고 기차에 탄 사람들 대부분이 서류 가방을 하나씩 들고 있고, 조용히 앉아서 신문을 펼쳐 보거나 책을 읽고 있는 것도 인상적이었다. 늘 안개와 보슬비 같은 비가 자주 오는 런던의 기후 탓이겠지만, ‘대부분의 경우 그 가방에는 우산 하나와 읽을거리들이 들어 있다’고 했다.

그런 생경한 모습들에 어리둥절해하며 워털루역에서 뱅크Bank역으로 연결되는 지하철The Waterloo & City Line에 들어서니, 온통 영어로 된 광고판들과 네모난 가죽 가방을 든 외국인(?)들의 조용한 분위기에 머리가 띵해지는 기분이었다. 낯선 영국 땅에서 사무실로 오가는 길들을 놓치지 않으려고 바짝 긴장한 탓이기도 했을 것이다.

이렇게 시작된 런던지점 근무는 정말 녹록한 것이 아니었다. 계속되는 야근으로 점철되었다고 하겠다. 매일 수작업 계산을 마친 거래를 다시 일괄처리batch 시스템에 입력해서 정합성이 확인된 뒤에야 퇴근할 수 있었다. 게다가 월말에는 본점에 보고할 자료의 텔렉스 천공穿孔 과정까지 마치면 자정을 넘기 일쑤였고, 연말에는 밤새워서 결산숫자를 뽑느라고 새해 아침을 사무실에서 맞기도 했다.

넘쳐나는 일 때문에 주말에 혼자서 사무실에 나가는 날도 많았다. 그 당시 가게들이 일요일에 문을 닫기 때문에 토요일 하루는 가족들과 장도 보고 잠깐씩 주변도 둘러보면서 지내고, 일요일에는 밀린 일을 처리하러 나간 것이다.

물론 그때 그렇게 배운 실무 경험과 1페니penny 차이를 규명하기 위해 밤을 지새운 노력들은 은행 생활의 기본자세와 계수 관리 능력을 형성하는 데 큰 도움이 되었다. "뿌린 대로 거둔다"는 말처럼….

그 시절, 기차가 끊어진 늦은 시간에 타게 되는 비싼 택시비나 야식비가 마음에 걸리는 날에는 아예 저녁도 거른 채 일에 매달렸다. 그럴 때는 워털루역에서 마즈Mars라는 초콜릿 바를 사서 그 고소한 맛으로 허기를 달래곤 했다.

낮에는 사무실에서 커피나 들이켜고 늦은 저녁 빈속에 초콜릿 같은 자극성 있는 것을 먹고, 집에서는 와이셔츠나 갈아입고 나올 정도로 계속되는 야근 속에서 일 배우랴 영어 따라잡으랴 온통 스트레스 속에서 생활했으니 속이 성할 리가 없었다. 결국 십이지장 궤양까지 얻으며 고생하게 된다.

그러다 보니 해외 근무가 남들이 생각하는 것 같은 그런 이상향만은 아니라는 것을 깨닫게 되었다. 일의 강도나 긴장의 정도가 국내와는 또 다른 노력과 대가가 따랐던 것이다.

20세기 후반기 한국 경제 발전의 시기에 대우그룹 신화로 일세를 풍미했던 김우중 회장은, “미국 같은 선진국은 금융 오퍼레이션 한번 하는 것이 웬만한 나라 경제 규모보다 큰 때가 많다. 그런데 그렇게 금융으로 큰돈을 벌 수 있는 나라는 세계에서 별로 없다. … 한국 같은 중진국에서 은행이 외국에 나간다고 경쟁력 확보할 수 있는 여지가 그렇게 많지 않다”(『김우중과의 대화』 신장섭著)고 얘기한다.

하지만, 그분도 “도전하지 않는 사람들에게는 그 가능성이 보이지 않는다”고 했다. 우리나라가 중진국의 문턱에 들어서지도 못했을 때부터, 일찌감치 그렇게 어렵다는 국제 금융 시장의 흐름에 맨몸으로 부딪치며 때로는 시행착오도 겪으면서 한걸음 한걸음씩 나아간 우리의 은행들과 금융인들이 있었다.

그리고 그 어느 한 자락에서, 비록 눈감고 코끼리 다리 더듬듯 했을지언정, ‘세계는 넓고 할 일은 많음’을 체험할 기회가 주어졌기에 나름대로 시간과 열정을 그렇듯 불태워 볼 수도 있었던 것 같다.

파이어 보글보글

뉴몰든역에서 분수대 로터리 쪽으로 가다가 보면 세이프웨이라는 슈퍼마켓이 있었다. 큼지막한 식품 매장에 1980년대 당시의 한국에서는 쉽게 보기 힘들었던 노란 바나나가 큼지막하게 누워 있고, 통으로만 사 먹던 수박이 몇 등분으로 나뉘어서 포장되어 있는 것들이 신기하기만 했다. 그러니 슈퍼의 쇼핑 카트 위에 그 바나나 한 송이 실어 놓고는, '아, 내가 이런 과일도 흔하게 먹을 수 있는 곳에 왔다'는 것을 실감하며 괜스레 흐뭇해하곤 했다.

런던 도착 후 며칠 되지 않았을 때였다. 딸아이에게 필요한 분유와 영양식, 그리고 기저귀 등 필요한 물품을 사야 할 일이 있어서 집에서 1km도 안 되는 곳에 있는 그 슈퍼마켓으로 걸어갔다. 자동차를 사기 전이라서 "도움이 필요하면 말하라"는 직장 선배의 호의 어린 제의가 있었지만 주말에 쉬는데 신세 지기도 미안했고, 내심으로는 '그 슈퍼의 카트에다 담아서 집에 갔다가 카트를 다시 가져다 놓으면 될 것 아닌가' 하는 생각이었다.

예의 그 바나나도 한 송이 사고, 분유 몇 통에다 생수까지 사니까, 누런 색 큰 봉지 세 개에 카트가 가득 찰 정도였다. 그리고는 오후 6시경 문 닫을 시간이 다 되어서 어두컴컴한 길을 나섰다. 슈퍼마켓 건물 옆을 돌아서 집 쪽으로 향하는 길목으로 들어서는데, 직원이 길을 막아서면서 "이곳 이상은 끌고 갈수 없다"며 카트를 자기에게 돌려달라는 것이었다.

전혀 예상치도 못한 컴컴한 곳에서 갑자기 길을 막아서는 바람에 많이 놀라고 난감했지만 별 수 없었다. 양팔에다 큰 봉지 세 개를 안고 걸어가려니, 그 엄청난 무게 때문에 몇 걸음 걷지도 못할 지경이었다. 게다가 그 누런 봉지가 도중에 찢어지기라도 한다면 정말 큰일이었다.

그래서 궁리 끝에, 봉지 하나를 우선 내려놓고 나머지 두 개의 봉지를 들고 오십 걸음 전진해서 내려두고, 다시 되돌아와서 봉지 한 개를 들어서 백 걸음 앞으로 가서 내려놓고, 또다시 오십 걸음 되돌아가서 지나쳐온 그 두 개의 봉지를 들어서 백 걸음 앞으로 보내는 방법을 생각해냈다.

영국은 위도가 높아서 겨울에는 오후 서너 시만 되면 어두컴컴해진다. 가족들이 오순도순 모여 앉아 담소와 저녁 식사를 즐길 시간대에 인적도 없는 주택가 골목에서, 개미가 분주히 자기 식량을 나르듯이 혼자서 한참 동안 진땀을 뺀 다음에야 겨우 집에 도착할 수 있었다.

차로는 2~3분 만에 갈 수 있는 그 길을 식솔들 제대로 먹여 살리려는 마음 하나로 그렇게 원맨쇼처럼 혼자 왔다 갔다 하면서, '가장의 숭고한 의무'라는 말의 의미를 뼈저리게 느꼈던 순간이었다.

그렇게 해외 근무를 시작한 지 얼마 되지 않았을 때였다. 단기 연수와 출장을 나온 분들과 새로 본국에서 전입한 직장 동료들을 위하여 주말에 주재원 가족들이 함께 런던 근교로 피크닉을 가기로 했다. 준비를 하다 보니 아무래도 무언가 끓이는 것이 필요할 것 같아서, 아내에게 "집 근처에 스포츠용품점이 있던데, 거기 가서 등산용 코펠을 하나 사다 달라"고 부탁했다.

아내가 그 상점에 가서 "'코펠이 있나요?'라고 물으니까, 주인이 무슨 말인지 알아듣지 못하는 것 같더라. 그래서 갑갑한 마음에 손짓과 함께 'Fire up(불 위에) 보글보글'이라고 하니까, 금방 알아차리고 코펠을 내놓더라"는 것이다.

나중에 찾아보니, 등산용 취사도구인 코펠의 어원은 '독일말 코허kocher인데, 요리하다는 뜻인 코헨kochen에서 나와서 일본말로 곳헤루コッヘル로 번역되었다가 우리말로 들어올 때 코펠이 되었다는 설도 있고, 처음 개발한 독일인의 이름 코허Kocher를 우리 식으로 표기했다는 설도 있다'고 한다.

어찌되었던 '코펠'은 우리들만이 이해하는 용어였던 것이다. 그냥 '냄비 세트pot set라거나 배낭용 취사 세트backpacker cookset 정도로 하면 알아들었겠지만, 그런 순발력으로라도 뜻을 이루었으니 되었다. 나들이에서 점심을 나누다가 그 사연을 들은 모두를 웃음 짓게 만들었음은 물론이고….

뉴몰든 지역은, 우리 교민들이나 주재원들이 그리 많지 않던 그 시절에도 한국 사람들이 제법 모여 사는 곳이었다. 그 동네의 한 정육점에 가면 쇠꼬리를 싸게 살 수 있다는 얘기를 들은 아내가 그 가게를 찾아가서 "영어로 'Oxtail please(소 꼬리 주세요)'라고 했더니, 영국인 주인이 한국말로 '오! 꼬리?'라고 대꾸해서 깜짝 놀랐다"는 이야기도 들었다. 한국인들이 제법 많이 찾아갔던 모양이었다. 영국인들은 잘 찾지 않는 부위였던 덕분에 싼 가격에 꼬리찜을 수시로 즐길 수 있었음이 감사할 따름이다.

그밖에도, 내가 극심한 몸살 기운으로 끙끙 앓으며 일어나지도 못하고 있을 때, 남편 없이는 아무 것도 못할 것 같았던 아내가 딸아이를 들쳐 업고 나가더니 느닷없이 홈닥터가 왕진 가방까지 들고 집으로 달려오게 만들어서 놀라게 만들거나, 한국에서 중학교 영어 교사 하다가 남편 따라 영국에 온 어느 회사 주재원 부인이 낯선 환경과 씨름하느라고

"아이들도 어린데 가정의家庭醫 지정도 못하고 어려움을 겪는다는 이야기를 듣고는 앞장서서 해결해 주었다"는 이야기도 들었다. 그렇게 다른 문화에 적응하고 생존해 나가는 지혜를 배워나갔다.

영국의 가정의 제도는, 거주 지역 내 진료소의 의사를 가정의로 사전에 지정 등록하여 1차 진료 기관으로서 진료를 받게 하고, 그 가정의 home doctor, general practitioner의 승인과 병원의 지정 의뢰 없이는, 응급 이외에는 2차 진료 기관으로 진행할 수 없도록 되어 있었다.

그 당시 나에게 있어서 골칫거리 중의 하나는, 가족 중 누가 아프기라도 하면 의사에게 가서 어디가 어떻게 아픈지 그 증상을 설명하는 것이었다. 사적인 용무로 출근이 늦어지는 것이 미안해서 이른 시간에 의사를 만나보고 가려니까 마음은 바쁜데, '온몸이 노곤하다, 팔다리가 어떻게 쑤신다'라는 느낌들을 어떻게 표현해야 할지조차 난감했다.

특히 말 못하는 어린 딸애의 증상을 설명하기란 그 당시 나로서는 참으로 난제였다. '아이가 어떻게 보채며 무엇이 문제인 것 같다'는 아픈 증상들을 우리말처럼 적절하게 표현하지 못해서 통 개운하지가 않았다.

그렇게 지나는 중에 한번은 한밤중에 딸애의 머리가 엄청나게 뜨거워지고 잠도 못 자고 보챘다. 가정의를 찾아가도 바로 주사를 놓아준다든가 하는 법은 없었다. 감기 몸살 처방이라야 '방안 환기를 시키라'거나, '비타민C가 많이 함유된 음료를 마시고 쉬게 하라'는 것이 기본적인 처방이었다. 의사의 진찰을 받고도 며칠째 열이 내리지 않고, 서울에서 가져간 어린이용 해열제도 소용이 없으니 정말 애간장이 녹을 지경이었다. '정말 이러다가 이국 땅에서 자식 잃는 것이 아닌가?' 하는 생각이 들기도 했다.

말도 못하는 어린아이가 고열로 고생한 지 며칠째 되는 날 퇴근해서 보니, 그냥 그대로 두어서는 안될 것 같았다. 갑갑해 도저히 견딜 수가 없어서, 한국에서 소아과 병원을 개업하고 있는 친구에게 전화를 걸었다. 마침 퇴근하고 집에 있던 그 친구와 통화를 하면서 내 절박한 마음이 울먹이는 목소리로 전달되고 있음을 느꼈지만, 스스로 제어할 방법이 없었다.

“아이가 병원에 가도 열이 도대체 떨어지지 않는다. 갑갑해서 미치겠다. 어쩌면 좋으냐? 우리 애 좀 살려주게.”

“아마도 중이염인 것 같다. 크게 걱정 안 해도 될 것이네.”

저 멀리서 전화기를 타고 들려오는 그 친구의 나직나직한 목소리가 그렇게 고마울 수가 없었다. 전화로나마 시원하게 우리의 전문의한테 정황과 병세를 이야기하고, 또 “크게 위험한 병은 아닌 것 같다”는 얘기를 듣고 나니 정말 속이 다 후련했다.

그래서 바로 근처에 있는 종합 병원 응급실로 데리고 가서는, 가정의의 소개서는 나중에 보완하기로 하고 응급 처치와 며칠간의 입원 치료를 받고서 완쾌되었다. ‘신체의 적응과 면역력을 강조하는’ 그곳 가정의 말만 믿고 그대로 며칠 더 갔더라면 심각한 일이 벌어질 수도 있었을 것인데, 그만하기가 다행스럽기 그지없었다.

전화로 증상을 듣고도 바로 문제점을 짚어낸 그 친구를 내 마음 속으로는 명의로 인정했다. 나중에 귀국해서 만났더니, 그 때 나로부터 “울먹이면서 전화 왔더라고 다른 친구들에게 농담했다”던 기억이 난다.

아내도 종종 그때를 회상할 때면 실소를 금치 못하곤 한다. 그 병원에서 의사가 “아이 귀를 만졌느냐?”고 물었을 때, 아내가 “귀이개로 귀지를 파냈다고 하고 싶은데 귀이개를 영어로 뭐라고 해야 할지 언뜻 생각이 나지 않아서 ‘small spoon(작은 스푼)을 썼다’고 했더니, 의사가 놀라면서 ‘아이들 귀에 쓰는 액체ear syrup가 있는데 왜 위험하게 그랬느냐'고 야단을 치더라"는 것이었다. 어린아이의 귀지를 함부로 후비다가 그런 곤욕을 치렀지만 덕분에 보고 배운 점도 많았다.

나중에 아내가 전해주는 얘기로는, 아이가 입원했던 "킹스턴 병원 Kingston Hospital에서는 거의 매시간 의사가 들어와서 살펴보고, 약 먹일 때는 약 먹여주는 간호원과 약 중량을 체크하는 간호원이 같이 들어오고, 책 읽어주는 사람, 놀아주는 사람, 목욕시켜주는 사람이 수시로 들어와서 보살피더라"는 것이다.

그 정도로 완벽하게 돌보아주니까 보호자가 병원에 같이 있을 필요가 전혀 없었지만, "환경에 익숙하지 못한 아이를 위해서 같이 있겠다고 하니까 애기 엄마의 잠자리와 식사도 같이 제공해주는 그들의 시스템에 많은 감동을 받았다"고 했다.

어린이 병동에 입원한 여러 어린이들 중에 보호자가 같이 체류하는 사람은 아내가 유일했던 모양인데, 보호자가 없어도 보호자 이상 세심한 배려를 무료로 해주는 그런 복지 시스템을 혼자서 직접 몸으로 부딪치며 체험한 셈이다.

아이가 입원해 있음에도 직장 일에 매달려 있는 남편을 탓하지 않고, 낯선 이국 땅에서 자식을 위해 물불 가리지 않고 뛰어들어 해결하는 '어머니의 힘'은 정말 대단했던 것 같다.

이렇듯 해외 근무를 나온 주재원과 가족들이 그 나라의 문화와 생존을 배워가는 과정에서 경험하는 일들은, 세월이 흐르고 나니까 그저 재미있었던 일들로 여겨진다. 하지만 현지에서 몸으로 부딪치며 그 일들을 겪을 때에는 정말 생경하고 진땀나는 순간들이었다고 하겠다. 마냥 웃어넘길 수만은 없는 이야기들이기에 이렇듯 오래도록 기억에 남아 있게 되는 모양이다.

어느 부활절 휴일

런던에서 근무를 시작한 지 몇 개월이 지나고 1984년의 봄이 오면서 4일간의 연휴가 있었다. 예수 그리스도가 십자가에 못 박힌 날을 기억하기 위한 날인 성 금요일Good Friday로부터 부활절 다음날인 월요일Easter Monday까지의 부활절 휴일이었다.

그 동안 통근 기차 타는 방법에서부터 자동차 사는 일까지 세심히 돌봐주던 직장 선배가 "연휴 기간에 가족과 함께 영국 북서부의 호수 지방Lake District으로 같이 다녀오자"고 제안하길래, 그 고마운 배려에 감사하며 길을 따라 나섰다.

연휴를 맞아 북적이는 차량 행렬을 따라 런던 북쪽으로 올라가면서, 베드포드 공작 가문의 저택인 워번 애비Woburn Abbey에 들렀다. 1840

워번 애비

년대에 7대 베드포드 공작 부인 안나 마리아에 의해서 '애프터눈 티 afternoon tea'라는 영국 사회 풍습이 만들어졌다는 명성에 걸맞게, 그 저택에는 수많은 본차이나 그릇과 도자기들이 진열되어 있었다.

바로 인근의 워번 사파리 파크에서 직접 차를 몰고 다니며 동물의 세계를 구경하는 색다른 경험도 했다. 차 보닛 위로 올라오려는 원숭이들을 보며 호기심과 함께 차가 훼손될까 걱정하는 마음이 교차하던 순간들, 사자 우리 구역에 들어서며 가슴 졸이던 기억들이 새롭다.

그곳에서 계속 북상해서 로마 시대 북쪽 변경의 방위 거점이었고 18세기 이후로 북부 잉글랜드의 상공업 중심지이자 철도 요충지인 요크 York로 향했다. 1220년부터 250년 걸려 지은 영국 최대의 고딕 건축물이자 중세 최대 규모인 스테인드글라스가 유명하다는 요크 민스터York Minster도 둘러보았는데, 얼마 후 번개로 인한 화재로 성당이 손상을 입었다는 안타까운 소식을 듣기도 했다.

York 시내에서 본 요크 민스터

중앙 홀의 높다란 천정에 그려진 선명한 색상의 그림과 정원에 피어 있던 노란색 수선화 군락이 인상적이던 18세기 대저택 캐슬 하워드Castle Howard를 거쳐서, 『제인 에어』, 『폭풍의 언덕』, 『아그네스 그레이』 같은 유명한 소설을 집필한 브론테 자매들의 박물관Brontë Parsonage Museum이 있는 하워스Haworth를 찾았다.

'고전이란 제목은 아는데 읽어보지 않은 책'이라는 누군가의 우스개처럼, 그때까지는 '샬롯, 에밀리, 앤'이라는 세 자매가 쓴 소설이 각각 무엇인지도 모르는 막연한 상태였다. 그저 아직 찬 기운이 가시지 않은 칙칙한 날씨와 어우러진 주변 구릉 지대의 정취를 통해서, 에밀리 브론테가 쓴 『폭풍의 언덕Wuthering Heights』이라는 소설 제목이 던져주던 느낌만 어렴풋이 음미해볼 따름이었다.

그리고는 드디어 영국의 계관 시인 윌리엄 워즈워스William Wordsworth의 본향인 레이크 디스트릭트로 갔다. '낭만주의 대표적 서정 시인으로서 자연적 교감과 관계되는 정신적 경험들을 주요한 시적 모티브로 삼

하워스 메인 스트리트

았다'는 워즈워스가 살던 집Dove Cottage과 기념관도 둘러보았다.

"다시는 그 시간이 되돌아오지 않더라도 차라리 그 속 깊이 간직한 오묘한 빛을 찾으리…"라고 번역되어 자막으로 내려오던 영화 「초원의 빛」의 마지막 장면과 그 「송시: 어린 시절의 회상으로부터 깨닫는 영생불멸의 암시」에 나오는 구절이 던져주던 감동에 흠뻑 젖었던 젊은이가, 그 시인이 호흡하고 사유하던 지역에 직접 와서 서 있다는 것 자체가 가슴 벅찬 일이었다.

문학에 문외한인 사람이 느닷없이 문학 기행에 나선 격이지만, 그래도 난생 처음 경험하는 부활절 연휴에 그렇게 조용하고 평화로운 산하를 둘러보면서 세계적인 작가나 시인의 고장을 둘러보는 기분은 남달랐다.

해마다 봄이 오고 부활절 즈음이 되면 영국의 호수 지역을 넘나들던 시절의 아련한 추억과 함께, 한 치 앞을 모르는 우리 삶 속에서 부활Resurrection의 의미는 생각해보지도 않은 채 그저 눈앞에 펼쳐진 세상만을 쳐다보던 나의 부족한 모습들을 돌아보게 된다.

첫 버디의 함성

우리나라 사람들은 정말 골프를 좋아하는 것 같다. 그래서 동양의 조그만 나라에서 나온 남녀 선수들이 세계의 거장들과 어깨를 겨루며 각종 골프 대회를 휩쓸고 다니는 모양이다. 우리나라의 1인당 국민 소득이 요즈음의 1/10도 안되던 시절인 1980년대에 영국에 나와 있던 주재원들도 모여 앉으면 골프 이야기였다. 모두가 무슨 할 말이 없으면 골프 이야기를 하는 것처럼 보였다.

그 당시 웬만한 샐러리맨 형편으로는 서울 돌아가서는 골프를 치지도 못할 텐데 왜들 모두 그리 극성들인지 이해가 되지 않았다. 그런데 다른 사람들의 생각은 달랐다. "서울에서 골프 배우려면 작은 아파트 한 채 값 정도 들어가니, 여기 있을 때 부지런히 배우라"는 이야기까지 해가면서 골프에 열심인 이도 있었다.

내 개인적으로 한참 동안 골프라는 운동을 썩 내켜 하지 않았던 것도, 사실은 그때 느꼈던 '지나치다'라는 관념이 많이 작용되었던 것 같다. 물론 요즈음에 와서 보니, 세상의 흐름과 미래의 변화를 읽는 식견이 부족했었던 것이지만….

런던에 도착한 지 얼마 되지 않아서, 주변에서 "골프를 배워야 하니까 골프채를 하나 마련하라"고 했다. 어쨌거나 운동은 해야 되겠기에 때마침 쓰던 것을 바꾸려던 선배의 채를 인수했다. 그리고 그립 잡는 법만 잠깐 듣고는 집에서 가까운 샌다운 경마장의 광활한 연습장에서 아무 생각 없이 채를 휘두르기만 했다. 말단 책임자로서 직장일 감당도 버거운 터라 따로 시간 내서 배우고 어쩌고 할 마음의 여유도 없었기에, 그저 실내 야구장 공 치는 것처럼 마구잡이로 휘둘러대는 수준이었다.

그러던 어느 날, 책임자들끼리 체육 대회 삼아 주말에 골프 경기를 한다는 소식이 돌았다. "나는 준비가 안되어서 하지 않겠다"고 하니까, "무조건 참석"이라고 했다. 그리고는 스스로 공을 굴려본 적이 없고 골프 규칙도 모르는 나의 "머리를 얹어준다"면서, 제일 마지막 조에 배정해서 생애 첫 라운딩을 하게 만들었다.

골프장에 도착해서야 부랴부랴 골프화와 모자를 사고 첫 홀 타석에 들어섰다. 그런데 코스 관리자와 동료들이 지켜보는 가운데 잔뜩 힘을 주어서 휘두르니 공이 맞을 턱이 없었다. 가만히 서 있는 공도 못 맞추고 허둥대다가 두어 번 만에 겨우 맞추긴 했지만, 그나마도 바로 코앞에 떨어졌다. 그 공을 자치기 하듯 굴려서 간신히 첫 홀을 마치고 돌아서니 그제야 마음이 조금 놓였다.

그리고 한 홀을 더 돌아서니 파 3짜리 홀이 나왔다. 거기서 왠지 편안해진 기분으로 친 공이 그린 위, 그것도 홀 가까이에 뚝 떨어졌다. 덜덜 떨리는 손을 억지로 진정시키며 공을 굴렸더니, "땡그랑" 하는 소리가 들렸다. 나도 모르게 터져 나오는 환호성을 참을 수가 없었다.

기준 타수par보다 하나 적게 홀에 넣는 것을 버디birdie라고 부르는 것도 그때 처음 알게 되었다. 그 말은 1903년 미국 애틀랜틱시티 컨트리클럽에서 애브너 스미스라는 사람이 홀 컵 6인치 옆에 붙는 멋진 샷을 하고는 "That's a bird of a shot"이라고 한 것에서 유래되었다고 한다. 19세기 말경 미국에서는 무언가 특별히 잘했을 때 요즈음 흔히 듣게 되는 '쿨cool' 정도의 의미로 'bird'라는 속어를 사용했던 모양이다.

물론 그 뒤로는 여전히 엉망진창이었지만, 골프채 잡는 방법조차 제대로 모르는 사람이 처음 나간 골프장에서 버디를 했다니 믿어지지 않았다. 그것도 3번째 홀에서….

그 바람에 흥분해서 그 순간의 산뜻한 감동을 떠들썩하게 얘기하며 걸어가는데, 반대편에서 맨 앞 조로 나간 상급자들이 내려오는 것이 보였다. 같은 조의 동료들이 그분들에게 "오늘 처음 나온 사람이 버디를 했다"고 큰소리로 알렸다.

라운딩을 끝내고 식당에 모여 앉은 자리에서 지점장이 나직한 목소리로 하는 이야기를 듣는 순간 얼마나 당혹스럽고 미안하던지 쥐구멍이라도 찾고 싶었다.

"골프는 물 흐르듯이 조용히 흘러가야 한다. 골프장에서 그렇게 큰소리로 떠들고 요란을 떠는 것은 예의가 아니다."

그날 그렇게 입문하는 것으로 골프의 천국이라는 영국에서 골프장과의 인연은 끝이었다. 더 이상 신경 쓰고 배울 여력도 없어서 골프 자체를 아예 접어버렸다.

그 후 한참의 세월이 지나 미국 땅에서 골프를 다시 시작하면서, 나도 모르는 사이에 신대륙의 편한 대중 골프 문화에 젖어 들었던 모양이었다. 지난해 피지Fiji 여행 때 '자투리 시간에 한동안 손 놓았던 골프나 한번 해보겠다'며 반바지에 라운드 티를 입은 채로 휴양지 골프장을 찾았다가, "깃이 있는collared 셔츠 아니면 플레이 할 수 없다"는 제지를 받고서야 '아차' 싶었다.

전통을 중시한다는 영국에서부터 듣고 배우기 시작한 골프장 에티켓과 골프를 매너 스포츠라고 한다는 사실을 어느새 잊어버리고, 그저 '쉬운 대로, 기분대로, 편한 대로' 사는 방식에 젖어 있었던 것이다.

또다시 우리의 태극 낭자가 '브리티시 여자 오픈 골프 대회' 우승컵을 들어올리며 활짝 웃는 모습이 TV 화면에 오르내리는 상큼한 아침이다. 주말 골퍼가 실력보다 의욕만 앞서서 왁자지껄하게 푸른 초장을 헤매던 지난 날의 내 모습들을 떠올려본다.

그리고 "물 흐르듯이 조용히 흘러가야 한다"던 그 첫날의 가르침도 저만치 추억의 장檔에서 꺼내어 본다. 세상사 모든 것이 물 흐르듯이 흘러가야 하는 이치는 같은가 보다.

제복의 긍지

삼십여 년 전의 기억으로 거슬러 가본다. 영국 런던에서 주말에 길가에다 주차하면서 열쇠를 차 안에 둔 채 문을 잠갔던 적이 있었다. 볼 일을 마치고 돌아와서야 그 사실을 깨닫고 '아차, 이를 어쩌나'하고 당황하고 있을 때, 무슨 영화에서나 봄직한 훤칠한 영국 경찰관이 다가오며 "무슨 일이냐?"고 물었다.

그리고는 쓰고 있던 모자 안에서 포장용 나일론 테이프 같은 것을 풀어내더니, 두 겹으로 접어서 차창 틈으로 밀어 넣고 눈 깜짝할 사이에 잠금 장치를 풀었다. 낭패를 너무나 손쉽게 해결해 준 것이 고마워서 "생큐"를 연발하니까, "다음에 또 이런 일이 있으면 얘기하라"며 만면에 미소를 머금고 유유히 걸어갔다.

말끔하게 차려 입은 경찰관의 정장 모자에 그런 테이프를 말아 넣고 다닌다는 사실이 신기했고, 또 그토록 의젓하게 움직이던 경찰관이 그렇게 간결하고도 능숙하게 차 문을 여는 기술을 가진 것도 놀라웠다. 그뿐만 아니라, "다음에 또 일이 있으면…"이라며 맑은 미소를 날리며 떠나던 그 경찰관의 모습은 정말 상큼했다.

1829년 런던 경찰청을 만든 로버트 필 경Sir Robert Peel의 이름을 따서 'Bobby'라는 애칭으로 불린다는 영국 경찰의 기품과 멋을 직접 체험하고는, 두고두고 '경찰관의 모습은 정말 저래야지' 하는 관념을 가지게 되었다.

또 한 번 영국 경찰의 모습에 매료되었던 경우는 교통사고 목격자로서 진술을 할 때였다. 그즈음 어느 해인가 5월의 마지막 연휴에 지인 가족과 같이 영국 중서부 지방으로 여행을 갔다가 그 댁의 차가 추돌 사고를 당한 적이 있었다.

갑자기 떠나자고 한 여행이라 숙소를 예약하지 못하고 그냥 가다가 민박집B&B에서 지나기로 했는데, 연휴라서 그런지 방을 구하기가 쉽지 않았다. 그래서 빈방vacancy이 있을 만한 곳을 찾느라고 불빛 하나 없는 깜깜한 시골길에서 차를 돌리다가, 멀리서 과속으로 달려오던 차에 들이받힌 것이다.

여행 간다고 트렁크에 아이스박스와 짐을 가득 실은 것이 충격 완화 작용을 한 덕분에 그 가족은 모두 별 탈이 없었지만, 그것으로써 그 여행은 끝이었다. 사고 난 자동차는 견인차에 실어서 보내고, 두 가족이 한 차에 끼어서 타고 밤을 새워 다시 런던으로 돌아올 수밖에 없었다.

버킹엄 궁전 앞 기마 경찰

그런데 며칠 뒤에 내가 살던 곳 관할 경찰관 한 명이 찾아왔다. "그 자동차 사고 당시의 목격자witness이니, 몇 가지 물어 볼 것이 있다"는 것이었다. 사고 지역의 경찰이 목격자인 내가 살고 있는 지역의 경찰에게 의뢰해서 진술을 받아오게 한 것 같았다.

그림을 그려가며 사고 정황을 설명하면서, "깜깜한 시골길에서 앞에 차량이 서 있는 불빛을 보고도 제동도 걸지 않고 들이닥친 것이나, 반대 차선에 전혀 진행 차량이 없음에도 비켜가지 않은 것을 이해할 수 없다"고 진술했다.

미소를 머금은 온유한 표정으로 끝까지 이야기를 듣고 있던 그 경찰관에게 "내 영어 표현이 서툴러서 이해하기가 곤란하지 않느냐?"고 물었더니, "천만에, 나는 당신네 나라 말을 한마디도 못하는데…"라면서 정중한 인사와 함께 떠나갔다.

그저 내 말만 듣고는 진술인 서명도 요구하지 않고 떠났는데 그 뒤로 아무런 이야기가 없었던 것을 보면서, "확실히 영국 사회는 사람의 말을 귀하게 여긴다"는 것을 다시 한 번 깨닫게 되었다. "경찰서로 와라", "진술서에 서명해라"고 하는 그런 불편함이 없는 것이, 그 시대 우리에게 익숙했던 문화와는 큰 차이라고 여겨졌다.

워털루역의 추억

몇 해 전 가을 어느 금요일 저녁, 모두들 외출하고 없는 한가한 시간에 TV 채널을 이리저리 만지다가 우연히 케이블에서 「애수Waterloo Bridge」라는 영화 제목을 발견했다. 오래전 런던에서 워털루 브리지를 지나다니면서 그 영화를 떠올렸던 감정들을 되새겨 보고픈 마음에 1940년에 흑백으로 만들어진 영화 속으로 빠져들었다.

비비안 리와 로버트 테일러가 주연으로 펼치는 애절하면서도 기품 있는 연기가 안개 낀 워털루 브리지와 역을 중심으로 펼쳐지는데, 매일같이 워털루역에서 기차를 타고 출퇴근하던 시절을 회상하면서 오랜만에 혼자서 추억 여행 기분을 만끽하였다.

실제로 워털루 브리지에 가보았을 때는 생각보다 평범한 다리였다. 영화 「애수」를 보면서 상상하던 그런 모습이 아니었다. 그러나 워털루역 만큼은 3년을 매일같이 기차와 지하철을 갈아타며 통근하던 곳이라 유난히 기억에 남는다. 특히 한 시간에 2~3편 있는 기차를 기다리며 역 구내에 있는 카페에서 마시던 '1파인트들이 한 잔의 라거one pint lager'와 땅콩 안주의 고소한 그 맛은 영원히 잊을 수 없는 추억 속의 미각으로 남아 있다.

맥주는 발효 방식에 따라 에일ale, 라거, 람빅lambic으로 나뉘어진다는데, 저온 발효 방식으로 만들어졌다는 라거는 빛깔도 곱고 시원한 청량감이 있었다. 영국의 1파인트는 568ml이다. 늦은 퇴근 시간에 동료들과 환담하면서 우리의 맥주잔보다는 더 크고 굴곡진 유리잔에 담겨 있는 구수하고 시원한 맥주를 기울이는 그 맛은 정말 일품이었다.

워털루역

그 당시는 워낙 야근을 자주하는 편이라 적당한 퇴근 시간에 동료들과 같이 퇴근하는 경우가 그리 흔하지는 않았다. 하지만 간혹 가다가, 야근을 하더라도 저녁 식사를 하지 않고 같이 퇴근하는 경우에는 자연스레 발길이 그쪽으로 돌려졌다.

서로 다른 기차 시간을 기다리며 한 잔의 맥주와 함께 이런 저런 이야기를 나누다 보면 어느 틈엔가 이쪽 노선으로 가는 기차를 놓치게 된다. 그러면 또 다른 쪽으로 가는 사람이 다음 기차 시간을 일부러 흘려보내면서 이야기꽃을 피웠다. 처음 자리에 앉을 때는 한 20분 정도 기차 시간 기다리는 짬을 이용한다는 것이, 각자가 몇 편의 기차를 그냥 보내버리면서 한 시간 넘게 그렇게 담소를 즐기곤 했다.

동료들과 같이 퇴근하면서 워털루역으로 왔을 때, 누군가 약속이 있거나 해서 그냥 가버리는 경우에는 그렇게 한 잔을 걸치는 즐거움(?)을 갖지 못하는 아쉬움으로 살짝 서운해지기도 했다.

그럴 때는 몰려오는 시장기를 달래느라 남몰래 땅콩 섞인 초콜릿을 사서 베어 물고 기차를 타던 것이 기억에 남는다. 한창 시장할 때인 저녁 9시경 기차를 탈 때, 입안에서 살살 녹던 그 초콜릿의 고소한 맛에 빠져들어서 그것이 몸에 나쁘고 위장에 부담이 될 것이라는 것은 생각하지도 않았다. 그런 것들이 그 당시 젊은 나이임에도 불구하고 십이지장 궤양을 일으키는 데 한몫을 했을 것이다. 워털루역을 회상하다 보니, 매일 타고 다니던 그 통근 열차의 모습들이 아련하게 떠오른다.

그 영화 속에 나오는 제2차 세계 대전 개전 당시의 택시 모습이 1980년대에 내가 런던에서 이용하던 택시black cab의 모습과 별반 틀리지 않은 것이 놀라웠다.

그 때 택시를 타며 느끼던 생각도 다시금 되새겨진다. 시내 어느 곳에서든지 손을 들고 택시를 잡은 후 반대 방향으로 가자고 해도 언제나 군소리 없이 바로 차를 돌려서 가고, 편도 1차선의 좁은 길에서도 택시가 손을 들며 돌리면 오가던 차들이 다 서서 길을 내주었다.

나중에 그곳 생활에 익숙해지면서 '참으로 합리적인 관행'이라는 것을 깨달았다. 택시는 누구나 탈 수 있고 또 타게 될 일도 있을 것이니, 바쁘게 택시를 탄 사람이 쉽게 원하는 길로 가게 해 주면 내가 다음에 그런 일이 있을 때 편의를 볼 수 있는 것 아니겠는가!

런던 세인트판크라스역 앞 택시들

과거에 세계를 주름잡던 나라답게 그들은 나름대로 규칙들을 준수하며 살아가고 있었고, 극동에서 온 한 동양인에게는 또 하나의 인상적인 장면으로 남아 있게 된 것이다.

문화 차이와 리더십

1980년대에는 런던 근교에만 나가도 한국이란 나라가 어디에 있는지조차 모르는 사람들이 많았다. 외교부 자료로는 1985년 영국 체류 한국인이 3천 6백 명 정도였다는데, 2010년대에는 그 숫자가 4만 명을 넘어서고 있다. 달라진 국력과 함께 격세지감을 느끼지 않을 수 없다.

그 시절 런던지점의 현지 채용 직원은 영국계와 일부 말레이시아, 스페인, 인도 출신들, 그리고 서너 명의 한국계가 섞여 있었다. 초급 책임자로서 잔뜩 긴장한 가운데 현지 업무와 문화를 배워나가는데, 지점의 근무 분위기 중에 이해가 잘 안되는 부분이 있었다.

늘 파이프 담배를 입에 물고 다니던 자금 담당 딜러가 코크니cockney라는 런던 토박이말로 속사포같이 쏘아대며 소란스럽게 돌아다녀도, 모두들 으레 그러려니 하는 듯 애써 무관심한 것이었다.

그 딜러는 오전에 약간의 일일 부족 자금overnight fund과 단기 자금을 중개 회사broker를 통해서 구해놓고는 일찌감치 점심 먹으러 나갔다가 한잔 술에 얼큰한 모습으로, 그것이 런던 금융 시장 딜러들의 관습인 양 의기양양하게 들어오곤 했다. 그러면서 괜히 어슬렁거리며 직원들과 기득거리거나, 자금 수요가 간혹 몇백만 달러라도 늘어날 때는 "내가 아니면, 한국계 은행의 위상으로는 그 정도의 자금을 빌릴 수도 없다"고 떠벌리고 다녔다.

이런 걸 보고 있자니 열불이 나는데도, 노동자 천국이라는 당시의 영국에서 목소리 큰 사람과 다퉈봐야 시끄럽기만 할 것 같아서인지 모두들 웬만하면 웃어넘기며 그렇게 묘한 균형을 이루어가고 있었다.

그때가 '철의 여인Iron Lady'으로 불리는 마가릿 대처 수상 재임 시절이었다. 1년 넘게 끌어온 탄광 노조 파업과 데모 장면이 연일 TV에 오르내리던 그 당시, 런던에 진출해 있던 한국계 은행들은 세계 금융 중심지에서 새로운 금융 기법을 배우는 걸음마 단계였다.

국제 금융 시장에 대한 접근은 매우 제한적으로 이루어졌으며, 한국계 진출 기업들의 신용장 관련 업무와 중동 지역 건설 관련 대출 같은 것이 업무의 주종을 이루었다. 유가 증권 거래와 결제를 위한 유로클리어Euroclear 가입이 뉴스가 되고, 단기 예금 증서Certificate of Deposit 같은 것을 발행해도 "신종 금융 업무를 취급했다"고 본점에다 보고하던 때였다.

국제 은행 간 통신 수단인 스위프트SWIFT는 물론 팩스도 없었고, 현지 업무용 전산 시스템 이외의 개인용 컴퓨터PC는 꿈도 못 꾸던 시기였다. 대외 및 본점 교신은 텔렉스를 이용했는데, 숫자나 내용을 테이프에 천공하여 찍고 그것을 기계에 걸어서 타전했다.

한국에서 파견된 책임자들은 그런 여건 속에서 현지 문화와 관습, 금융 기법을 배우는 데 많은 노력을 기울였지만, 3년 단위로 뭔가 좀 알 만하면 귀국하고 또 신참이 배치되곤 하니까 현지 전문가로 양성되기도 어려웠다. 그러니 걸핏하면 '변호사니, 소송이니' 해대는 현지 직원들을 감당해 내기가 그리 간단치만은 않은 형국이었다.

그러던 어느 날, 출납계cashier에서 천 파운드(약 120만원) 정도의 현금이 부족한 일이 발생했다. 소매 금융을 하는 지점이 아니라서 출납이래야 소액 현금과 거래 수표의 교환용으로 소규모 운용되고 있었는데 황당한 일이 아닐 수 없었다.

다음날 아침 좀더 자세한 경위를 파악하던 중에 출납 담당 직원을 잠시 휴게실에서 기다리게 했더니, 느닷없이 "그만 둔다"면서 사무실을 나가려고 했다. "아직 이야기가 다 끝나지 않았다"고 엉겁결에 소맷자락을 잡으려 하자 이를 뿌리치며 휑하니 나가버렸다.

그리고는 그때 잠깐 기다리게 한 것을 "휴게실에 감금당했다", 하던 얘기나 끝내고 가라며 잡으려 한 것을 "때렸다hit"면서, '소송이니 뭐니' 하는 황당한 편지를 보내오기도 했다. 물론 더 이상의 논란은 없이 끝이 났지만, 아무리 문화 차이니 어쩌니 해도 정말 어이가 없었다.

어쨌든 그 일을 계기로 지점의 내부 통제 시스템을 재점검하고 근무 자세도 다시 돌아보게 되었지만, 이런 과정에서 그 요란스런 딜러를 포함한 일부 직원들은 마치 물 만난 고기처럼 이러쿵저러쿵 떠들고 다녔다.

그러니 현지 직원 관리 문제를 이대로 둘 수 없다는 생각이 더욱 절실해졌다. 그러던 차에 지점 편제와 담당 업무가 바뀌는 것을 계기로 그 딜러부터 관리해나가기 시작했다. 내 자리도 딜링 룸dealing room 안으로 옮겨서 거래 라인이 자기 혼자만의 전유물이 아님을 일깨워주고, 자금 조달과 운용도 손쉬운 브로커 회사를 통하지 않고 환 거래 은행들과 직접 접촉해서 중개 수수료 같은 비용도 줄여나갔다.

그 딜러가 자기 마음대로 떠들며 자유롭던 시절이 그리워서인지 때때로 예전처럼 소란을 떨었지만 더 이상의 관용은 없었다. 지점장과의 대책 회의에서 '경고장warning letter'이라는 카드가 제시되었다. 고문 변호사를 통해서 확인된 바로는 그 당시 피고용자의 천국이라는 영국에서도 "업무상의 문제로 사용자가 세 번의 경고장을 주면 해고할 수 있다"는 것이다.

처음으로 경고장을 그 딜러에게 내미니까 예상한 대로 한바탕 난리가 났다. 하지만 사태의 심각성을 알아차렸는지 며칠 내에 나름대로 주의하는 모습이 역력했다. 그러나 한두 달이 지나자 또다시 병이 도졌다. 급기야 술까지 마시고 들어와서 민망할 정도로 소란을 떨었다.

그래서 제2차 경고장을 준비해서, 이번에는 그 딜러의 자택으로 우송했다. 그 가족들에게는 미안하지만 그들도 사태의 심각성을 조금이라도 알아야 한다는 생각으로 보냈는데, 그 효과는 기대 이상이었다. 사람이 어떻게 그렇게 바뀔 수가 있는가 할 정도였다. 백약이 무효일 것 같던 딜러의 행동이 일순간에 바뀌어서, 엄청나게 적극적이고 괜찮은 직원으로 변해버렸다.

그 사람 입장에서도 딜러로서 그 나이에 직장을 잃는다는 것이 어떤 의미인지, 걸핏하면 법 운운하던 친구이니 2차 경고장이 무슨 뜻인지, 그리고 해고당하지 않으려면 어떻게 처신하는 것이 맞는 것인지는 쉽게 알 수 있었을 터이다.

이러한 노력들의 결과로 지점의 근무 분위기도 현저히 좋아지고, 다양한 문화적 배경을 가진 직원들도 부질없는 마음고생을 하지 않아도 되었다.

그로부터 10년 가까운 세월이 지난 1990년대 초에 그 딜러가 모범 직원으로 선발되어서, '한국 방문 및 본점 방문'이라는 포상 여행을 왔다. 정말 엄청난 변화였다. 무서워서 비행기도 못 타고 "유럽 대륙에 나가면 이태리인 같이 생겼다고 한다"면서 영국 밖으로는 나가지 않는다던 사람이었다. 더군다나 자신의 고용주인 한국인을 은근히 내려다보는 것 같던 사람이 가족과 함께 한국에 와서 "원더풀! 아주 좋아요 lovely!"를 외쳤다고 하니, 한편으로는 반가우면서도 그 당시를 떠올리며 남모를 미소를 짓지 않을 수 없었다.

그 딜러 문제를 '그저 문화 차이로, 또는 개인의 성향으로만 이해하고 계속 내버려두었더라면 과연 이런 해피 엔딩이 될 수 있었을까?' 하는 생각을 해본 적이 있다. 정말 호랑이 담배 물던 시절의 이야기지만, 다양한 인종으로 구성된 다국적 조직을 활성화시키는 리더십의 요체는 우선적으로 현지 법규와 관습에 정통한 가운데 원칙을 중시하고 구성원들의 배경 문화를 서로 존중하는 것임을 깨닫게 해준 일화이다.

그리고 그런 학습과 도전의 시간들을 토대로 오늘날이 만들어진 것만은 분명하다.

남들을 선하게 대하면

영국의 임차 주택은 대개 가구나 비품이 딸린furnished 것이므로, 상호 간에 이를 사전에 점검하는 절차가 필요했다. 보통 입주하는 날 중개 회사 측에서 나와서 집안에 있는 가구와 그릇 등 모든 물건의 상태를 점검하고 목록을 만들어 상태를 기록하는 재물 조사inventory check를 하는데, 매우 철저하게 진행된다.

그리고 임차 계약이 종료될 때 다시 그 재물 조사 목록을 기준으로 점검해서 손상 부분이 있으면 임차 보증금 성격의 예치금deposit에서 공제하게 되니까, 임차인 입장에서는 입주 점검 때 결점을 최대한 찾아내어 지적해두는 것이 유리하다.

처음 시작한 런던 생활이 1년 반쯤 지났을 때, 집주인이 들어와서 살아야겠다며 집을 비워 달라고 해서 다시 재물 조사를 하게 되었다. 마치 군대에서 내무반 사열 받는 것처럼 집 전체를 닦고 청소하며 비품 수를 맞추고, 카펫 세탁 전문 업체에 의뢰해서 바닥 러그rug까지 말끔히 세탁을 마쳤는데도 왠지 마음이 가뿐하지는 않았다. 만년필 촉이 열린 채 거실 바닥에 떨어지면서 생긴 조그만 잉크 자국이 희미하게나마 남아 있었고, 딸아이가 놀다가 찢은 침대 옆 벽지를 그냥 붙여 둔 것도 은근히 마음에 걸렸던 것이다.

둘 다 많은 비용이 들거나 크게 문제될 만한 사안은 아니라고 생각되었기에 나름대로 성의를 다해서 세탁과 청소를 해두었는데, 조사원은 영락없이 그 잉크 자국과 벽지 문제를 짚어내었다. 휙 한번 둘러보면서도 그 조그만 티끌들만 잡아내길래 '참 대단하다' 싶었다.

그런데 문제는 집 주인에게서 날아 온 편지를 보는 순간이었다. 벽지 수리와 바닥 러그 교체로 예치금을 돌려 줄 수가 없다는 것이었다. 아마도 한 달 반 치 월세에 해당하는 700파운드(약 90만원) 정도였던 것 같은데, 30여 년 전의 가치로는 적지 않은 돈이었다. 종이 벽지 20cm 정도 찢어졌던 것과 1mm 정도의 희미한 잉크 자국 때문에 그런 큰돈을 물어야 한다는 것이 납득이 되지 않았다.

건축 자재 파는 곳에 가 봐도 그 정도의 벽지는 몇 파운드 하지도 않았고, 바닥의 러그도 정말 얼마 하지 않는 것이었다. 그러니 작은 방 전체 벽지를 교체하고 거실 바닥 러그를 통째로 바꾼다고 하더라도, 기껏해야 100파운드면 쓰고도 남을 것이었다.

야근을 마치고 자정 무렵 귀가해서는 밤을 꼬박 새우며 장문의 편지를 써내려갔다. "도대체 벽지 한 장이 얼마나 하길래 그 많은 돈이 들며, 조그만 거실에 있는 러그 한 판이 얼마이기에 그렇게 많은 돈을 요구하느냐? 수리 비용 명세와 견적을 보여 달라." 그리고 시장 가격에 기초한 예상 비용과 그 정도의 감가상각을 감당할 만한 월세를 지불한 사실을 들면서, "터무니없는 주장을 철회하고 예치금을 돌려 달라"고 했다.

며칠 후 답신이 왔는데, "한 푼도 돌려줄 수 없다. 더 이상 이야기하면 사무 변호사solicitor를 통해서 법적 절차를 밟겠다"고 씌어 있었다. 몇십 파운드면 충분할 수리비를 핑계로 예치금을 통째로 떼어 먹으려는 심산이었다. 정말 마음 같아서는 법적 절차를 통해서라도 끝까지 따져보고 싶었지만 잘못하다가는 추가 비용만 더 들어갈 수도 있겠고, 흘러넘치는 일 속에서 사적인 일에 매달릴 여유도 없어서 그만 포기하고 말았다. 현지의 문화와 법률을 제대로 알지 못하는 이방인으로서는 할 수 있는 것이 별로 없었다는 안타까움이 남는 기억이기도 하다.

그 후로 집주인이 어떻게 해놓고 사는지 궁금해서 그 집 부근을 일부러 둘러보았다. 저녁 무렵 불이 켜진 집 앞을 지나가면서, '저렇게 남한테 각박하게 하고 살면 마음이 편할까?'라는 생각을 해보기도 했다.

그러나 세상 사람들이 다 그렇게 사는 것은 아니었다. 그 다음에 살던 서비튼Surbiton의 집주인은 너무나 점잖은 분이었다. 서울로 돌아오기 전날, 재물 조사 겸해서 주택을 살피러 먼 길을 달려온 노부부는 집안을 깨끗이 청소해둔 것에 매우 흡족해 하면서 온화한 미소를 머금었다. 세상을 사는 방법이 이렇듯 극명하게 다른 경우를 먼 이국 땅에서 체험하고 돌아온 셈이다.

조엘 오스틴 목사의 저서 『최고의 삶It's Your Time』에는 "진실하게 살고, 베풀고 섬기고 남들을 선대善待하면 하나님의 축복이 넘치도록 임할 것"이라는 표현이 있다. 일찍이 체험하게 된 이 경구警句의 의미를 세월의 고비마다 쉽게 잊어버리고 살아가는 나의 모습을 다시금 돌아다본다.

도버 해협

1985년 5월 첫째 토요일, 새벽 동이 틀 무렵 도버 해협을 가로지르는 카페리 뱃전에 서서, 어둠이 걷히며 천천히 희뿌연 윤곽을 드러내며 다가오는 유럽 대륙, 프랑스 칼레Calais 해안을 바라보면서 가슴 벅차오르는 희열과 함께 온몸에 소름이 돋는 듯한 전율을 느낀다. 영화에서나 보며 동경하던 프랑스, 유럽 대륙을 이렇게 오게 되다니 정말 꿈만 같다. 더구나 아내와 딸과 함께, 차를 배에 싣고서 말이다.

'그래, 시작이다. 오늘 이렇게 미지의 대륙에 첫발을 내딛는 것처럼 앞으로 세계를 가슴에 품고 더 넓은 세상으로 부딪쳐보자'라는 각오를 다지며 가슴 깊숙이 숨을 들이마신다.

한때 프랑스어를 배운다고 학원과 프랑스 문화원을 기웃거리고 샹송 가수의 매력적인 음성과 프랑스 영화를 흠모하던 젊은이가 그런 동경의 나라가 눈앞에 펼쳐지는 순간의 감격을 메모했던 글이다.

바로 옆 나라 영국에서 근무하면서도, '차를 어떻게 배에 싣고 바다를 건너며, 영어를 알면서도 모르는 척한다는 프랑스에서 어떻게 숙소를 예약하고, 또 오른쪽 운전대의 영국 차를 끌고 통행 방법이 다른 유럽 대륙에서 안전하게 운전할 수 있을까' 하는 온갖 걱정들과 함께 가보지 못한 나라에 대한 막연한 불안감 등으로 1년여 동안 유럽 대륙 행을 주저하고 있었다.

그러던 차에 5월 초 3일간의 연휴 기간Early May Bank Holiday에 중세 르네상스 시대의 고성古城 유적이 많고 프랑스의 정원이라 불린다는 프랑스 중서부의 루아르 계곡Loire Valley 지역을 가보기로 하고 그렇게 갈망하던 유럽 대륙으로 첫 자동차 여행을 나섰다.

그렇잖아도 도버 해협을 건너서 유럽 대륙으로 가는 길목의 지리도 익힐 겸해서 그 동안 몇 차례 런던 동남쪽으로 약 두 시간 거리에 있는 도버를 다녀왔다. 영국에서 제일 오래된 성으로 "영국을 여는 열쇠key to England"라고 표현되기도 하는 도버성Dover Castle의 성벽 위에서, 카페리 선착장에서 대기하던 차들이 줄지어 배 안으로 들어가는 모습을 바라보기도 했다. 그러면서 최단 33.3km에 불과한 '도버 해협 바다 저편에 있을 유럽 대륙은 어떤 모습들일까'를 그려보고 있었다.

그렇게 조심스레 챙겨보던 그 대륙으로 진입하기 위해서 난생 처음으로 배에 차를 싣고 객석에 앉아서 새로운 문물과 생활 방식들을 보게 되었으니 그 감회가 남다르지 않을 수 없었다. 그것도 말로만 듣던 그 도버 해협을 가로지르고 있으니 말이다.

그날 아침, 그렇게 눈앞에 큼지막하게 떠오르던 희뿌연 프랑스 해안가의 모습과 그때 느꼈던 그 감격은 늘 지워지지 않는 장면으로 생생히 남아 있다.

배가 프랑스 쪽 칼레항에 도착하자 자동차를 몰고 조심스레 노란색 차량 진행 방향 표시를 따라 유럽 대륙에 처음으로 들어설 때 느꼈던 그 순간의 긴장감과 희열은 이루 말할 수 없었다.

저 멀리 지평선 너머 구름 속까지 죽 뻗은 것 같은 프랑스의 널찍한 고속 도로와 평야가 이어지고, 회색 빛 석재가 아름답게 조화된 도시들이 초원과 돌담, 양 떼들이 연상되는 영국과는 다른 모습으로 다가왔다.

아침 일찍 문을 연 빵집에서 산 바게트를 장바구니에 넣고 골목길을 걸어가던 여인의 모습과 어울리던 어느 지방 도시 골목의 풍경은 영화 속의 장면들과 흡사했고, 입안에서 살살 녹는 것만 같았던 그 아침의 빵 맛은 지금껏 다시 맛보지 못하는 경험이었다.

더구나 프랑스 중부 루아르 강변에 있는 작은 도시 보장시Beaugency의 생피르망 교회 종탑Clocher Saint Firmin 앞에 서 있던 잔 다르크의 동상을 바라볼 때는 잠시나마 시계추가 역사 속으로 되돌아간 듯했다.

잔 다르크 동상

600년 전, 14~15세기에 걸친 영국과 프랑스의 백 년 전쟁 당시 성처녀 잔 다르크가 오를레앙에서 프랑스군을 영국군의 포위망에서 벗어나게 한 후 루아르강 유역을 탈환해나가던 보장시 전투(1429년 6월)가 있었다는 지역이다.

그리고 온갖 그림과 도자기, 가구들로 잘 조화된 영국의 성들과는 달리 실내에 전시품이 별로 없던 루아르 지역의 고성들, 앙부아즈성Château d'Amboise 안의 아담한 교회 모습, 포도원의 포도주 저장소….

드넓은 평원을 부지런히 달려서 프랑스 북부 해안가 저 멀리 우뚝 서 있던 몽생미셸섬Le Mont-Saint-Michel을 마주할 때의 경이로움과 노르망디 지방의 Cherbourg 항구에서 「쉘부르의 우산」이란 영화를 떠올리며 혼자 가슴 벅차하던 순간들….

비록 3일간의 강행군이었지만, 그때 마주친 그 한 컷, 한 컷의 장면들은 평생 잊지 못할 아름다운 기억들로 남겨졌다.

그렇게 시작한 대륙으로의 짧은 여행에서 자신감을 얻게 되고, 그 후로 틈만 나면 이 나라 저 나라를 겁 없이 차를 끌고 돌아다녔다. 1년여 전 런던으로 향하는 비행기 안에서 바짝 긴장하며 눈 한 번 붙이지 않고 앉아 있던 모습과는 격세지감을 느끼게 된다.

꿈의 여름 휴가

이런저런 일들이 휘몰아치는 가운데 런던지점 근무가 일 년 반쯤 되어가니 녹초가 될 지경이었을 때 드디어 첫 여름휴가를 가게 되었다. 일주일 휴가면 주말 합쳐서 9일이 되니까 독일, 스위스까지는 후다닥 다녀올 수 있을 것 같았다. 그래서 틈틈이 자동차 여행 루트에 대한 자료를 모으고 있는데, 마침 집 근처에 살던 대학 동창이 내 휴가 이야기를 듣고는 같이 가자고 매달렸다.

"운전도 미숙한데다가 영국과는 반대 방향 운행이라 겁이 나서 유럽 여행을 한 번도 못해 보았다. 자네와 함께 가지 않으면 엄두도 못 낸다. 이번 휴가 길에 꼭 같이 가도록 해달라."

그 친구가 근무하던 회사는 그 당시 주재원들의 국외 여행을 제한하던 때였다. 그런데도 "여름휴가가 3일이지만 주말 합쳐서 5일이 되니, 며칠 같이 다니다가 적당한 곳에서 헤어져서 돌아오겠다"는 것이다.

지점에 나온 지 근 2년 만에 얻은 여름휴가를 방해받고 싶지는 않았지만, '영국까지 와서, 그 마음이 오죽하랴' 싶어서 그러자고 했다. 아는 처지에 여러 번 부탁을 해오는 통에 마음이 약해진 것이다. 의지할 사람이 필요한 그 마음도 이해는 되었다.

그래서 독일 라인강의 로렐라이 언덕과 스위스의 융프라우Jungfrau 정상을 둘러보고 제네바로 가서 헤어지면, 그 친구는 하루 반 정도 걸려서 영국으로 돌아가고, 나는 며칠 더 돌면서 몽블랑과 이태리의 베니스를 둘러보고 오는 걸로 계획을 세웠다.

8월 초 토요일, 한밤중에 런던을 출발해서 새벽녘에 카페리로 도버

독일 모젤 강변 코헴성

해협을 건넜다. 프랑스 북쪽 지방과 룩셈부르크를 거쳐서 독일로 들어가는데, 국경을 지나고 나라가 바뀌는데도 우리나라 검문소 같은 정도의 검문도 받지 않고 지나가는 것이 신기했다.

첫날은 모젤 와인으로 유명한 모젤 강가의 코헴Cochem이란 곳에서 연한 회색빛의 민박집B&B을 찾아서 여장을 풀었다. 예쁘장한 실내와 깨끗한 침구류, 정갈한 아침 식사도 기억에 남지만, 산 위에 우뚝 선 성곽과 어우러진 강변 마을 풍경이 동화 같은 분위기를 연출하고 있는 곳이었다.

다음날, 상쾌한 아침 공기 속에 모젤강을 따라서 달리는데, 때마침 지나가는 독일 기차와 싱그러운 주변 계곡의 포도밭 풍경에 콧노래가 절로 나왔다. 그 여행 이후로는 틈틈이 모젤 와인을 찾게 되고, 그날 아침 강가를 달리면서 느끼던 그 상큼한 정취를 떠올리곤 한다.

그리고는 라인 강가에 있는 로렐라이Loreley를 찾았다. 소싯적에 배웠던 「로렐라이 언덕」이란 노랫가락을 흥얼거리며 올라간 그 언덕은 그 동안 상상으로 그리던 것만큼의 감동을 주지는 못했다. 그래도 독일 국기가 펄럭이는 132미터 높이의, '요정의 바위'라는 그 언덕 위에서 굽이쳐 흐르는 라인강을 내려다보고 있으려니까, '그 옛날 저 강을 따라 가는 뱃사람들이 정말 요정의 아름다운 노랫소리에 빠져들었을까?' 하는 감상적인 생각이 밀려들었다.

하이네Heinrich Heine의 시에 질허Friedrich Silcher가 작곡했다는 노래의 가사를 다시금 흥얼거려 본다.

"옛날부터 전해오는 쓸쓸한 이 음악이
가슴속에 그립게도 끝없이 떠오른다
구름 걷힌 하늘 아래 고요한 라인강
저녁 빛이 찬란하다 로렐라이 언덕…"

로렐라이 언덕을 떠나서 남쪽으로 내달려 스위스의 인터라켄Interlaken에서 또다시 일박을 하고, 다음날 아침 일찍 출발하는 등산 열차로 융프라우 관광길에 나섰다. 해발 3,454m의 융프라우요흐Jungfraujoch 전망대까지 오르는 동안 기차를 두 번이나 갈아타고 가는데, 눈앞에 펼쳐지는 울창한 나무와 목가적인 마을, 산, 구름, 모든 것이 경이로웠다.

융프라우 정상에서는 드넓게 펼쳐진 눈밭 사이로 형형색색의 옷을 입은 관광객들이 탄성을 터뜨리고 있었다. 말로만 듣던 알프스의 한 정상에 서 있다는 생각에 가슴이 벅차올랐다.

이른 아침에 출발하는 기차를 탄다고 서두르는 가운데 아내는 한여름철이라고 양말도 신지 않은 채 따라 나섰다가, 그 정상의 "얼음 궁전에 들어갔을 때 발이 시려서 혼이 났다"고 했다. 그 덕분에 한참 동안 '융프라우를 맨발로 갔다 온 여인'이라고 놀려대는 재미를 주었고….

알프스의 아름다운 눈과 울창한 숲, 이름 모를 꽃들이 널려 있는 초원들을 둘러보고는 제네바 쪽으로 향하는데, 순식간에 엄청난 비가 쏟아졌다가 또다시 햇빛이 쏟아지기도 했다. 마치 '이것이 알프스의 위용이다'라고 강조하는 듯 강렬한 인상을 던져주었다.

지나놓고 보니, 그 높은 산의 암벽을 뚫고 기차를 오르게 한 사람들의 노력과 여러 가지 풍경으로 변하는 스위스의 산록들을 시간 여유를 갖고 제대로 음미하지 못한 아쉬움이 크다. 이것이 바로 '갔다 왔다'는 주마간산식 여행의 단점일 것이다.

그러나 그때는 짧은 시간 안에 가보고 싶었던 곳이 너무나 많았었다.

피서지에서 생긴 일

제네바로 가는 길에 있는 레만Leman 호수 쪽으로 접어들었을 때는 먹구름과 비바람이 세차게 휘몰아치는 바람에, 호숫가에서는 사람이 서서 사진을 찍기도 힘들 정도였다. 무성 영화 시대 영국의 전설적 희극 배우 찰리 채플린이 그의 마지막 25년간을 살았다는 휴양 도시 브베이Vevey에서 「레만호에 지다」라는 TV 특집극 제목을 떠올리며 그 호수의 운치를 느껴보고 싶었지만 변덕스런 날씨가 도와주지 않았다.

그렇게 그날의 일정을 마치고 제네바의 호텔에 투숙했다. 다음날 아침이면 그 친구는 런던으로 돌아가고, 나는 이태리 쪽으로 며칠 더 돌다가 가게 된다. 이제는 따라오는 차에 신경 쓰지 않아도 되니 조금은 홀가분해지는 듯하면서도, 한편으로는 '이 친구가 이틀간의 긴 여로를 무사히 돌아갈 수 있을까?' 싶어서 은근히 걱정이 되기도 했다.

떠나는 날 아침은 각자 방안에서 간단하게 요기라도 하고 출발하기로 했다. 그런데 그 호텔은 다른 곳과는 달리, 우리가 가져간 소형 전기 밥솥이나 전기 기구들을 사용하지 못하는 콘센트로 되어 있었다. 그래서 옆빙 친구에게 아침 식사 문제를 상의하려고 문을 두드렸더니, 그 친구가 얼굴과 손에 화상을 입고는 어쩔 줄을 몰라 하는 중이었다.

출발하기 전에 어린아이 우유라도 타서 먹이려고 세면실에서 휴대용 버너를 사용했는데, 그 과정에서 누출된 약간의 가스에 불이 순간적으로 확 붙었다가 꺼진 모양이었다. 다행히 세면실 내부가 타일로 되어 있어서 별 일은 없었지만 문제는 그 친구의 화상이었다.

가족들을 호텔에 남겨두고 그 친구를 제네바 시내에 있는 병원 응급실로 데려갔다. 병원에서 응급조치들을 하면서 신원 확인과 예치deposit를 요구하길래 여권과 주머니에 있던 여행 경비를 다 꺼내서 맡겼다.

얼굴과 두 손에 연고를 바른 후 붕대를 동여매는 응급조치가 끝나자 경과를 봐야 한다며 입원을 하라는데, 이제는 이 친구의 직장 일이 걱정되는 상황이 되었다. 주재국 밖으로의 여행이 제한된 판국에 다른 나라 병원에 드러누워 있다면 어떻게 되겠는가?

"회사 사정 때문에 이 친구가 내일까지는 런던으로 돌아가야 하니까 퇴원을 시켜 달라"고 부탁했다. 그랬더니 담당 의료진은 "그러면 비행기로 돌아가야 런던에 가서도 치료를 받을 수 있다. 정 퇴원을 하려거든 비행기표를 보여주어야 퇴원시켜 주겠다"는 것이었다.

일단은 퇴원이 되어야 비행기로든 기차로든 보낼 수 있을 것 같아서, "비행기가 예약되었다"고 둘러대고는 겨우 퇴원 허락을 받았다. 그리고는 약간의 연고를 추가로 받아서 병원을 나오는데, 응급실에 올 때 맡겨 둔 현금을 전부 그대로 돌려주는 것이었다. 비록 같은 유럽의 런던에서 살긴 하지만 그래도 외국인인데, 그렇게 응급조치를 무료로 해주는 그 병원 시스템이 의아했지만 그런 것을 따져볼 계제가 아니었다.

그 친구를 어떻게든 빨리 런던으로 보내야 2차 감염을 막을 수 있을 것 같아서 "차를 여기다 세워두고 비행기를 타고 갔다가, 나중에 주말에 와서 다시 가져가라"고 했더니, 그 친구는 "어떻게 해서든지 자기 차가 목요일 아침까지 런던에 가 있어야 한다"고 우겼다.

"화상 때문에 출근을 못하게 될 텐데, 차가 없으면 사람들이 외국 갔다가 그렇게 된 것을 알게 될 것이고, 그러면 주재국 외 여행 제한 방침을 어긴 것이 들통이 난다"는 것이었다. 참으로 난감한 노릇이 아닐 수 없었다.

그 친구의 부인은 전혀 운전을 못한다고 했다. “그러면 지금 상태로 자네가 운전은 할 수 있겠느냐?”고 하니까, “천천히 가면 따라갈 수는 있겠다”고 했다. 다른 방법이 없었다. 그 친구가 직장에서 잘못되는 일은 없어야겠고, 동시에 화상 환부가 오염되기 전에 런던으로 옮겨 놓아야 하는 절박한 상황이 내 앞에 놓여진 것이다.

어쨌거나 사람은 살려놓고 봐야겠기에 남은 휴가를 포기하고 같이 런던으로 돌아가기로 했다. ‘그냥 비행기를 타고 가고 차는 나중에 어떻게 하면 될 텐데, 너무 자기 생각만 한다’ 싶었다. 처음부터 내키지 않는 동반 여행이었지만, 사람 살리는 일이 우선이었기에 그런 잡념들을 물리쳤다.

그리고는 ‘나폴레옹이 이 길을 따라서 진군했나?’라는 생각을 해가며, 앞장서서 천천히 알프스 산기슭을 지나 북상하였다. 그 친구는 상처가 당기는 고통을 무릅쓰고 붕대를 감은 손으로 자기 차를 몰며 따라왔다. 그렇게 오후 내내 프랑스의 고속 도로를 타고 북쪽으로 달리고 있는데, 중간 중간 상태를 살펴보니 그 친구가 점점 힘들어 하고 있었다.

급기야 저녁 시간에는 상처 소독이라도 해야 할 것 같아서, 무작정 고속 도로 인근에 있는 디종Dijon 부근의 큰 병원을 찾아갔다. 치료를 부탁하고는 다급한 마음에 “추가 감염 위험이 있으니 빨리 런던으로 보내야겠다. 그러니 비행기를 탈 수 있는 파리까지 갈 수 있도록 구급 헬리콥터라도 띄워 달라”는, 지금 생각하면 말도 안 되는 요구를 큰 소리로 하고 있는 나를 발견했다. 말을 하면서도 ‘내가 지금 무슨 말을 하고 있는 거냐?’라는 생각이 들 정도였다.

그런데 그 황당한 요구에 대한 병원 측의 대답이 걸작이었다. 의사가 아주 정중하게 "지금 바로 띄울 수 있는 헬기가 없어서 미안하다"는 것이었다. "웃기는 소리 하지 말라"가 아니고…. 정말 이 나라들의 의료 복지가 어느 정도인지 가늠하기조차 힘들었다. 물론 프랑스 디종의 그 병원에서도 응급 처치비는 전혀 청구되지 않았다.

그 당시 어떻게 그렇게 당당하게 헬기까지 요구를 하였는지는 나 스스로도 이해하기 힘들다. 아무래도 하루 종일 그 친구의 증세에 신경을 쓴데다가, 잘못하면 일생을 상처와 후유증 속에 살 것 같아서 어떻게든 조치를 해야 했었기에 그런 엉뚱한 용기가 나왔던 것 같다.

그 일이 있은 지 30여 년이 흐른 어느 날 주일 설교에서 이런 말을 들었다. '자녀들이 아버지께 무엇인가를 요구할 때 당당히 요구하는 것은 아버지가 당연히 해줄 것이라고 믿고 요구하는 것처럼, 우리도 하나님께서 당연히 해줄 것이라 믿고 요구하자'는 취지였다.

그 당시 그 친구의 처지가 절박하기도 했지만, 그래도 그런 말이 그곳에서는 통할 것이라는 믿음이 있었기 때문에 그런 요청을 하게 된 것이 아닌가도 싶다.

못다 한 휴가 여행

이른 아침부터 모두들 놀라고 신경을 써서 피곤한데다가, 밤중에 병원에서 다시 추가 조치를 받고 나니까 조금 안심이 되어서 일단 디종 시내 호텔에서 쉬고 아침에 다시 출발하기로 했다. 그런데 그 친구는 "절대 자기 차를 두고 갈 수가 없다"고 하니까 어떻게든 런던으로 차를 끌고 가야 할 텐데, 이 상태로는 더 이상 운전도 어려워 보였다. 그래서 내 가족과 차를 그곳 호텔에 머물게 하고, 내가 그 친구 차를 몰아서 런던에다 데려다 주고 오겠다고 했다.

그런데 막상 다음날 아침 그 친구 차로 출발하려는데 아내가 "무조건 같이 가겠다"는 것이었다. 생판 어딘지도 모르고 말도 안 통하는 도시에서 혼자 어린아이 데리고 방안에서 지내려니 막막했던 모양이었다. 거기다가 아침에 호텔 복도에 나갔다가 발가벗고 걸어 다니는 남자를 보고는 기겁을 했고….

밤에 아무렇게나 찾아든 호텔이라 그 지역 성향조차 알 길이 없는 곳에 아내와 아이를 두고 떠나기도 황당했다. 그리고 내 가족도 내가 지켜야 했다. 그래서 무리를 해서라도 파리까지 가서 아내와 아이를 두고 움직일 요량으로, 내 자반 호텔에 남겨두고 그 친구 차에 두 가족이 같이 타고 출발했다.

디종에서 파리 쪽으로 네 시간 가까운 거리를 달리다가 보니까 그 친구의 상태가 말이 아니었다. 그래서 파리의 드골 공항으로 가서 그 친구 가족들을 비행기로 태워 보내고 나는 그 친구 차로 나의 가족들과 함께 런던으로 가기로 또다시 계획을 수정했다.

공항에서 체크인하며 환자의 상태를 설명했더니, 나중에 친구가 전해준 말에 따르면, “비행기 내에서 특별 관리를 받았고 런던에 도착하니까 구급차가 대기하고 있다가 바로 병원으로 옮겨서 치료를 받게 되었다”고 했다.

그 친구를 그렇게 비행기에 태워 보내고 난 뒤, 나는 또다시 칼레에서 출발하는 카페리 시간에 맞추느라 정신 없이 페달을 밟기 시작했다. 마지막 배편을 타야 새벽녘에라도 런던에 도착할 수 있었기 때문이다.

그렇게 가보고 싶었던 파리를 지나치면서도 구경도 못해보고, 차는 프랑스 중부의 낯선 도시 디종에 내버려둔 채, 남의 파국을 막아주려고 남의 차를 끌고 남의 집 앞에 시간 맞춰 대령해놓기 위해서, 칼레로 가는 고속 도로를 엄청난 속도로 내닫는 그 기분을 어느 누가 상상이나 할 수 있겠는가….

‘그렇게 완곡히 거절했건만, 끝까지 고집을 피우더니 결국 이게 무슨 꼴이람’이라는 생각을 지울 수가 없었다. 어차피 닥친 일이니 사람은 살려놓아야겠고, 같이 여행을 간 동료로서 도와주기는 해야 했지만 그래도 ‘도대체 무슨 이런 경우가 있나?’ 싶었다.

간신히 마지막 배를 타고 도버에 도착하니 한밤중이었다. 연 이틀을 잠시도 쉬지 못하고 긴장 속에 내달린 몸이라, 영국에 도착했다는 사실만으로도 피곤이 몰려오는지 제대로 운전을 할 수가 없었다. 당시만 해도 영국의 고속 도로에서는 운전을 해볼 엄두도 못 내던 아내가 옆에서 이야기를 걸고는 했지만, 아내 역시 엄청 피곤했던 터였다.

달리다가 보면 어느 틈엔가 고속 도로의 차선이 차 중간에 와있는 것을 보고는 화들짝 놀라기를 반복했다. 더 이상 견디기 힘들면 손바닥으로 뺨을 때려가면서 쏟아지는 잠과 싸웠지만 그 무거운 눈꺼풀을 감당하기란 역부족이었다. 그럴 땐 어쩔 수 없이 고속 도로 갓길에 차를 세우고 잠깐씩 눈을 붙이는 악전고투 끝에, 새벽녘에야 간신히 그 친구 집 앞에다 차를 세워줄 수 있었다.

그런 생고생 끝에 집에 돌아와서 잠에 곯아떨어졌다가 깨어나 보니, 정말 어이가 없었다. '이게 무슨 경우인가? 내 휴가는 어디로 날아가 버렸는가?' 그리고 혼자서 다시 프랑스로 날아가서 내 차를 가져올 일도 막막하였다. 이틀이나 걸리는 그 먼 길을 혼자서 다시 운전해올 자신이 없었다.

더군다나 그날이 목요일이었다. '일요일까지 사흘 넘게 휴가 날짜는 남았으니 아내와 딸과 함께 가면 며칠 더 돌아볼 수 있겠다' 싶었다. 그래서 그날 오후 가족과 함께 다시 파리행 비행기에 올랐다. 애당초 휴가 계획에는 없었지만 꿈에 그리던 파리를 가보게 된 것이다. 개선문 주변과 샹젤리제 거리도 거닐어보고, 뒷골목의 맛있는 음식도 맛보고, 에펠 탑의 야경과 센강 유람선 관광도 하면서 '파리에서의 하루'를 누렸다.

그리고 다음날 아침에 테제베TGV 열차를 타고 디종으로 향하는데, 생전 처음으로 타보는 고속 열차의 출입구에 가방 등을 놓는 공간이 따로 있는 것이 신기했다. 그 당시로는 처음 보는 문화였다. 더구나 비행기 같은 좌석에다가, 빠르면서도 부드럽게 달리는 열차의 창가로 펼쳐지는 광활한 프랑스 평원도 아주 인상적이었다.

디종의 호텔에 세워둔 차를 찾아서 또다시 정신없이 달리는 '실적 채우기 여행'을 시작했다. 남은 휴가 시간이 아까웠다. 처음 예정에 두었던 북부 이태리 지역까지는 갈 수 없었지만, 남은 3일 동안 가볼 수 있는 데까지는 달려보기로 했다. 스위스의 루체른 호수 주변도 돌아보고,

루체른 유람선 선착장

또다시 밤잠을 자지 않고 스위스 산악 지대를 넘나들며 새벽녘에 독일의 하이델베르크로 올라왔다.

며칠간을 그렇게 밤낮없이 달리고 있을 때, 늦은 밤 독일의 고속 도로 휴게소 주차장에서 커피를 끓여 마시는 여행객들의 모습이 참 낭만적으로 보였다. 그곳에 주차한 채 차 안에서 잠시 눈을 붙이고는, 퉁퉁 부은 채로 네카Neckar 강가의 호텔 화장실에서 잠깐 얼굴을 닦는 실례를 범하기도 했다.

그리고는 새벽녘 하이델베르크 대학가의 인적 드문 거리를 돌아다니면서, 동이 트고 하이델베르크 고성Heidelberg Schloss의 문이 열릴 때를 기다렸다. 그리고 「황태자의 첫사랑」이란 영화장면을 떠오르게 만드는 학사주점, Zum Roten Ochen의 오래된 나무의자와 탁자들을 보면서 옛것들을 잘 간수하는 선진국의 모습에 감명을 받기도 하고, 헤겔, 야스퍼스, 하이데거 등 여러 철학자들이 산책하며 명상에 잠기고 영감을 얻었다는 철학자의 길Philosophenweg을 찾아보기도 했다.

그때 네카 강가에서 하이델베르크성과 칼 테오도르 다리Karl-Teodor-Brücke를 배경으로 찍은 딸아이의 사진은 내 마음 속의 아름다운 장면으로 고이 간직하고 있다.

네카 강가에서 본 하이델베르크성

하이델베르크를 떠나서 또 다시 프랑스 칼레를 향해서 전속력으로 6시간 넘게 내달려서 카페리 출발 시간에 맞추고, 도버 해협을 건넜다. 그리고는 2시간 거리의 밤길을 비몽사몽간에 운전하고서야 간신히 집에 도착할 수 있었다.

지금 생각해도 그때 어디서 그런 어리석은 용기와 기백이 나왔는지는 모르지만, 스위스의 산길을 포함해서 밤잠을 자지 않고 달리는 중에 정말 아찔아찔한 순간들이 많았다. 돌이켜보면, 그런 위험을 불사하던 무모한 시절을 무사히 지나온 것만도 큰 축복이고 감사할 일이라 하겠다.

그런데 여름 휴가가 끝나고 피서지에서 생긴 일의 충격도 일상에 묻혀갈 즈음까지도 그 친구로부터 고맙다는 말을 제대로 들어보지 못했다. 그 친구로서도 예상치 못한 불상사였겠지만, 나로서는 일생에서 한 번 가볼까 말까 한 나라들에 대한 휴가 여행마저 중단되었다. 다시 디종까지 차를 가지러 가는 비용 문제는 고사하고라도, 꼬박 이틀에 걸쳐 밤잠도 못 자고 목숨을 건 후송 조치를 했던 덕분에 그 친구는 직장에서도 별 탈 없이 넘어가고 상처도 완전히 치료되어 정상화되었다.

그런데도 감사는커녕 오히려 쭈뼛쭈뼛 피하는 듯한 기분을 느끼게 되니까, 삶과 사람들에 대해서 다시 한 번 더 생각해 보게 되었다. 사실 그 정도의 상황이었으면 전투에 같이 참가한 전우애 비슷한 것도 생겼을 법한데 참 희한하게 발전된 경우였다.

어쨌거나 그냥 모든 것을 잊어버리기로 마음을 먹었다. 그래야 내가 편해질 것이기에….

리차드 칼슨이 쓴 『사소한 것에 목숨 걸지 마라』라는 책의 「누군가가 공을 던진다고 해서 그것을 꼭 받아야 할 필요는 없습니다」라는 장에서 다음과 같은 글을 본 적이 있다.

"친구가 당신을 끌어들이려고 유혹한다는 이유 하나만으로 당신이 그 일에 끼어 들 필요는 없다는 뜻입니다. 만약에 당신이 그 미끼를 물지 않는다면, 친구는 아마 다른 누군가를 불러 그가 자신의 일에 끼어들 자세가 되어 있는지 알아 볼 것입니다. … 중요한 것은, 우리 자신이 희생당한 듯한 기분을 느끼거나 분개해 있거나 압도당하고 있다는 느낌을 받지 않도록 자신에게 던져진 공을 받아야 할 때를 잘 아는 것입니다."

이제는 생각도 가물가물한 옛 이야기지만, 그 때 차라리 처음부터 별로 내키지 않는 동반 여행을 처음에 딱 잘라서 거절했더라면 나중에 그런 서운한 마음도 없었을 것이고, 서로 쭈뼛쭈뼛한 관계로 가지는 않았을 것이라는 생각을 해본 적이 있다. 괜스레 마음이 약해져서 동의했다가 고생은 고생대로 하고, 관계도 소원해지는 경우가 된 것 같아서다.

물론 그 일로 인하여 개인적으로 기회와 비용 측면에서 손실도 있었지만, 다른 한편으로는 그런 일련의 과정을 통하여 색다른 체험들을 하게 되었으니 감사한 일이라고 할 수 있겠다. 그리고, 어쨌거나 그만하기가 참으로 다행이었다.

파리의 자장면

서울과 런던 간에 직항 편이 없고, 대한항공이 파리를 주 2회 운항할 때였다. 런던에서 감사와 합류한 본점 검사 팀이 모든 일정을 마치고 귀국 비행기 편을 기다리느라 파리에서 2박 1일간 체류하게 되었다.

그들을 지원하기 위해 파리까지 동행하게 되면서 한나절 여유 시간에 팀원들과 승합차를 타고 파리 시내로 나서는데, 한여름 파리의 햇볕이 왜 그리 따가운지 런던하고는 완전 딴판이었다. 서유럽의 온화한 기온 탓인지는 몰라도, 1980년대 중반에는 런던이든 파리든 어지간한 차에는 에어컨이 없었다. 그러니 승합차 안은 완전히 땀 바가지였다. 햇볕이 없는 곳에서는 바깥 공기가 차라리 더 시원했다.

그런 날씨에, 일행들은 출장 일정을 모두 끝내고 귀국길에 올랐다고 간편한 복장으로 다니는데, 나 혼자만 정장 차림이었다. 그러니 차 안에 있으면 얇은 하복의 등판이 완전히 땀으로 젖어 있다가, 차에서 내리면 옷이 마르곤 하기를 반복했다.

검사 팀 수반이 "양복저고리를 벗으라"고 권했지만, 적어도 지원하는 아랫사람 한 명쯤은 반듯하게 입고 다니는 것이 예의라고 생각되어서 그대로 있었다.

그때 검사 팀은 몇 군데 해외 지점을 돌아오는 중에 제법 여러 날을 2명씩 같이 호텔방을 쓴 모양이었다. 팀 수반은 "그 동안 같이 방을 쓰던 팀원이 코를 고는 탓에 잠을 잘 못 잤다. 파리에서는 파트너를 바꾸어서 당신과 같은 방을 쓰자"고 했다. 상급자라서 좀 어렵기는 했지만, 거절할 명분도 없어서 같은 방에서 조심스레 기숙을 했다.

그런데 다음날 아침에 그분이 웃으면서, "이거 고양이 피하려다가 호랑이 만났다"고 했다. 이리저리 바쁘게 움직이느라고 나름대로 많이 피곤했던지, 코를 엄청 골았던 모양이었다. 나 스스로도 그렇게 코를 고는 사람인지도 모르는 상태에서, 직장의 대 선배에게 본의 아니게 폐를 끼친 셈이다.

그날 파리에서 먹은 음식 중에서 정말 맛있게 먹은 것이 자장면이다. 점심식사를 하러 한식집을 찾아갔을 때, 메뉴 중에 눈에 확 띄는 것이 바로 자장면이었다. 그 당시 런던에는 자장면을 하는 집이 없었다. 그래서 가끔씩 생각이 나면, 주말에 아내가 너구리 같은 국수를 삶고, 중국인 슈퍼에 가서 춘장 같은 것을 구해다가 비벼서 만들어 주던 '궁즉통 수제手製 자장면'으로 향수를 달래곤 했다.

그런데 파리의 식당에는 그 자장면이 있으니 말 그대로 '띵하오顶好'였다. 마음 같아서는 곱빼기로 시키고 싶었으나 바로 옆에 어려운 상사가 계시는 데서 품위 없게 굴 수도 없었다. '그래도 제대로 한 사람이 먹을 만큼은 주겠지' 하고 기다렸는데, 정작 나온 것을 보니 몇 젓가락 왔다갔다하면 그만일 것 같았다.

옆에서 지켜보던 감사가 "그것 먹고 되겠나? 다른 것 좀 더 시키지" 하며 배려해 주시는데도, 그 알량한 사나이의 부질없는 체면과 추가 주문으로 시간을 지체할 수도 없어서 "괜찮습니다. 충분합니다"라고 대답하고 말았다.

그런데 그렇게 오랜만에 제법 그럴싸한 자장면을 먹게 되었지만, 얼마 가지 않아서 배에서 꼬르륵 소리가 나기 시작했다. 조금만 몸을 움직여도 소리가 났다. 그 바람에 차 안에서 숨도 제대로 쉬지 못하고 허기와 싸워야 하는 코미디 같은 장면이 연출되었다.

그 후 몇 년이 흐르는 사이 그때의 감사님은 은행장이 되셨고, 귀국해서 지점에 근무하던 나는 다시 본점 비서실로 가서 그분을 수행하게 된다. 나중에 전해들은 얘기로는, "전에 런던에 있던 그 친구 지금은 어디 있나?"라고 하셨다는 것이다.

그 때 절실히 느꼈던 것은, '사람은 어디서든지 간에 주어진 위치에서 최선을 다하고 있으면, 어디선가, 누군가 보는 사람이 있다'는 것이다. 때로는 순풍으로, 때로는 비바람도 맞아가며 우리의 삶은 그렇게, 그렇게 이어져 가는 것 같다.

수십 년의 세월이 흐른 어느 날, 그 은행장께 그때 파리에서 자장면을 먹고 고전하던 순간을 말씀 드렸더니 싱긋이 웃으셨다. 어떤 이는 "뒤돌아보지 말고 앞만 보고 살라"고 하지만, 그래도 때때로 그렇게 되돌아보고 웃음지을만한 아름다운 시절이 있음이 감사한 일이다.

파리 바티뇰의 영국식 정원

깨진 유리창의 법칙

1992년 봄에 처음으로 미국 땅을 밟아 보는 날, 뉴욕의 존 에프 케네디 공항에 내려서 뉴저지주 쪽으로 향하는데, 아기자기한 녹색 공간을 예상하던 것과는 거리의 모습이 전혀 달랐다. 지저분한 콘크리트와 철근들의 잔해, 여기저기 낙서투성이의 건물들과 다리를 건너가며 본 도시의 풍경들이 조금은 어지럽게 느껴질 정도였다.

다음날 아침, 뉴저지와 뉴욕의 맨해튼을 오가는 버스를 타고 같이 출근하던 선배가 "양복저고리 윗주머니에 20달러짜리를 넣고 다니라"고 귀띔을 해주었다. "길을 가다가 누군가가 칼이나 흉기로 위협하면 절대 손을 움직이지 말고 고갯짓으로 그 윗주머니를 가리키라"는 것이었다.

만약 지갑을 꺼낸다고 손을 안으로 넣어도 칼침을 맞을 수 있고, 또 100달러짜리 같이 금액이 크면 후환을 없애려는 차원에서 당할 수 있으니, 적당히 20달러 정도를 목숨 값으로 늘 넣고 다니라는 조언이니 정말 으스스하지 않을 수 없었다.

그리고 "길을 걸을 때는 괜히 한눈팔며 두리번거리지 말고 앞만 보고 걸으라"고도 했다. "괜스레 눈이라도 잘못 마주치면 시비 걸릴 수도 있다"는 말에 잔뜩 주눅이 들었다.

그날 오후에 부임 인사차 맨해튼 46번가 파크 애비뉴에 있는 사무실에서 32번가 브로드웨이까지 혼자서 다녀올 때는, 정말 고개도 제대로 못 돌리고 도로 표지판만 쳐다보면서 걸었다. 잔뜩 긴장해서 얼어붙은 표정으로 앞만 보고 걸어가는 그 모습이 참으로 가관이었을 것이다.

그 시절 맨해튼 시가지에서는 빨간 신호등에 차를 세우면 영락없이 어디선가 사람이 나타나서 앞 유리창에 세제 같은 것을 뿌리고 고무 달린 막대기로 한두 번 닦아 내렸다. 그때 "25센트짜리 동전 한두 개를 주지 않으면 큰 봉변을 당한다"는 이야기를 듣고는, 차에 늘 동전을 비치하고 다녔다.

언젠가 한번은 길을 잘못 들어서 시가지 외곽의 한적한 곳으로 들어섰더니, 어디선가 덩치 큰 사내가 불쑥 뛰어들며 유리창에 거품을 뿌리는 바람에 등골에 식은땀이 나는 경험도 했다.

그리고 위험한 지역의 대명사로 불리던 할렘Harlem가가 있는 센트럴 파크 북쪽으로는 웬만해서는 잘 다니지를 않았다. 언젠가 야근을 하고 퇴근하다가 맨해튼 이스트 강변 자동차 전용 도로인 FDR Drive가 통제되는 바람에 부득이 할렘 지역을 지나는 큰길을 따라 올라가게 되었는데, 같이 타고 있던 동료들이 모두 제대로 숨도 못 쉬고 앉아있는 가운데 운전대를 꽉 움켜쥐고 앞만 보며 빠져 나온 적도 있다.

뉴욕에서 경험한 이런 으스스한 일들도 1994년 1월 루돌프 줄리아니 시장이 취임하면서는 옛이야기가 되었다. 도로변 건물이나 지하철, 틈 있는 곳마다 스프레이로 휘갈겨 쓴 낙서들을 깨끗이 지워나갔고, 경범죄 단속에 집중하면서 자신의 검사 시절 경험을 바탕으로 뉴욕시의 심각한 범죄 문제를 깨끗이 해결한 덕택에, 6년 후에 다시 가본 2000년대의 뉴욕에서는 차에 동전을 비치하거나 양복 윗주머니에 20달러짜리를 넣고 다니던 일은 '호랑이 담배 피던 시절의 이야기'가 되어 있었다.

뉴욕의 범죄율을 낮추고 안전한 도시로 만든 줄리아니 시장이 그 당시 착안했던 것이 '깨진 유리창의 법칙Broken Window Theory'이라고 한다. 깨진 유리창이 그대로 방치되어 있을 경우 그 무관심으로 인해서 다른 사람들에게 도덕적 해이를 가져다주고, 이것이 전파되어 무법 천지가 되어서 모든 유리창이 깨어지는 상황이 벌어진다는 이 범죄 심리 이론은, 사소한 무질서를 방치하면 큰 문제로 발전할 가능성이 높다는 의미를 내포하고 있다.

뉴욕시 교통국에서 악명 높던 지하철 범죄를 줄이기 위해 이 이론을 접목시켜서, 지하철의 낙서 지우기와 무임승차 단속을 시작하여 성과를 보였다. 뉴욕시장에 취임한 줄리아니가 이 정책을 확대 발전시켜서, 무관용zero-tolerance 원칙으로 도시 전반의 낙서 지우기와 쓰레기 무단 투척, 무임승차 등 기초 질서를 위반하는 경범죄 단속에 집중하여, 도시 전체를 바꾸어 놓는 큰 성과를 구현하였다고 한다.

줄리아니 시장은 『리더십』이라는 그의 자서전에서, '신호 대기 중인 차에 접근하여 원치도 않는 세차를 강요하며 협박에 가까운 대가를 강요하던 최소 180명 이상 수천 명이 넘는 걸레 부대들에게도 거리 한복판에 뛰어드는 교통 규칙 위반을 이유로 티켓을 발부하고 전과를 조회하여 범법자들을 체포하는 등으로 문제를 개선했고, 뉴욕시에서 일어난 살인 사건이 시장 재임 8년 만에 67%까지 급격히 줄었다'고 밝히고 있다.

고속 성장과 산업화의 후유증인지는 몰라도 날이 갈수록 이해하기 어려울 정도로 험악해지는 사건들과 무질서한 사회상들로 얼룩지고 있는 우리나라에서도 이런 이론에 근거한 기초 질서의 확립에 집중하여 각종 난폭 사건들을 줄이고, 질서 있는 건전한 사회의 기틀을 마련해나가는 것이 어떨까 하는 생각을 해본다.

그 줄리아니 시장이 2001년 9월 11일 세계 무역 센터 테러 사태 직후 대혼란의 뉴욕을 강력한 리더십으로 수습하고 있을 때, 맨해튼 팬실

베이니아역(약칭 Penn Station) 부근의 중국 식당에서 식사를 하던 시민들이 때마침 그곳에 식사하러 들린 시장을 보고 박수를 치며 환호하던 모습을 본 적이 있다.

심각한 위기 상황이었지만 그리 요란한 행차도 아니었고, 보통의 식당에서 사람들과 어울리고 시민들도 환호하며 반기는 모습들은 극동에서 온 한 이방인에게는 제법 부러운 장면이었다.

무슨 일이 생기면 사전에 예방하지 못한 책임 또는 도의적 책임으로라도 벌써 그만 두거나 그렇지 않을 경우 엄청 시달려야 하는 우리나라 상황들에 익숙하던 터에, 도리어 사태의 수습에 수고한다고 시민들로부터 격려의 박수를 받고 있는 그 광경은 정말 많은 것을 느끼고 생각하게 해주었다.

오찬 초대의 실수

1992년 봄, 뉴욕 지역에 진출해있던 한국계 은행들은 그전 해 연말에 발효된 미국의 「외국은행 감독강화법FBSEA」에 대한 대비를 하느라고 분주하게 움직이던 때였다. 그 동안 주州 정부 은행국에서 담당하던 외국계 은행 검사도 연방 준비은행FRB과 합동으로 진행하는 등, 미국 국내 은행 수준의 감독을 받기 시작했다.

그때 뉴욕주 은행국과 FRB뉴욕의 합동 검사가 나오면, 거의 한달 정도를 지점에 체류하면서 부문별로 검사를 진행하였다. 검사가 그렇게 장기간 진행되니까, 서로의 현안에 대한 의견 교환도 할 겸 해서 수고하는 검사원들에게 '한국의 음식'도 한번 대접하면 좋을 듯 했다.

그래서 FRB측 검사 수반에게 오찬 초대의 뜻을 전했더니, 아주 정중하게 거절하는 것이었다. "그냥 부담 없이 서로 의견을 교환하는 기회를 갖자"고 재차 청했더니, "본부와 한번 상의를 해보겠다"는 대답이 돌아왔다.

그리고는 하루 뒤에 통보하기를, "자기들의 식대는 자기들이 계산하는 조건으로만 자리를 같이 할 수 있다"는 것이었다. 더 이상 얘기하면 부담만 주는 것 같아서 그냥 없던 일로 하고 말았다.

그들에게 그런 엄격한 원칙이 있다는 것을 알게 되기 전, 내부 통제 부문을 전담하는 FRB의 여자 검사원에게 추가 설명을 할 때의 일이다. 담당 직원과 함께 회의실에서 현안에 대한 설명을 끝내면서 무심결에 "언제 점심이나 한번 모시겠다"고 했더니, 그 검사원이 얼굴을 살짝 붉

히면서 자기 왼손에 끼고 있는 반지를 가리키는 것이었다. 그 순간 '어, 이건 아닌데' 싶어서 황급히 "그런 뜻이 아니니 오해 마시라"고 얘기하는 해프닝이 있었다.

나중에 같이 있던 직원에게 "무엇 때문에 그런 반응이 나왔는지?" 물어보고는, 그만 손발이 오그라드는 것 같았다. 점심에 초대invite하겠다는 말을 하면서 "take you out to lunch…" 어쩌고 라고 했던 표현이, "데이트 신청 같은 것을 할 때의 뉘앙스를 풍기는 말"이기도 하다는 것이었다.

매우 조용한 성품의 그 검사원이 금방 상황을 이해했고, 현지 직원도 같이 있어서 오해를 살만한 여지도 없긴 했지만, 무심코 덧붙인 '어설픈 단어들' 때문에 큰 낭패를 당할 뻔했다.

이렇듯 문화의 차이나 현지 사정에 익숙하지 못한 탓에 당혹스러울 때도 있었지만 일반 민간 기관들이나 국제 금융 시장에서 통용되던 비

뉴욕 맨해튼 남단 Battery Park 인근

즈니스 관행이 미국의 공직자들에게는 통할 수 없다는 깨달음이 성과라면 성과였다. 그렇게 엄격한 공복의 자세가 그 나라를 세계의 강대국으로 만든 요인 중의 하나일 것이라는 생각도 해보았다.

'김영란법'이라고 일컫는 「부정청탁 및 금품등 수수의 금지에 관한 법률」이 시행된 지 5개월이 되어간다. 그 사이 새 제도에 대해서 여러 의견들이 오가는 가운데 연말과 설 명절도 지나갔다. 선생님에게 건넨 캔 커피 하나가 이슈가 되고, 이 법의 허용 기준을 두고 '얼마는 되고, 얼마 이상은 안 되고' 하는 얘기들을 들을 때마다 오래 전 경험했던 그 나라 공직 사회의 모습을 떠올리곤 한다.

우리도 예로부터 "오얏나무 아래에서는 갓끈도 고쳐 매지 말라"는 말도 있고, '서정쇄신'이라는 단어도 귀에 못이 박히도록 들어온 터이다. 차제에 누군가에게 무언가를 해줄 수 있는 분들부터 금도를 지키고 세계 질서 재편의 격랑 속에 있는 우리의 미래를 굳건히 지켜나갔으면 좋겠다.

한여름 밤의 조지 워싱턴 브리지

허드슨강을 가로질러 뉴욕 맨해튼섬 북부 워싱턴하이츠와 뉴저지주 포트리를 잇는 길이 1,450미터, 폭 36미터, 높이 184미터 규모의 현수교인 조지 워싱턴 브리지George Washington Bridge를, 우리 동료들끼리는 말하기 쉽게 '조 다리'라고 부르곤 했다.

처음 뉴욕에 갔을 때는 이 장대한 다리가 허드슨강 위로 높다랗게 철제 케이블에 매달려 있는 것이 무척이나 신기했다. 1927년 10월 착공, 1931년 10월 상부층 6차선 개통, 1946년 2개 차선 추가, 그리고 착공한지 35년만인 1962년 10월에 6차선의 하부층이 완공된 다리이다.

현재 세계에서 가장 교통량이 많은 다리로서 미국의 주간州間 고속도로 I-95와 2개의 국도 US Route 1, 9가 걸쳐져 있고, 하루 통행량이

뉴저지주 포트리 쪽에서 바라본 GW Bridge

약 28만 대나 된다고 한다. 이런 규모의 다리가 마차들이나 다녔을 시기에 만들어지기 시작했다니, 이 사람들의 미래에 대한 혜안이 그저 놀라울 따름이다.

뉴저지에서 다리나 터널을 통해서 뉴욕 쪽으로 갈 때는 통행료toll를 내게 된다. 뉴욕에서 뉴저지로 갈 때는 통행료가 없지만, 1990년대에 현금 기준으로 4달러였던 것이 2020년부터는 16달러라고 한다.

1990년대 초반 허드슨 강 건너 뉴저지주에 많이 살던 한국의 주재원들도 교통 체증과 통행료, 값비싼 주차 비용까지 감안해서, 어지간하면 승용차보다는 42번가에 있는 버스 터미널과 뉴저지를 오가는 버스들을 타고 출퇴근을 했다.

시장기가 감도는 퇴근길에 그 버스를 타러 동료들과 함께 터미널로 향하다 보면, 도처에 널려 있는 깔딱고개를 그냥 넘어가기가 쉽지 않았다. 길가의 식당이나 바bar들을 지나치다가 누군가의 입에서 "딱 맥주 한 잔씩"이라는 말만 나오면 사양하는 사람이 없었다. 그러면서 서로의 이야기보따리를 풀다가 보면 그만 발동이 걸려버린다. 버스 타려고 터미널까지 갔다가도, 마지막 관문인 터미널 간이주점에서 막차까지 다 떠나보내고는 콜택시를 불러서 가는 촌극도 벌어지곤 했다.

그러니 이래서 늦고, 일 많아서 늦고, 매일이 야근이 되어버린다. 생각만큼 호락호락하지만은 않은 해외 생활과 일에 지치고 힘들어 하면서도, 틈틈이 그런 낭만도 어우러지는 날들이 이어져 갔다.

그러던 어느 여름날, 사무실 근처에서 빈속으로 맥주 몇 잔씩 하다가 보니 어느새 버스 편이 끊어질 시간이 되어버렸다. 다른 방향의 동료들은 콜택시를 불러서 떠나고, 같은 방향에 사는 과장과 둘이 남게 되었다. 마침 지하철은 다니는 시간이니, 택시비도 아낄 겸 조지 워싱턴 브리지 터미널까지 가서 '조 다리'만 건너가면 그 과장 댁에서 픽업을 나오는 걸로 하고는 지하철을 타고 올라갔다.

그런데 그곳에서도 뉴저지 쪽으로 건너가는 버스들이 이미 끊겨있었다. 요즈음처럼 휴대폰이라도 있었으면 '다리를 건너서 데리러 오라'고 하겠지만, 우리를 픽업할 차로 연락할 방법이 없었다. 그 버스 터미널에서 한 정거장 거리, 바로 다리만 건너면 있는 포트리 어느 햄버거 가게 앞 주차장에서 기다리고 있음에도….

가로등 불빛만 처연한 인적 없는 터미널에서 '조 다리'로 연결된 도로를 망연히 바라보다가, 어디서 나왔는지 모르는 객기가 발동되었다. 걸어서 다리를 건너가자는데에 의기가 투합된 것이다.

그런데 막상 걸어가겠다고 다리 쪽으로 나아갔더니 그 다리의 인도 출입문이 닫혀 있었다. 하지만 1km 남짓만 걸어가면 차가 기다리고 있고, 달리 대안도 없던 사나이들에게 그 나지막한 쇠창살 문은 장애가 될 수 없었다. 다리 난간을 잡고 그 문을 타넘어 전진하기 시작했다.

다리를 매달고 있는 거대한 철사줄 덩어리의 위용과 양쪽 강가의 절벽들, 그리고 캄캄한 강 위를 걷는 두려움을 이기기 위해서 노래를 부르며 걸어가는 그 기분은 정말 짜릿했다. "수많은 교포나 주재원들 중에 우리같이 '조 다리'를 걸어간 사람이 있으면 나와보라고 그래!"라고 소리도 질러보았다.

까마득한 아래로, 깜깜해서 아무것도 보이지 않는 강물을 내려다보며 세상을 발아래로 보는 듯한 기분으로 호쾌하게 웃음을 터뜨리던 그 밤의 허세는, 나중에 되돌아보니, 정말 어이없는 객기였고 아찔했던 순간들이었다.

늦은 밤에, 요란하게 달리는 자동차 불빛만 간간이 보이는 캄캄한 다리를 그렇게 호기롭게 걸어갈 수 있었던 것은 아마도 빈속에 들어간 몹

쓸 알코올 기운이 남아 있었기 때문일 것이다.

그런데, 인적도 없는 밤중에 닫혀 있는 출입문을 타넘을 때나, 까마득한 다리 위에서 칠흑 같은 강물을 내다보다가 순간적으로 삐끗했으면 어쩔 뻔했나 싶었다. 남의 나라, 남의 땅에서 한밤중에 멋모르고 다리를 건너가다가 큰일 낼 뻔 했던 것이다. 그런 무모함을 취중의 낭만이라고 치부하기엔 내 삶과 가족에 대한 의무를 소홀히 여긴 것만 같았다.

원래 술에 약한 체질이지만, 어쨌거나 그렇게 일을 핑계로 분위기를 명분으로 젖어 들어가던 그 술에 대해서 언젠가 샘물교회 박은조 목사의 주일 설교에서 이런 얘기를 들은 적이 있다.

"술은 중독성과 의존성이 있는 것이니 끊어야 된다. 소주 처음 먹는 사람들은 다 칵칵거리며 '이 독한 것 뭣 하러 먹느냐?'고 한다. 소주가 바나나우유보다 맛있는가? 그런데 속상한다고, 기분 좋다고 바나나우유 먹으러 가자는 사람 있느냐? 그 맛없는 술을 먹는 것은 중독되고, 괜히 그 술에 의존해서 무언가 해보려는 것이다. 그러니 끊어야 한다."

요즈음도 곳곳에 높다랗게 걸려있는 다리들을 지나다 보면, 그 여름밤 조지 워싱턴 브리지 위의 적막했던 분위기와 몇 잔의 술기운에 호기롭던 그때의 모습들을 떠올리며 남모르는 미소를 짓곤 한다. '역시 술은 문제가 있어'라는 생각과 함께….

이국의 골프 문화

우리나라 사람들의 골프에 대한 관심과 골프를 못하면 잘 어울리지도 못하는 분위기는 신대륙에서도 여전하였다. 물론 누구나 각자의 형편에 따라 큰 부담 없이 쉽게 즐길 수 있는 그곳의 골프 환경 때문이기도 했을 것이다.

뉴욕에 도착한 후 처음 몇 개월은 "골프를 못 친다"고 하고 지내다가, 가을로 접어들면서 생각이 바뀌었다. 섭외나 모든 모임의 주축이 되는 골프를 마다하고는 일이 될 것 같지 않아서였다. 그래서 한번 해보자고 달려들긴 했지만, 바쁜 일상 중에 틈틈이 짬을 내보아도 혼자서 하는 연습은 발전이 없었다.

그래도 웬일인지 연습장 한구석에서 건성으로 하는 듯한 몇십 분짜리 개인 교습은 하고 싶지 않았다. 나중에 골프 명사들이 쓴 책과 비디오테이프를 사보기도 했으나, 공은 여전히 산지사방으로 날아다니고 스코어도 늘 다다익선의 경지에 머물렀다.

그러면서도 주말에 별다른 일이 없으면 동료들과 어울려서 괜찮은 퍼블릭 골프장을 찾아 다녔다. 겨울철에는 문을 연 골프장을 찾아서 눈이 내리지 않은 뉴저지주 남쪽 해인가끼지도 내려갔다. 자동차로 2시간 정도 달려가서, 주머니 난로에 손을 녹여가며 꽁꽁 언 땅에서 공을 굴렸다.

선착순으로 내보내는 뉴욕주 롱아일랜드의 베스페이지 주립 공원 골프장Bethpage State Park Golf Course을 이용하려고 뉴저지의 집에서 새벽 2시에 출발하기도 했다. 이집 저집 돌면서 동료들을 태우고 가서 줄을 서있으면, 새벽 4시부터 참석자 4명 전원을 확인하며 티-오프 시간을 배정해 준다. 그러면 대개 오전 9시 이후로나 배정이 되는데, 그때까지 대여섯 시간을 또다시 차 안에서 웅크리고 있어야 했다.

그 퍼블릭 골프장에는 나중에 두 번씩이나 US Open 개최지가 된 블랙 코스를 포함해서 5개의 코스가 있지만, 그곳에서 운동 한 번 하려면 '사서 하는 고생'이란 말이 딱 어울렸다.

어느 여름날에는 잠을 설친 채로 꼭두새벽부터 그렇게 웅크리고 있다 보니 컨디션이 영 좋지 않았다. 전반을 마칠 즈음 혹시나 해서 정장제와 함께 티 그라운드 옆 펌프의 찬물을 한 모금 마셨다가 오히려 탈이 나버렸다. 우리나라처럼 중간중간에 휴게소가 있는 것도 아니고, 손수레에 실은 골프 백을 각자 끌고 걸어 다니고 있었으니….

벌써 사반세기 전의 일들이지만, 그렇게 밤을 새며 일하고, 잠을 설치고 눈보라를 뚫으며 골프장을 쫓아다니던 그런 시절이 있었다. 그 10년 전에는 남들의 골프에 대한 관심과 열정에 거부감을 느끼던 사람이 가로늦게 그 묘미에 빠져들어서 그들과 어깨를 나란히 하기 시작한 것이다. 아마도 골프라는 운동에 손쉽게 접근할 수 있는 그 사회의 이점을 뒤늦게나마 깨달았기 때문이리라.

그러고 다니다 보니 허구한 날 야근에, 때때로 한잔 술에, 평일 주말 가릴 것 없이 바깥으로 나도는데, 좋은 계절의 주말에는 골프라는 복병까지 숨어 있으니 가족에게 미안할 때가 있었다. 그럼에도 그런 상황을 이해하고 이국의 문화를 체험할 기회를 성원해준 그 배려에 감사할 따름이다.

그 시절에 선배가 회원으로 있는 골프장이 있었다. 그 선배가 다른 약속이 있는 주말에, 자기 이름으로 예약하고 가서 "한 사람 회원 대우

받고 3명의 게스트 요금을 넷이서 나누면 퍼블릭 골프장 가는 것과 비슷하다"며 동료들과 같이 가보라고 마음을 써주었다.

예약된 대로 접수를 하려고 혼자서 골프 숍으로 들어갔더니, 카운터에 있던 매니저가 "미스터 ○는 어디 있느냐?"고 물었다. 복잡하게 얘기하기도 그래서 그냥 "오고 있다"고 했더니 아무 말 없이 계산을 해주었다.

그런데 절차를 마치고 돌아서면서 보니까, 어느 틈엔가 같이 간 동료들이 모두 다 그 좁은 골프 숍에 들어와서 용품들을 살피고 있었다. '회원이 오고 있다고 했는데 다들 여기로 들어오면 어떻게 해?'라는 생각이 들긴 했지만, 접수도 끝난 터라 그냥 가벼이 넘겨버렸다.

그리고는 첫 번째 홀로 옮겨서 준비를 하다가 우연히 계산서 명세를 보았더니, 아무래도 요금이 잘못 계산된 것 같았다. 이야기 들은 대로라면 한 명 회원 대우를 받고 3명분만 계산되어야 되는데, 더 많이 지불된 듯 했다. 카운터로 달려가서 "계산이 이상하다"고 했더니 대뜸 "미스터 ○가 오지 않았잖느냐?"는 것이었다.

그 매니저는 같이 간 동료들이 들어선 것을 보고는 회원이 오지 않았음을 알아차리고 4명 다 게스트 요금을 받은 것인데, "회원이 오고 있다"고 둘러댄 사람이 오히려 자기 계산대로 되지 않은 것만 생각하고 따지러 간 꼴이 되었으니…. 게스트 요금이래야 20달러 정도인데, 그게 뭐 그리 대난하다고….

미안하다거나 고맙다는 말조차도 잊은 채, "아!" 하는 탄성과 함께 손만 들어 인사하고는 황급히 뒤돌아섰다. 사람이 살면서 언제 어디서나, 어떤 이유에서건 사소한 거짓말도 하면 안 된다는 사실을 새삼 일깨워준 해프닝이었다.

뉴저지주 중서부 솜머빌의 78번 고속 도로 가까이 있던 팍스 할로우 골프장Fox Hollow Golf Club은 하얀 목책으로 둘러싸인 목장 길을 굽이쳐 들어가면 조용한 주택가를 끼고 평온하게 자리 잡고 있다. 오가는 길가의 목가적인 분위기와 아기자기하면서도 꾸밈없는 코스가 오래도록 마음에 남는 곳이다.

하얀 뭉게구름이 피어오르는 파란 하늘 아래에서 편안하게 푸르른 산하를 마음에 담을 수 있는 그 분위기가 좋아서, 여러 해가 흐른 후 다시 미국에서 일하게 되었을 때 그 골프장을 찾았다.

어느 날 그곳에서 거동도 크게 자유롭지 못해 보이는 연로한 부부가 전동 카트를 타고 늦은 오후의 햇살을 가르며 한가로이 공을 치는 모습을 보았다. 꾸부정한 노인들이 조용히 서로 챙겨주며 초원 위에 서있는 모습에서 밀레의 「만종」이란 그림이 떠올랐다. 그런 정적과 엄숙함마저 느껴졌다.

오래도록 서로 의지하며 그렇게 살아가는 소박한 모습과, 또 그 연세가 되도록 자신들이 좋아하는 운동을 그렇게 큰 부담 없이 즐길 수 있는 그 사회의 여건이 부러웠다. 그리고 '나도 저렇게 할 수 있을까?' 하는 생각을 해보았다.

우리 사회도 이제는 원하는 사람은 누구나 쉽게, 부담 없이 골프라는 운동에 접근할 수 있는 환경이 되었으면 좋겠다는 바램과 함께….

주재원의 아이들

큰딸이 영국에 나갈 때가 막 첫돌이 지났을 때였고, 그곳 유아원에서 가운 입고 크리스마스 공연도 하며 영어로 제법 입이 떨어지려는 참에 귀국했다. 그때 그 아이가 할 수 있는 영어라고는 그저 생선 보고 "피시fish"라고 하거나, 거꾸로 매달린 그림을 보고 "업 사이드 다운upside down"이라고 말해서 놀라게 하던 정도였다.

그랬던 아이가 초등학교 4학년 초에 다시 미국 학교에 전학을 했으니, 말이 통하지 않아서 무지 갑갑했을 것이다. 처음에는 '영어를 모국어로 하지 않는 학생들을 위한 영어 교육 과정English as a second language(ESL)'에서 수업을 듣고, 정규 수업 시간에는 몇 개 과목만 제한적으로 참여하는 것으로 학교생활이 시작되었다.

ESL 과정을 마치고 소정의 시험에 합격해야만 제대로 정규 수업을 받을 수 있었다. 그래도 아이들은 적응력이 빠른지, 오래지 않아 그 시험에 합격하고 정규 수업을 다 들을 수 있게 되었다.

그 아이가 미국에 도착한 지 얼마 되지 않았을 즈음에는, 도통 무슨 말인지도 모르는 영어로 산수 문제도 풀고 과학 문제도 이야기해야 하니 엄청 힘들었을 것이다. 그래서인지 밤늦게 퇴근하는 아빠를 기다렸다가 자기 학교 숙제를 도와달라고 했다.

낯선 나라에서 적응하려고 애쓰는 그 모습이 무척이나 안쓰러웠지만, 아빠는 아빠대로 새로운 근무 환경과 씨름하느라고 지칠 대로 지쳐 있던 터였다. 그러니 늦은 밤에 눈앞에 펼쳐지는 아이의 숙제가 은근히 부담스러울 수밖에….

그러나 하루 종일 갑갑했을 아이를 생각하면 내색을 할 수도 없었다. 자꾸 무거워지는 눈꺼풀을 추스르며, 아이에게 주어진 과제들을 우리말로 설명해가면서 풀이를 도왔다. 수학 같은 문제는 아빠에게도 생소한 용어들이 많아서, 이리저리 사전을 찾아보느라고 진땀깨나 흘렸다.

그런데 언제부터인가는 따로 도움을 청하지도 않고 스스로 숙제들을 챙겨가는 것 같더니, 과제물 노트에 기재된 평점들은 전보다 오히려 나아졌다. 구시대 아빠의 성의 없는 조언보다 아이의 적응력이 더 빨랐던 것이다.

그것을 보면서 '드디어 되었구나'라고 안도하면서도 한편으로는 좀 씁쓰레한 기분도 들었다. 더 이상 밤늦은 시간에 사전을 뒤적이지 않게 되었으니 감사한 일이지만, 나의 어휘력이 미국 초등학교 교과서의 해독에도 문제가 있을 정도임을 깨달은 것이다.

그곳에서 아이들을 가르치는 방법이나 교과서들을 보면서, 단어도 단어지만 정말 책을 많이 읽어야겠다는 것을 절감했다. 그들의 생활 깊숙이 뿌리 박힌 사고방식이나 문화를 제대로 잘 이해할 수 있는 가장 보편적인 방법이 바로 '책을 통해서'란 것을 새삼 되새기게 된 것이다.

그 아이와 함께 집 가까운 학교를 찾아가서 선생님들과 면담하고 전학 및 예방 접종 서류들을 제출한지 얼마 되지 않은 것 같은데, 어느새 '연주회니, 졸업 파티니' 하면서 온갖 행사에 당당히 참여하는 의젓한 아이로 성장하였다. 그 동안 이질적인 환경과 문화에 적응하느라고 많은 스트레스를 받았을 텐데도, 3년 만에 그 곳을 떠나서 한국으로 돌아올 때는 밝고 건강한 모습으로 바뀌어 있었다.

그런 변화를 지켜보면서 항상 기본에 충실한 그 나라 교육 제도의 좋은 점들을 실감하면서도, 한편으로는 '이제 제법 적응이 되었는데 이번에는 고국 땅에서 또다시 다른 차원의 문화 충격에 시달리겠구나' 하는 연민을 느꼈다.

분명 그 아이는 어린 나이에 찾아온 급작스런 변화들에 적응하느라고 나름대로 많이 노력했을 것이다. 지금도 가끔씩은 "아빠 따라 왔다 갔다 하던 그때, 말도 통하지 않고 갑갑한데 아빠와 엄마는 바쁘다고 곁에 잘 있어주지 않아서 힘들었다"는 푸념을 늘어놓곤 한다.

제법 터울이 있는 둘째 딸도 태어난 지 세 돌이 채 되지 않았을 때 미국 땅을 밟고, 유아원이나 유치원kindergarten에서 말을 배우기 시작하다가 귀국했다. 그리고는 요즘 같은 조기 영어 교육이란 것도 모른 채 지나다가, 초등학교 6학년 때에 다시 미국으로 가게 되었으니 그 아이 또한 어려움이 많았을 것이다.

한 번은 퇴근하니까 "아빠, '캔서'가 뭐야?"라고 물었다. 학교에서 짝인 여자애가 "Mom, cancer(엄마, 암)"라고 하는데, 무슨 말인지 몰라서

영국 유아원의 크리스마스 파티(1986)

어리둥절해 하니까 재차 설명을 해주는데도 이해가 안 가더라는 것이다. 그러면서 계속 무엇인가를 강조하기에 그냥 좋은 일인 줄 알고 "축하한다congratulations"고 했더니, 그 짝의 표정이 이상해지던 것이 뭔가 마음에 걸리며 궁금했던 모양이었다.

'아이고야!' 싶어서 "내일 학교 가거든, 그 말뜻을 몰라서 엉뚱한 대답을 했으니 미안하다고 해라"고 시키고, 사과하는 말을 가르쳐 보낸 일이 있다.

그렇게 시작한 '외국에서의 공부'였는데, 얼마 후에는 교내 TV 프로그램 제작에도 참여하는 적극성을 보이더니 3년 후 중학교 졸업 때는 미국 대통령상까지 받고 귀국하는 발전을 이루었다. 그리고 대학 때는 혼자 미국으로 건너가 공부하면서 4년의 시간을 이겨냈다.

"한국의 고등학교에서 입시 준비하고 미국 대학교에 가면, 젊은 나이에 엄청 공부만 하게 되는 고생을 한다"는 우스개 말이 있다. 어쩌다 보니 두 아이 다 그런 경우가 되었다. 학업 때문에 가족과 떨어져서 혼자 이국 땅에 남거나, 홀로 먼 길을 나서며 가슴이 먹먹해지던 그런 세월들을 보내고, 이제는 어엿한 직장인으로서 자신들을 키워나가고 있다.

그런 모습들을 지켜보면서, 어린 시절부터 일찌감치 다른 문화권을 오가면서 외부 환경의 변화에 적응하느라 힘든 시간들을 보낸 것이 그들에게는 소중한 경험의 시간들이었음을 깨닫게 된다.

그러니, 그러고 싶어도 그럴 기회가 주어지지 않은 사람들이 보기에는 해외 근무를 나간 주재원의 자녀들이 부모와 함께 살면서 다양한 환경에서 교육을 받을 수 있는 그런 기회가 남다른 여건으로 여겨질 수도 있을 것이다.

하지만 그런 판단을 할 때에 간과되어서는 안 될 것이 있다. 낯선 땅에서 다른 문화와 환경에 부딪히며 우여곡절을 겪는 주재원들 못지않게, 어린 나이에 전혀 새로운 환경에서 눈에 보이지 않는 엄청난 중압감과 문화 충격에서 오는 스트레스를 이겨내면서 스스로 생존의 법칙을 배워나가야 하는 자녀들의 노력과 애환들도 깔려 있다는 점이다.

최근에 전해 들은 이야기인데, 어느 여성이 학창 시절 부모 따라 해외 나갔다가 특례 혜택 받고 좋은 학교 들어가는 친구들을 보면서 마음이 안 좋았던 모양이었다. 그분이 나중에 결혼해서 남편 따라 유럽에 가게 되고 거기서 자녀를 키우다 보니, "물에 뜬 기름방울처럼 어울리지 못하고 혼자서 멀거니 앉아 있는 자녀들의 모습이 무척이나 안쓰러웠다"고 한다.

그제야 "전에 내가 색안경 쓰고 쳐다보던 그 친구들도 어린 나이에 저런 경험을 하고, 그런 힘든 환경을 이겨낸 아이들이었음을 깨달았다. 그리고는 그때 그 친구들에 대해 좋지 않게만 생각한 것이 미안해지더라"라고 하더라는 것이다.

한때 주재원이었던 아빠로서 그런 얘기를 듣다 보니, 일찍이 각자의 삶에 던져진 낯선 환경과 시련들에 굴하지 않고 굳건히 자신들의 꿈을 키워 나온 내 아이들이 새삼 고맙게 여겨졌다. 그리고 나름대로 그런 배움의 기회가 주어졌음도 감사하고….

모쪼록 그런 과정을 통해서 배우고 얻은 경험과 안목이 자신들의 삶과 세상을 이롭게 하는데 조금이라도 더 쓰임이 되기를 감히 기대해 본다.

핼러윈 데이 해프닝

1990년대 초, 미국에서 근무한 지 몇 개월 만에 처음 맞는 핼러윈 데이 때였다. 요즘은 우리나라에서도 10월 하순이면 호텔이나 백화점들이 핼러윈 복장이나 장식들을 많이 해두고, 여러 곳에서 벌어지는 행사나 파티 소식도 심심찮게 접하게 된다. 하지만 그 당시 그런 분위기를 처음 보는 이방인의 눈에는 '참 희한한 풍습'으로 비쳐졌다.

맨해턴 서쪽 허드슨강 건너에 있는 뉴저지주 크레스킬이라는 곳에 살고 있을 때인데, 낙엽이 쌓여가는 늦가을에 접어들면서 주택가 집집마다 창문이나 집 앞에 괴상하게 생긴 것들을 걸어놓고 있었다. 인간의 해골이나 뼈 모형, 드라큘라, 귀신 복장 인형, 호박의 속을 파서 도깨비 얼굴을 새기고 양초를 넣어서 만든 호박등jack-o'-lantern 같은 것들이 걸려 있는 집들을 보면서 '괜히 음산하게, 왜들 이러지?'라는 생각이 들기도 했다.

핼러윈 데이의 기원이, 1세기 중반까지 영국과 아일랜드 지방을 지배했던 켈트족 시대로 거슬러 간다고 하는데, 내가 런던에서 살던 1980년대 중반 때는 그다지 보거나 느낄 수 없었던 풍습과 정경이었다.

그날이 마침 토요일이라 가족들과 시골길을 드라이브하며 늦가을의 정취를 즐기다가 저녁 무렵에 돌아왔다. 그런데 집 가까이에 이르러서야 아내가 갑자기 생각난 듯이 "핼러윈 데이에 동네 꼬마들이 문을 두드리면 사탕을 주어야 한다는데 미리 사둔 것이 없다"고 했다.

그 말을 듣고 보니까 사무실의 직원도 그 비슷한 말을 한 적이 있었는데 별 생각 없이 그냥 한 귀로 듣고 흘러버렸던 기억이 났다. 하지만 벌써 슈퍼마켓은 모두 문을 닫을 시간이라서 방법이 없었다. "알았으면 미리 말하든지 아니면 사다 놓든가 해야지, 지금 와서 어쩌란 말인가!" 라고 애꿎게 아내만 타박했다.

그리고는, '그래도 뭐 별 일 있을라고? 우리 집이 외국인이 사는 줄 알 테니 누가 오겠나? 그리고 지금 모두 피곤하니 그냥 불 켜지 말고 자버리지 뭐. 그러면 집에 사람 없는 줄 알고 아무도 안 오겠지'라고 쉽게 생각해버렸다.

'준비가 안됐으면 그냥 바깥에서 식사나 하고 집에 늦게 들어가면 되겠지' 하는 생각이 없었던 것은 아니었으나, 하루 종일 차 타고 돌아다닌 탓에 피곤해서 밥이고 뭐고 다 귀찮았다. 그저 집에 가서 쉬고 싶은 마음이 앞서서 그냥 그렇게 쉬운(?) 선택을 한 것이다.

집에 도착하자마자 모두들 방으로 들어가서 누웠다. 그러다 보니 금방 잠이 들었던 모양이다. 잠결에 아내가 "아, 앞집 아이들이 오는 것 같다"고 하는 소리에 화들짝 놀라서 커튼 사이로 창문 밖을 내다보았더니 벌써 바깥은 어스름이 깔렸고, 건너편 집 꼬마 둘이서 괴이한 흰색 복장을 하고 부모의 배웅을 받으면서 이쪽을 향해 걸어오고 있었다.

당황스런 그 순간에 아내가 나직하고도 단호한 목소리로, "얘들아, 꼼짝하지 마라. 방에 불 켜지 말고 벨을 눌러도 일체 대꾸하지 마라"고 했다. 그렇게 해서 엉겁결에 모두들 이불을 덮어쓰고 누워서 숨을 죽이고 있는데, 현관의 초인종 소리가 요란하게 울리기 시작했다.

"따르릉 따르릉…" 계속 눌러대는 초인종 소리와 두런거리는 애들의 말소리를 들으면서 숨을 죽이고 있자니 참으로 곤란한 지경이었다. 사탕도 사두지 못한 상태에서 순간의 선택으로 없는 척 했는데, 새삼스럽게 나가볼 수도 없었다.

'분명히 길 건너 집에서는 우리가 돌아오는 것을 보았거나 아니면 차가 있는 것을 보고 우리가 집에 있는 것으로 알고 보냈을 텐데 이를 어쩌나…' 하고 잠시 고민하다가, '에라 모르겠다, 초지일관하자'고 또 한 번 더 손쉬운 선택을 하였다.

마냥 숨을 죽이고 한참을 있다가 보니, 잠시 두런두런하는 말소리와 함께 드디어 찰박찰박 걸어나가는 발걸음 소리가 들렸다. 오! 그 시간이 왜 그리 길게 느껴졌는지…. 그날 저녁 그렇게 한참 동안 불도 못 켜고 동네 아이들 벨 누르는 소리에 애간장을 녹였던 순간들을 생각하면 늘 민망한 마음이 앞선다.

'마냥 착하게 생긴 건너편 집 부부와 아이들에게 얼마나 실망을 안겨주었을까. 아이들이 어려서 멀리는 못 보내고 앞집으로 보냈을 텐데, 이 무지한 외국인들이 그네들의 문화를 잘 몰라서 그런 것으로 이해나 해줄 수 있을는지….'

정말 바보 같았던 얘기지만, 그 나라 문화를 제대로 알고 있지 못했던 탓에 가슴 졸였던 추억이다. 그 일이 있고 난 후 현지 직원에게 "지난 핼러윈 데이에 이런 웃지 못할 해프닝이 있었다"고 얘기했더니, "사탕이나 초콜릿이 아니라도 동전이나 1달러짜리 돈으로 줘도 된다"고 하며 웃었다.

핼러윈 데이의 유래나, 귀신으로 분장한 꼬마들이 문을 열고 들어와서 '트릭 오어 트릿Trick or Treat'을 외치면 어른들은 아이들이 가져온 자루에다 한줌의 과자 등을 넣어준다는 풍습에 대한 사전 지식이 없었더라도, 그냥 문을 열고 직접 부딪치면서 사정을 얘기했더라면 우리 집을 찾은 애들이나 이웃에게도 실례가 되지 않았을 것이다. 그런데 어찌 그런 어처구니 없는 선택과 처신을 하게 되었는지…. 지금도 그때를 생각해면 괜히 얼굴이 화끈거린다.

나중에 좀더 이웃들과 친숙하게 되면서 그 건너편 집에 가서 차도 마시고, 당시의 정황을 설명하면서 '변명 같은 사과'도 했다. 물론 다음 해부터는 사탕과 초콜릿을 미리 사두었고, 그것도 동이 나면 동전이라도 내밀었다.

우리 아이들도 핼러윈 복장을 하고 친구들과 어울려서 사탕 얻으러 나가는 모습을 멀리서 지켜보기도 했다. 그때 애들이 받아온 사탕과 초콜릿을 집에 쌓아두면, 한참 동안 간식거리가 되는 재미도 있었다.

핼러윈 데이는 고대 아일랜드 켈트족들의 풍습인 삼하인Samhain 축제에서 유래했다고 한다. 당시 켈트족들은 사람이 죽어도 그 영혼은 일년간 다른 사람들의 몸속에 있다가 내세로 간다는 설을 믿었다.

지금 핼러윈 데이라고 알려진 10월 31일은 '그들의 새해'가 시작하기 전날로서 죽은 영혼이 다시 살아나서 1년간 머무를 상대를 선택하는 날로 여겼기에, 악귀들을 달래기 위해 여러 가지 괴이하고 재미있는 행사를 했었다고 한다.

그 후 오랜 세월이 지나면서 아일랜드 원주민들은 악령을 쫓기 위해 가면이나 귀신 복장을 하고 집집마다 돌아다니며 음식을 달라고 요구하는 재미있는 전통을 만들게 되었고, 이것이 핼러윈의 대표적인 놀이인 '트릭 오어 트리딩'의 유래가 되었다는 것이다

로마가 켈트족을 정복한 뒤 기독교가 널리 퍼지게 되면서 이러한 아일랜드의 풍습을 성인들의 삶을 경축하는 날All Hallow Day로 바꾸었다. 그리고 그 전날인 10월 31일을 All Hallow's Eve로 했던 것이 핼러윈Halloween으로 바뀌면서 지금의 이름이 되었다. 이후 1840년 아일랜드에서 일어난 기근으로 아일랜드 이민자들이 대거 미국으로 이주하면서

미국에서도 핼러윈 축제가 자리를 잡게 되었다고 한다.

물론 파티나 음식, 장식, 복장 등 여러 가지 핼러윈 관습이 있을 것이지만, 특히 유소년 시절에 귀신 복장이나 독특한 옷을 입고 부모님들이 지켜보는 가운데 모르는 사람들 집의 벨을 누르면서, '사탕을 내놓지 않으면 해롭게 하겠다'는 애교 섞인 협박(?) 이벤트로 재미있는 추억거리를 만들어 가는 그곳의 늦가을 문화도 제법 흥미로운 풍습이라고 여겨졌다.

지금도 어디선가 핼러윈 데이 얘기가 나오거나 황금색 가을이 깊어가고 잘 익은 낙엽이 보도 위를 뒹굴 때면, 그때의 그 '몽매蒙昧함'이 생각나서 남모를 미소를 띠곤 한다. 이럴 때 저절로 나오는 말이 바로 "아는 것이 힘"이다. 16세기 후반 영국 철학자 프랜시스 베이컨Francis Bacon의 격언이다.

최근 들어 이런 '핼러윈 데이 풍습'이 우리나라에도 젖어 들어서 제법 익숙해지고 있는 분위기이다. 글로벌 시대에 외국의 풍습을 알고 이해하며 그런 것들이 있다는 사실을 배우는 것과 우리의 것으로 만드는 것은 다른 차원의 문제일 것이다.

귀신 쫓는다는 얘기를 하다 보니 어릴 적 어머니께서 끓여주시던 '동지팥죽' 생각이 난다. 살다 보니 어쩌다가 '그날 그 맛'이 아득한 옛일이 되어버렸다. 물론 그 '액운을 쫓는다', '새알심을 나이만큼 먹는다'는 동짓날의 풍습도 아주 옛날 중국의 풍습에서 유래되었다고는 하지만, 설날이나 추석같이 엄연한 우리의 세시풍속歲時風俗이다.

기왕지사 쫓을 귀신이 있다면 '신토불이身土不二' 아닌가? 물론 종교적인 시각을 떠나서 하는 말이다.

내가 겪은 9·11

2001년의 가을 그날. 9월 11일 화요일 아침에는 평소와 달리 출근 시간대에 유난히 길이 많이 막혔다. 뉴저지에서 조지 워싱턴 브리지를 건너서 맨해튼섬의 동쪽 해안 도로인 프랭클린 D. 루즈벨트 이스트 리버 드라이브FDR Drive를 따라 내려오는데 차들이 거의 거북이걸음을 하고 있었다.

긴급 차량들의 사이렌과 경적 소리가 점점 더 잦아지고, 늘어선 차들이 틔어주는 틈을 타고 무서운 기세로 남쪽으로 달려가는 모습들이 심상치 않았다. 혹시 무슨 일이 생겼나 싶어서 라디오를 틀었더니, '비행기가 세계 무역 센터 북쪽 타워1 World Trade Center에 충돌했다'는 이야기가 흘러나오고 있었다. 처음에는 무슨 경비행기가 충돌한 것처럼 이야기를 전하는데, 거리의 사이렌 소리에다가 흥분한 아나운서의 목소리가 뒤섞여 요란스러웠다.

조금씩 움직이는 차들 틈으로 간신히 46번가 파크 애비뉴에 있는 사무실 근처에 다다랐을 때는 벌써 오전 9시를 넘기고 있었다. 그 때 또 다른 비행기가 쌍둥이 빌딩인 남쪽 타워2WTC에 충돌하였다는 말이 라디오에서 터져나오면서 "오 마이 갓!"을 연발하고 있었다.

사무실로 들어서면서, 바깥에 무슨 일이 생겼는지도 모르고 일들을 시작하고 있는 직원들에게 "TV나 라디오를 들어보라. 세계 무역 센터에 무슨 일이 벌어진 모양이니 그 내용을 확인해보라"고 했다.

그리고는 그날 오전 10시에 내방하기로 한 회계 법인 인사들과의 면담 자료를 챙기고 있으려니까, 한 직원이 잔뜩 상기된 표정으로 달려와서 "워싱턴의 국방부가 피격을 당했다. 공격을 받고 있다"는, 무슨 영화에서나 나올 법한 소식을 전하는 것이었다.

약속 시간에 찾아온 분들에게 바깥 상황을 전해주며 "다음에 이야기하자"고 돌려보내는 참에, 세계 무역 센터 남쪽 타워가 무너지고 있고, 어디서는 비행기가 추락했다는, 정말 장난 같은 황당한 이야기들이 계속 전해졌다.

건물 밖에는 굉음을 내는 비행기 소리가 저공 비행하는 듯이 가까이서 들리고, 거리에는 쉴 새 없이 이어지는 긴급 차량의 사이렌 소리로 마치 전쟁터 한가운데 있는 듯한 공포 분위기 그 자체였다. 미국에 있으면서 맨해튼 상공에서 전투기 소리 같은 것을 들어본 적이 없었는데, 그 당시 42층에 있는 사무실 바깥으로 전투기들이 날아다니는 소리는 정말 온몸이 얼어붙는 것 같은 느낌을 주었다.

그리고 또다시, 북쪽 타워 빌딩이 무너진다는 소식과 미국 전역이 공격을 받고 있다는 이야기들이 긴박하게 전해지는 가운데 "맨해튼이 공격을 받으면 위험하니 건물 밖으로 대피하자"는 이야기도 나왔다. 전에 같이 근무하다가 퇴직한 동료가 "맨해튼 시내가 공격받을 것 같다니까 빨리 대피하라"고 염려하는 전화를 걸어오기도 했다.

그러나 우선 정확한 상황 파악이 먼저였다. 사무실에 있던 직원들에게 사태를 좀더 정확히 파악해보도록 하고 거리로 내려와 보았더니 눈으로 보고도 믿을 수 없는 광경이 펼쳐지고 있었다.

늘 자동차와 사람으로 붐비던 시가지와 거리이긴 했지만 그 순간만큼은 모든 도로가 사람들로만 빼곡히 들어차 있고, 모두가 하늘을 올려다보고 있었다. 맑고 푸른 하늘에는 분주히 오가는 전투기들의 굉음만 들려오고….

그 광경을 보면서 어릴 적 본 적이 있는 펄 벅Pearl S. Buck 원작의 「대지The Good Earth」라는 영화장면이 떠올랐다. 그 영화 속의 다른 것은 다 잊어버렸어도, 하늘을 뒤덮은 메뚜기 떼와 수많은 사람들이 공포에 질려 마구 몰려다니던 장면만은 기억에 남아 있었다. 그런데 그날 맨해튼의 고층 빌딩 사이에 발 디딜 틈도 없이 몰려나와서 하늘만 쳐다보며 전율에 떨고 있던 뉴요커들의 모습에서 그 장면이 떠오른 것이다.

정말 조용히, 모든 사람들이 빌딩 사이로 열린 그 청명한 가을 하늘을 올려다보고 있었다. 인산인해란 이런 것을 두고 이야기하는 것이리라. 다만 그런 전대미문의 공포감 속에서도 도로를 가득 메운 모든 사람들이 질서 있고, 또 모두가 조용하게 하늘만 쳐다보고 있던 그 광경이 마치 정지 화면처럼 나의 뇌리에 박혔다.

맨해튼을 무대로 하는 영화 같은 배경에다가 비행기의 굉음, 사이렌 소리, 온통 인파로 뒤덮인 도로, 점심시간이 되어도 길가의 식당 안이 텅 비어 있던 그 장면들….

2001년 9월 11일, 그날 오전의 맨해튼 중심가는 그랬다. 그리고 불과 5km 정도 거리에 있는 세계 무역 센터는 엄청난 인명 피해를 가져오며 무너져 내렸고, 그 도시 전체는 어디서 또 무슨 일이 벌어질지 모르는 공포에 휩싸여 있었다.

바로 눈앞에서 벌어지는 장면들이었고, 그 시각에 내가 그런 엄청난 역사적 사건의 현장 근처에 서 있다는 사실이 놀랍기도 했다. 그러면서도 '이제 어떻게 하지?'라는 절박함이 어깨를 짓눌렀다. '이 순간의 선택이 생사를 가를 수도 있겠다' 싶었다. '아, 전쟁이 나면 바로 이런 분위기이겠구나, 이렇게 그냥 휩쓸려가는 것이겠구나' 하는 허허로움이 가슴을 저며왔다.

미국 땅에서 일하면서 이런 돌발 상황이나 위기에 대비한 비상 대비 계획이란 생각조차 해본 적이 없었다. 하지만 무슨 일이 있어도 인명 피해는 없어야겠기에 동부와 서부 지역의 영업 부서들에 전화를 걸어서 상황 탐문과 함께 "각 소속장 판단 하 영업 단축 및 직원 귀가 조치"와 "대피 시 상황 보고" 등 두 가지 사항을 전달했다. 그리고는 사무실에서 전전긍긍하고 있던 현지 직원들을 퇴근시키고, 본국에서 파견된 책임자들만 사태 추이와 상황 파악을 위해서 남았다.

오후 들어 시간이 흐르면서 일찍 사무실을 빠져 나온 인파가 거리에 넘치고, 터널이나 다리가 봉쇄되거나 통제되면서 극심한 교통 혼잡을 겪고 있다는 소식이 전해져 왔다. 맨해튼에서 외곽으로 연결된 다리를 사람들이 걸어서 건너고 있다는 이야기도 들려왔다. 남아 있는 우리는 어떻게 이 도시를 탈출할 수 있을지 은근히 걱정이 되기도 했다.

그렇게 대도시 맨해튼이 텅 비어가는 것을 느끼는 불안감 속에서도, 서울 본점에 동향과 조치 사항들을 종합해서 알린 후 제일 마지막으로 대피하겠다는 생각으로 퇴근을 미루고 있었다. 먼저 대피한 다른 부서 동료들은 뉴저지로 연결된 조지 워싱턴 브리지가 통제되어서, 북쪽으로 45km나 떨어진 태판지 브리지Tappan Zee Bridge를 건너가고 있다는 소식도 들려왔다.

오전처럼 무선 통신이 어려워질지도 모를 상황에 대비하여 내부 인트라넷망을 점검하면서 영업부서들의 최종 상황을 취합하는 사이에 서울에서 전화가 걸려왔다.

"9·11사태가 한국에서는 어제 저녁 뉴스 시간대라서 거의 실시간으로 중계되었다. 오늘 아침 예정된 임원 회의에 상황 보고를 하려고 하니 빨리 보고서를 보내 달라."

사태 개요, 쌍둥이 빌딩 내의 한국계 증권사 등 금융 기관 동향들과 함께, '맨해튼 남쪽 통행 제한, 공항·항구 폐쇄, 일부 지하철 운행 중단, 교량 통제, 뉴욕 증권 거래소 폐장, 전화 불통 지역 회복 중, 직원 가족·시설 피해 없음' 등과 그때까지 파악된 영업점 현황을 전송했다.

그리고는 남아 있던 책임자들과 차를 타고 시가지를 벗어나는데, 그렇게 붐비던 저녁 무렵의 도심지가 그날만은 황량함을 넘어 머리카락이 곤두서는 느낌을 주었다. 과연 맨해튼을 벗어나서 집들이 있는 뉴저지주로 무사히 넘어갈 수 있을지를 걱정하면서 우여곡절 끝에 집에 도착했더니, TV에서는 말 그대로 온통 난리였다.

루돌프 줄리아니 시장이 화면에 나와서 "내일 출근을 하지 말라"는 권고 방송을 반복해서 내보내고, 사건 관련 보도도 계속되고 있었다.

맨해튼으로 통하는 교량과 터널, 대중교통 수단이 다 통제된다니 다음날 아침 출근은 불가능했다. 시장이 직접 '내일 뉴욕으로 출근을 하지 말라'고 하니까, 현지 직원들은 출근하지 않도록 조치했다.

하지만 본국에서 나온 책임자들만이라도 나가서 '우리의 직장을 지켜야 된다'는 생각을 굳히고 있었다. 맨해튼 중심부의 빌딩 숲 속, 요충지라 할 수 있는 그랜드센트럴역이 지척에 있는 우리 사무실의 위치는 추가 테러가 벌어진다면 아주 위험성이 높은 지역이었고, '모든 뉴욕 금융 시장 시스템이 마비가 되고, 뉴욕시에서는 모두들 출근을 하지 말라고 하는데도 뭐 하러 그렇게 나갔느냐'고 할 수도 있겠지만, '비상시 영업현장 상황 파악 및 대처'라는 책임감이 그런 용기를 내게 만들었던 것 같다.

밤늦게 동료들과 통화를 하다가 갑자기 '허드슨강을 건너는 배는 움직일지도 모른다'는 생각이 들었다. 뉴저지 쪽 링컨 터널 입구 조금 북쪽에 있는 위호켄의 임페리얼 부두Port Imperial에서 맨해튼의 미드타운

39번가 쪽으로 통행하는 배가 있는데, 그것을 중단한다는 소식은 없었다. 그래서 다음날 아침엔 거기로 가서 출근을 시도해 보기로 했다.

그렇게 뉴스를 살피고 서울 본점과도 연락을 하다 보니 잠을 잘 겨를이 없었다. 겨우 한 시간 정도 눈을 붙이고는 본국 책임자들을 태워서 엠파이어 스테이트 빌딩이 마주 보이는 뉴저지 쪽 선착장에 도착했더니 마침 배가 움직이고 있었다.

그날 아침, 그 선착장에서 맨해튼으로 출발하는 배에 오르는 사람들은 모두가 심각하다 못해 사뭇 결연한 표정들이었다. 우리 팀 말고도 몇몇 한국 사람들이 보였다. '한국인들은 참 용감하다'는 생각을 하면서 그 와중에 나도 모르게 실소를 머금기도 했다.

그리고 눈을 들어 쌍둥이 빌딩이 있던 곳을 바라보니, 그 자리가 휑하니 비어 있었다. 그 전날 일어난 일들이 실제 상황이란 것을 절감하면서 그렇게 모두들 말없이 앞만 바라보고 있었다.

이른 아침 허드슨강의 상큼한 강바람이 온몸을 휘감아가면서 또 한 번의 전율을 느꼈다. '무슨 일이 있어도 사무실에 나가서 상황을 확인하고 우리가 취할 수 있는 조치들은 해야 된다'는 무슨 사명감 같은 것이 전신을 퍼져나갔다. 미국 사람들도 위험하다고 출근하지 않는데 왜 그렇게 기를 쓰고 가려고 했는지, 지금 생각하면 '만용'이 아니었나 싶지만 그때는 '그래야 된다'는 생각뿐이었다.

아무튼 맨해튼 내 모든 대중교통이 올 스톱 되어 있을 테니, 일단 배로 건너가서 사무실까지는 걸어서 가려고 했었다. 그런데 배에서 내려서 보니, 맨해튼 42번가를 동서로 가로지르는 버스 편은 움직이고 있어서 큰 다행이었다.

버스를 타고 가면서 텅 비어 황량한 시가지를 내다보고 있으려니까 마치 유니버설 스튜디오의 영화 촬영 세트장에 들어가 있는 것 같았다. 인적조차 없는 거대한 세트장을 관광버스를 타고 내다보고 있는 것 같이 착각할 정도였다.

웬만하면 50층이 넘는 고층 건물들로 가득 찬 맨해튼 중심부의 인적 없는 도로를 가로지르고 걸어서, 경비 근무자만 있는 텅 빈 건물에 도착했다. 그리고 다시금 영업점들의 동향과 사태의 추이를 파악하다가 아침에 오던 길을 되돌아 나왔다.

수시로 상공을 날아다니는 전투기 굉음과 비상 사이렌 소리 속에서, 고층 건물을 빠져 나온 수많은 군중들이 도로를 가득 메운 채 하늘을 바라보며 공포에 떨던 그 시가지였다.

'그렇게 붐비던 시가지가 오늘은 이렇게 인적조차 없는데 혹시 다른 테러나 비상사태가 생기면 어떻게 하나?' 하는 막연한 불안감조차도 내색하지 않고 그 난리통에 그렇게 위험을 무릅쓰고 직장을 지키며 맡은 바 소임을 다해준 동료들이 정말 고마웠다.

주재국의 대도시 전체가 완전히 마비되는 상황 속에서 책임감 하나로 자리를 지키던 시절의 이야기이다.

해마다 9월이 되면, 수많은 사람들이 거리를 가득 메운 채 속절없이 가을 하늘을 쳐다보며 공포에 떨고 도시를 탈출하던 오래 전 그 도시에서의 기억들을 떠올리게 된다. 지금도 세계 도처에서 벌어지는 유사한 사태들을 타산지석으로 삼아서 우리도 모두 비상시에 대비한 행동 수칙 하나라도 제대로 알려주고, 또 알아두었으면 좋겠다는 생각을 해본다.

턱시도 입고 달리던 길

요즘에는 결혼식장이나 TV에서 턱시도를 입은 모습들을 흔히 접할 수 있지만, 1980년대 중반에 모 회사 주재원이 "턱시도를 입고 영국 왕실 행사에 갔었다"고 하면서 그곳에서 찍은 사진을 보여줄 때만 해도 비단 허리띠로 허리를 감싼 복색이 신기했을 뿐 그냥 다른 세상, 동화 속의 그림일 따름이었다.

그 시절, 외국계 은행이 런던의 한 호텔에서 주최한 리셉션에 갔을 때는 영화에서나 보던 시종장 복장의 사람이 큰 봉을 들고 리셉션장 입구에 서 있다가 "어디서 온 누구냐?"고 묻고는, 그 봉으로 바닥을 쿵쿵 울리면서 "어느 회사, 미스터 누구"라고 외치는 그 순간도 어디론가 시간 여행을 온 듯했다.

그 후로 턱시도나 연미복을 볼 때마다 영국에서 경험한 그 동화 같은 분위기와 묵직한 느낌들이 떠오르면서 잠깐씩이나마 시간을 거슬러가곤 했다.

그런데 한참의 세월이 흐른 후, 미국 땅에서 난생처음으로 그 턱시도라는 옷을 입어볼 기회가 생겼다. 2003년 5월 미국을 방문한 우리나라 대통령을 위해서 코리아 소사이어티가 주최한 만찬의 복장 규정이 블랙타이black tie였다.

행사 며칠 전에야 전달된 초대장을 받아들고는 급히 턱시도와 나비 넥타이를 빌려주는 곳에 찾아갔더니, 옷과 드레스셔츠를 몸에 맞도록 준비하려면 행사 당일에야 가능하다는 것이었다. 그리고는 곧바로 대통령 방미 수행 사절단의 일원으로 뉴욕을 방문한 우리금융그룹 회장의 출장 일정 지원에 나섰다.

덕분에 리먼 브라더스, 모건 스탠리, 뱅크 오브 뉴욕 등의 경영자들을 만나며 식견을 넓힐 기회가 주어졌지만, 빠듯한 일정들 때문에 그 턱시도를 미리 입어보거나 어떻게 입는지 살펴볼 틈이 없었다. 그래서 만찬 행사 직전에 잠깐 호텔에 들러서 옷만 갈아입고 갈 수 있도록, 회장과 같이 출장 온 직원이 투숙한 호텔방으로 배송되게 하였다.

만찬 행사 당일, 회장을 모시고 바쁘게 움직이다가 호텔에 들러서 '10분 안에 옷을 갈아입고 로비에서 만나기로' 약속했다. 그런데 미리 양해를 구하고 올라간 그 직원의 방에 놓인 옷을 살펴보는 순간 눈앞이 캄캄했다. 셔츠에 쓰이는 듯한 조그만 단추들이 왜 그리도 많은지…. 그리고 넥타이에다 허리 벨트까지, 도무지 입고 걸치는 방법을 알 수가 없었다.

호텔방으로 올라가서 펼쳐진 옷을 그대로 갈아입고 나오기에도 빠듯한 시간이었는데, 눈앞에 놓인 와이셔츠 단추 같은 까만 버튼들을 제자리에 찾아 꽂는 데도 한참이 걸렸다.

우리나라 대통령이 참석하는 행사를 앞두고 더 이상 호텔에서 지체할 시간도 없었기에, 부득이 일행에게 연락해서 회장님은 먼저 떠나시게 조치는 했다. 하지만 나 자신도 참석해야 하는데, 나비넥타이와 허리 벨트를 하는데도 위아래가 맞는지 알 수가 없고, 시간은 자꾸만 흐르고…. '눈앞이 캄캄하고 온몸이 타 들어가는 듯하다'는 표현이 실감나는 순간이었다.

어쩔 수 없이 대충 단추를 채우고 후다닥거리며 엘리베이터를 탔더니 때마침 점잖은 신사분이 타고 있었다. 염치불구하고 "아, 이거 처음 입어보는데, 제대로 된 것 같습니까?"라고 물었다. 그런 실없는 질문에도 진지하게 이리저리 훑어보며 "괜찮다"고 대답해준 그 분이 참으로 고마웠다.

그러고 보니 이제는 시간이 문제였다. 우리 차는 벌써 떠났고 빈 택시도 없고, 설사 있다손 치더라도 퇴근 시간대의 차량 행렬을 뚫고 일방통행 길을 이리저리 돌아갈 수도 없는 상황이었다.

급한 마음에 센트럴 파크 옆 5번가를 내닫기 시작했다. 가끔 영화에서 말이나 마차 타고 달리는 장면들이 나오는 그 길을 동양에서 온 외국인이 턱시도 차림으로 달리는 모습은 정말 가관이었겠지만, 남들이 뭐라고 하든 달리 방법이 없었다.

저녁 어스름이 젖어드는 센트럴 파크 옆으로, 관광객을 기다리는 마차들과 거리를 가득 메운 채 밀려드는 자동차들의 불빛을 온몸으로 받으며 달리다 보니, 비록 서너 블록 정도의 거리였지만 어찌도 그리 길게 여겨지던지…. 그렇게 한참 땀으로 범벅이 되고서야 겨우 시작 시간에 맞출 수 있었다.

뉴욕 맨해튼 거리

행사 직전에야 배달된 초청장, 국제 금융 한다면서도 미리 대비하거나 염두에 두지 않았던 드레스 코드dress code, 바쁜 일정을 이유로 그저 쉽게 걸치면 될 줄 알았던 안이함 같은 핑곗거리들 탓에, 나 혼자만의 단편 영화 한 편을 찍게 된 셈이다.

학업이든 일이든, 뭔가 미리미리 챙겨놓지 않으면 나중에 땀 흘리며 뼈빠지게 뛰어야 된다는 사실을 깨닫게 해주는 해프닝이었다. 저녁 어스름에, 스스로 어떻게 입었는지도 모르는 턱시도를 걸치고 뉴욕 맨해튼의 중심 센트럴 파크 옆길을 내달리던 순간을 생각하면 지금도 씁쓸한 웃음만 나온다.

이방인으로 산다는 것

오래전 영국 뉴몰든에서 살 때의 일이다. 아내가 어린 딸을 데리고 동네 상점에 가면 현지인들이 낯설어서인지 자꾸 울기에, 한번은 한국에서 가져간 처네로 딸을 등에 업고 갔다가 우산을 잊어버리고 왔던 모양이다. 얼마 후 유모차를 끌고 그곳에 다시 갔을 때 계산대 직원이 아내를 기억하고 우산을 돌려주었는데, "그 우산에 'monkey원숭이'라고 적힌 메모가 붙어 있더라"고 했다.

그즈음의 어느 연휴 기간에 스코틀랜드에 갔다가, 끼니 때가 지나도록 인가나 마을이 안 보이는 길을 달리게 되었다. 때마침 캠핑장 표지가 보이길래 들어가서 관리실 청년에게 "어린애 분유라도 먹일 수 있게, 물을 끓일 동안 잠깐 머물게 해달라"고 부탁을 했더니, 대뜸 "안된다"고 했다.

재차 간청을 하자 그 청년이 안쪽에 있던 자기 어머니를 부르고, 그 여인은 나오자마자 다짜고짜 "당장 나가지 않으면 경찰을 부르겠다"며 쌍심지를 돋우면서 마치 무슨 막대기나 무기라도 찾아서 쫓아내려는 듯한 험악한 몸짓을 보였다.

어린아이나, 같이 길을 나선 일행의 가족을 생각해서 비용을 내더라도 잠깐 쉬면서 요기라도 할 생각이었는데 말도 제대로 붙이지 못하고 내몰리니 어처구니가 없었다.

'캠핑장의 기존 고객들을 보호하려는 차원이었을 것'이라고 아무리 좋게 해석하려 해도, '유색 인종에 대한 배타심이 강한 시골 마을이어서 그랬던 모양'이라는 생각이 앞섰다. 차를 돌려 나오면서도 한참 동안 씁쓸한 기분을 털어낼 수가 없었다.

그로부터 약 10년의 세월이 흐른 1990년대 초반, 미국 뉴저지주의 크레스킬이라는 주택가에서 맨해튼으로 가는 버스를 기다리고 있을 때였다. 출근 시간대라도 좀 일렀든지 버스 정류장에는 나 혼자뿐이었는데, 소형 트럭을 타고 가던 건장한 젊은이들이 나를 향해 큰 소리로 욕지거리를 내뱉으면서 지나갔다.

아침 출근길에 느닷없이 그런 봉변을 당하고 나니 마음이 좋을 리가 없었다. 한국인 주재원이나 교포들이 제법 많이 사는 동네이고, '조경회사 로고가 적힌 차량이니 한인 사회와 거래 관계도 있을 법한데 왜들 저러나?' 싶었다.

또다시 10년의 세월이 지난 2000년대 초반의 어느 여름, 주말에 가족 여행 겸해서 뉴욕주 허드슨 밸리 지역의 리조트에 갔다가 저녁 식사를 하러 어두워진 산길에 제법 운치 있어 보이는 조그만 퍼브에 들어간 적이 있다. 식사할 자리가 있는지 물어보고 기다리는 동안, 앞쪽의 바에 있던 사람들이 우리를 힐끔거리는 것이 보였지만 애써 모른 체했다.

식당 쪽으로 난 문을 열고 비어 있는 자리로 안내를 받아 앉으니까, 그리 크지 않은 실내에서 식사하던 사람들의 시선이 일제히 우리 가족에게로 집중되었다. 부모와 같이 식사하던 아이들이 살그머니 이쪽을 살펴보다가 나와 눈길이 마주치기도 하고, 그 부모가 눈치를 살피며 아이들을 제지하는 모습도 보였다.

그저 태연한 척 식사를 주문하고 나름대로 시골 식당의 분위기를 즐기려고 노력했지만, '그들과는 다른 사람들'이 어떻게 움직이는지 호기심 어린 표정으로 살피는 그 쏴한 느낌은 말로 표현하기 어려울 정도로 부담스러웠다.

"인종의 용광로melting pot"라는 미국의 최대 도시 뉴욕에서 자동차로 두 시간 남짓 떨어진 곳이었지만, 그곳에는 다양한 인종의 사람들이 출입하지는 않았던 것 같았다. 그들만의 리그에 왠 이방인이 끼어들었으니 신기하지 않을 수 없었겠지만, 내 입장에서 보면 인종 문제를 다룬 영화 속에서나 나올 법한 장면들이고 분위기였다.

한참 훗날에, 아프리카계 미국인 소설가이자 민권 운동가였던 제임스 볼드윈James Baldwin(1924-1987)이 스위스의 로이커바드를 방문하면서 겪은 경험을 기록한 에세이 「낯선 사람Strange in the Village」을 읽은 적이 있는데, 거기에 이런 표현들이 있다.

"가능한 모든 증거로 미루어 볼 때 내가 오기 전에 이 조그만 스위스 마을에 발을 들여 놓은 흑인은 전혀 없었다. … 나는 오늘도 내가 여기 처음 도착했던 날과 똑같이 이방인이며, 길을 따라 걸어갈 때면 아이들은 '검둥이! 검둥이!' 하고 소리친다. …

미국에 있을 때, … 내가 햇볕을 쬐며 오 분 넘게 앉아 있으면 어떤 대범한 사람이 꼭 나타나서는 마치 감전될까 봐 두려워하듯이 조심스럽게 내 머리카락에 손을 대거나, 내 손을 만지면서 색깔이 지워지지 않는다고 놀라곤 했다. …"

흑인의 신체적 특징이 유럽이나 미국의 백인 사회에서 구경거리가 되거나 따가운 시선을 받을 때의 느낌과 아픔이 묘사된 글을 접하면서, 그날 저녁 시골 식당에서 호기심 가득 찬 뭇 시선들을 감당하던 때의 그 기분, 오래 전 스코틀랜드 길가의 캠핑장에서 쫓겨나던 순간의 느낌들이 겹쳐 올랐다. '어느 사회든 낯선 사람으로 산다는 것은 쉬운 일이 아니겠다' 싶어서 무척 공감이 갔다.

그런데 경우를 바꾸어서 생각해보면, 처음 외국 땅을 밟았을 때는 나 스스로도 피부색이 다른 사람들을 보면서 신기해하기도 했었다. 그들이 나를 보면서 어떤 생각들을 하는지는 신경 쓰지도 않은 채로 말이다.

그 볼드윈의 글을 읽으면서, '나도 모르는 사이에 은근히 나는 그들과는 다르다고 생각하고 있고, 또 다르게 대접받고 싶은 잠재의식을 가지고 살아왔음'도 깨닫게 되었다.

그리고 여름날 저녁의 그 미국 시골 식당에서 물 위의 기름처럼 느껴지게 만들던 뭇시선들을, 어지간히 배타적이던 그 스코틀랜드 캠핑장 주인의 편견을, 나 스스로도 은연중에 우리 주위에 있는 '낯선 사람들'에게 보내고 있지는 않았는지 되돌아보게 되었다.

요즈음은 우리가 사는 이 땅에도 이방인들이 많이 보인다. 식당에서 그들이 모여서 식사하는 모습을 우연히 쳐다보다가도, 지난날 남의 나라에서 느끼던 그 느낌들을 떠올리고는 얼른 시선을 거두곤 한다.

예전에는 외국인들이 말을 걸어올까 봐 일부러 시선을 피하거나 짐짓 못 본 체 하던 때가 있었다. 그런데 요즈음의 우리 젊은이들은 식당이나 상점의 계산대에서 외국인들에게 거리낌 없이 우리말로 주문을 받거나 이야기하는 것을 보면서, '참 많이 변했다'고 여겼었다. 그래서 이제는 외국인들을 봐도 전처럼 당황하거나 거리를 두는 사람들은 많이 없어진 줄 알았다.

그런데 지난 여름, 명색이 국제도시라는 송도의 한 공연장에서 인파가 밀려 나올 때, 외국인들 여럿이 이리저리 모여서 손을 흔들어도 빈 택시들이 외면하고 지나쳐버리는 것을 보면서 안타까워했던 적이 있다.

또 얼마 전에는 어느 지방 대학에 근무하는 미국인으로부터 잘 믿어지지 않는 이야기도 들었다. 캠퍼스 부근 길을 건넌 그 여교수를 자동차가 부딪치고도 그냥 가버린 모양인데, "주저앉은 채로 도와달라고 'Help me'를 외쳐도, 길 가던 이들이 힐끔거리며 들여다보고는 그냥 지나쳐버리더라"고 했다. 바로 근처에 대학 병원이 있는데도 아무도 도와주려 하지 않기에, 상처에서 흐르는 피를 스스로 어찌어찌 지혈하면서 병원으로 갔다는 것이다.

행인들이 보기에 큰 사고가 아니라고 생각했던지, 아니면 외국어로 소통하기가 불편해서 회피하려는 심리가 있었는지는 모르지만, 어려움에 처한 이방인을 외면하는 것에 제법 충격을 받은 듯 했다.

말이 통하지 않으면 몸으로 통하는 만국 공통어, '몸짓 언어body language'라는 것이 있는데, 아무래도 그날 그곳에는 그럴만한 용기를 지닌 사람이 지나가지 않았던 모양이다.

인구의 이동이 많아진 지구화globalization 시대이다. 지난 날 낯선 땅에서 이방인으로 살아야 했던 사람으로서, 각자의 사정에 따라 이 땅에 와있는 이방인들이 제대로 된 생활 정보나 사회 제도의 안내를 받고 있는지 마음이 쓰인다.

애써 유치해놓은 국제기구나 단체들이 후속 지원 법규나 제도의 미비, 생활 불편 같은 사소한 부주의들 때문에 일이 그릇되거나, 스스로 이 땅을 찾아온 사람들을 자칫 소홀히 대함으로써 상처를 주고 등돌리게 만드는 일들은 없었으면 좋겠다.

낯선 환경과 씨름하는 이들을 배려하는 따뜻한 인간애를 함양하여, 각자에게 주어진 환경과 분깃에 따라 열심히 자신들의 삶을 살아가는 이 땅의 모든 사람들이 함께 행복해지기를 기원해 본다.

영어에 맺힌 얘기들

멋으로 옆구리에 영어 원서를 끼고 다니고 영자 신문 해설판이나 들쳐보던 우물 안 개구리가, 세월이 흐르면서 은행의 런던지점으로 가게 되었다.

막상 영국에 도착해보니, 그 동안 나 혼자만의 성 안에서 제법 괜찮아하던 그 양양함은 출근 첫날 책상 위에서 울린 전화벨 소리와 함께 무참히 일그러져 버렸다. "좋은 아침입니다. …입니다. 무엇을 도와드릴까요?"라며 전화를 받는 순간까지는 괜찮았는데, 저쪽에서 뭐라고 하는 얘기를 도통 알아들을 수가 없었다. '어떻게 이럴 수가…. 혹시나 중요한 내용일지도 모르는데 제대로 알아듣지도 못하고 실수하면 어떡하나' 하는 마음으로 긴장해서 그런지, 갈수록 더 혼미해지는 것 같았다.

소위 말하는 킹스 잉글리쉬The King's English, 여왕이 통치할 때는 퀸스 잉글리쉬The Queen's English라고 한다는 그 영국 영어에 몸으로 부딪치는 여로旅路가 그렇게 시작되었다.

낯선 문화와 언어 문제, 때로는 저녁 식사도 제대로 못하고 자정이 넘도록 야근에 시달리던 런던 생활이 중반을 넘어갈 무렵, 언제부터인가 점심시간이 되어가면 명치 부근이 등 뒤까지 뚫리는 듯이 아픈 증상이 계속되길래 병원을 찾아갔다. 허여멀건 약물을 마시고 큰 선반에 몸이 묶인 채 허공을 빙글빙글 돌아가며 사진을 찍었다. 처음으로 '위 조영 촬영'을 한 것이다.

진찰을 마친 의사가 "얼서"라고 했다. 그게 무슨 뜻이냐고 물었더니,

종이 위에 위장과 십이지장 부분을 그리고는 "십이지장의 표면이 이렇게 패여 있다"고 설명하면서, 'ulcer'라고 철자도 불러주었다. 나중에 사전을 찾아보고서야 '궤양'이란 것을 확실하게 알게 되었고…. 다행히 약을 처방 받아서 완치가 되었지만, 그 단순한 생활 용어조차도 모른다는 사실이 한심스러웠다.

그때 복용하던 약도 요즈음에는 약국이 아닌 곳에서 처방 없이 살 수 있을 정도로 개선되었지만, 당시에는 개발된 지 얼마 되지 않아서였는지 머리카락이 빠지는 등의 부작용들이 있었던 모양이다. 몇 년 후 우연히 그 약의 부작용에 대한 신문 기사를 본 뒤로는, 가뜩이나 성근 머리카락이 더 많이 없어진 것이 바로 그 약 탓이려니 하는 생각을 가끔씩 해보게 된다.

그로부터 또 세월이 흘러서 미국에서 근무할 때다. 한번은 지점장, 선배 등과 뉴저지의 어느 식당에서 저녁 식사를 하는데, 옆자리의 지점장이 쇠고기 스테이크를 주문하길래, "나도 같은 것(same one)을 달라"고 하고는, 좀더 확실히 한다고 "스테이크 말이요(I mean, steak)"라고 덧붙였다.

그리고는 출출한 차에 먹음직한 쇠고기 스테이크가 나오기를 기다리고 있는데, 어찌된 셈인지 별로 좋아하지도 않는 연어 덩어리 구운 것이 내 앞에 놓여졌다. 종업원에게 "옆 사람이 쇠고기 스테이크 시켜서 나도 '같은 것(새임 원, same one)'으로 달라고 했는데, 왜 '연어(새먼, salmon)' 스테이크가 나왔는가?" 하고 물었더니, 그 종업원은 본인의 잘못이 없다는 것을 강조하듯이 단호한 어조로 "분명히 새먼(연어) 스테이크라고 했다"는 것이었다.

손윗사람들 앞에서 더 이상 소란을 피울 수도 없어서 그냥 가져다 준대로 푸석푸석한 연어 덩어리를 삼키고 있으려니까, 어이없는 상황에 그저 속만 시커멓게 타들어 갔다. 그냥 쉽게 "Make the same for me(같은 것으로 해주세요)"라고 하거나, 아니면 '등심'이나 '안심'같은 부위를 이야기했으면 될 것을, 괜히 자연스럽게 말한다는 것이 엉뚱한 연어 스테이크를 떠안게 된 것이다.

또 하나 마음이 아렸던 경우는 재즈 음악과 관련된다. 뉴욕 맨해튼의 메디슨 애비뉴와 76번가가 만나는 코너의 격조 있는 카알라일 호텔The Carlyle에는 재즈 음악으로 유명한 카페 카알라일Café Carlyle이 있다.

1955년에 문을 연 후 "뉴욕 카바레 공연cabaret entertainment의 보루"라고 불리는, 아담한 응접실 같은 분위기의 식당이다. 최대 90명이 앉을 수 있도록 옹기종기 붙어 있는 테이블에서 식사가 끝나면, 조그만 무대에서 유명 카바레 가수나 재즈 음악가들이 공연을 하는 곳이다.

전설적 카바레 가수 겸 피아니스트인 바비 쇼트Bobby Short, 한국계 입양아 순이Soon-Yi Previn와 세 번째 결혼을 한 영화감독이자 음악가인 우디 앨런Woody Allen 같은 사람들의 사진이 걸려 있던 그곳을 처음 가보았을 때가 2003년도였다. 재즈 음악이라고는 전혀 문외한이었으니, 그저 식당의 분위기와 뉴욕 중·상류층 사람들이 사는 모습을 구경하는 기회 정도로 여겼다.

무대 가까운 쪽의 테이블에서 시사를 마치고 그날 진행되는 공연을 보고 있는데, 외국계인 듯한 여자 가수가 노래를 부르면서 자꾸 나와 동료가 앉아 있는 쪽을 쳐다보며 뭐라고 손짓을 했다. 처음에는 그저 그러려니 하고 무심하게 넘어갔는데, 틈만 나면 내가 앉아있는 쪽을 바라보며 사람을 부르는 듯한 손동작을 하는 바람에 은근히 곤혹스러웠다.

고급 카바레식 식당 문화나 재즈 음악, 그 가수에 대해서 전혀 아는 바도 없이 그저 뉴욕 사람들 사는 모습이나 구경하며 앉아 있던 나로서는, 아무래도 '너희가 재즈를 알아?'라고 하는 제스처로 밖에는 보이지 않았다.

다른 테이블에 앉아 있던 사람들이 조심스럽게 이쪽을 힐끔거리는 걸로 봐서도 내가 무언가 반응을 보여야 할 것 같았지만, 무슨 내용인지도 모르는 노랫말에다가 재즈 음악과 카바레식 식당 문화에 대한 소양조차 없었으니 하릴없이 그 어색한 순간들을 감내할 수밖에 없었다. 애써 무표정하게, 묵묵히 무대만 바라보면서….

그렇게 이 동양의 이방인에게는 영국이든 미국이든 영어라는 것이 녹록하지 않았다. 어릴 적부터 영어 같은 외국어 학습에 눈을 뜨고 노력한 사람들은 영어도 능숙하게 잘하고 세계인들과 겨루며 자랑스럽게 나아가고 있지만, 어지간한 '옛사람'들은 세계와 교류하면서 때로는 갑갑하고 또 한편으로는 쓴웃음을 짓게 만드는 경험들을 나름대로 간직하고 있을 것이다.

전문직에 종사하는 어떤 이는 가족과 친지들이 어울려서 캐나다 여행을 갔는데, "입국 심사하는 중에 '무엇을 타고 갈 것이냐?'고 물어오자, '봉고'라고 대답하더라"는 그 부인의 이야기를 들으며 한바탕 웃은 적이 있다. '봉고'는 우리나라에서야 당시 제법 인기가 있던 차종으로서 '승합차van'를 뜻하는 것으로 통용되지만, 캐나다 출입국 관리가 그 사정까지는 알 턱이 없었을 테니 순간적으로 의아했음직하다.

요즘은 유학이나 해외 여행 해본 사람들도 많아서 웬만하면 소통에 막힘이 없겠지만, 한동안 영어권 나라에서 살았다는 사람이 그 영어만 생각하면 이렇듯 뭔가 속이 개운치 않다고 한다면….

모든 것에는 때가 있는데, '왜 제때에 좀 더 철저히 노력하지 않았던가' 하는 아쉬움이 맺히는 대목이다. 나에게 허락된 귀한 시간들을 허송하지 말아야 한다는 철 지난 자각이기도 하고….

로버트 프로스트Robert Frost(1874~1964)의 시 「가지 않은 길The Road Not Taken」의 한 구절을 다시금 떠올려 본다.

> "… 오랜 세월이 지난 후 어디에선가
> 나는 한숨 지으며 이렇게 이야기 할 것입니다.
> 숲 속에 두 갈래 길이 있었고 나는-
> 나는 사람들이 적게 다닌 길을 택했노라고,
> 그리고 그것이 모든 것을 바꾸어놓았다고."

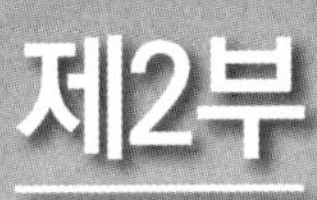

제2부

생각의 조각들

"COURAGE IS WHAT IT
TAKES TO STAND UP AND SPEAK;
COURAGE IS ALSO WHAT IT TAKES
TO SIT DOWN AND LISTEN."

처칠 전시실, 블레넘궁, 영국

소공동 길에 머무는 기억들

차를 타고 소공로를 지나다 보니, 옛 한국상업은행 본점이었던 건물에 붙어 있는 "한국은행 소공 별관"이란 간판이 눈길을 끈다. 아직도 익숙한 간판과 건물들이 남아 있는 거리인데도, 유독 이 건물만 참 많이도 낯설어 보인다. 그전에는 저쪽 벽면에 서양화가 손동진 화백의 조각작품도 있었는데….

건물의 주인이 바뀌고 리모델링을 한 것은 IMF 사태 즈음으로 거슬러가는 옛이야기가 되었다. 그 부근 거리를 종종걸음 치던 신입 행원 시절도 바로 엊그제 같은데, 세월은 어느새 구닥다리 활동사진 같아진 기억들만 남겨주고 아련한 미소를 머금게 만든다.

1980년대 초, 당시 모시던 은행장이 바쁜 일정 때문에 구내식당에 올라갈 시간조차 여의치 않을 때는 집무실에서 간단하게 요기하도 해야 하는 경우가 가끔씩 있었다. 그때가 바로 부속실 주임인 내가 북창동에 있는 식당으로 출동하는 시간이 된다.

승용차를 이용하기도 애매한 거리의 그 식당에 전화로 주문하고 달려가면, 국물도 같이 가져와야 했다. 요즈음처럼 일회용 용기가 사용되던 시절도 아니었으니, 아예 주전자를 들고 뛰어갔다. 그리고는 한 손에 도시락, 다른 한 손엔 노란 주전자를 들고, 국물이 흐르지 않을 정도의 빠른 걸음으로 돌아오곤 했다.

짙은 양복을 말쑥하게 차려 입은 젊은이가 서울의 중심가에서 주전자를 들고 뛰는 모습이 좀 우습게 보일 수도 있었겠지만, 크게 개의치 않았다. 사회 생활을 시작할 때 선친으로부터 들은 말씀이 있다.

"직장에서 상사를 모실 때는 집안의 어른을 모시듯 정성으로 해라. 무릇 직장에서는 앞에서 당겨주는 사람도 있어야 되고, 뒤에서 밀어주는 사람들도 있어야 된다. 윗사람을 공경하고 아랫사람들과도 잘 지내서 사회 생활에 도움이 되도록 해라."

그리고 "사람을 접할 때는 봄바람처럼 하고, 자기를 돌아볼 때는 서릿발처럼 하라"며 붓글씨로 '춘풍접인 추상임기春風接人 秋霜臨己'라고 써서 액자를 만들어 주시기도 했다.

살아오면서 나의 부족함 탓에 그런 말씀과 경구警句를 제대로 지키지 못했지만, 그 당시에는 오로지 최고 지휘관의 일정에 차질이 없도록 해야 한다는 생각뿐이었다.

바로 옆의 한국은행 본관 건물도 제법 들락거렸다. 그곳에도 나 혼자 미소 짓는 얘기가 걸려 있다. 은행의 임원부속실에서 근무를 시작한 지 얼마 되지 않았을 때였다. 비서역이 어디선가 걸려온 전화를 받더니, "한국은행 임원부속실에 가서 행사 초청장을 받아오라"고 했다. 지하도 하나만 건너면 갈 수 있는 지척이지만, 불쾌한 감정이 앞섰다.

'무슨 이런 친구들이 다 있나? 아니, 초청장은 초청하는 쪽에서 보내야지, 가만히 앉아서 받으러 오라는 매너는 뭐냐?' 그렇게 툴툴거리면서 한국은행 본관으로 갔다. 책임자급은 되어 보이던 담당자가 초청장을 건네주려고 찾는 순간, 그만 젊은 혈기를 억누르지 못하고 한마디를 내뱉고 말았다.

"그런데, 초청장을 보내려면 초청하는 쪽에서 보내야 되는 것 아닙니까? 여기서 한 사람 보내서 초청 대상 기관들을 한 바퀴 쭉 돌면 되지, 모든 은행들이 일일이 다 이곳으로 사람을 보내서 받아가게 하는 것은 인력 낭비 아닙니까?"

"아, 그래요? 그러면 갖다 드릴 테니 그냥 돌아가세요."

"아니, 이왕 왔으니 그냥 주시면 되지, 뭘 또 돌려보내고 다시 사람을 보냅니까?"

그 담당자는 전혀 예상치 못한 상황에 순간적으로 당황하는 모습이었다. 이윽고 매우 불쾌한 표정으로 "그냥 돌아가라"고 하는 걸 못들은 척 하고, 초청장을 빼앗듯이 받아가지고 돌아왔다. 한국은행 임원실 앞에 와서 감히 불평을 늘어놓는 시중 은행원은 없었을 텐데, 새파란 행원이 겁도 없이 그런 불편한 말을 불쑥 내뱉고 있으니 기가 찼을 것이다.

하지만 나는 나대로 소공동 길을 건너서 은행으로 돌아올 때까지도 괜히 분개해서 씩씩거렸다. 초청장을 찾아오라고 시킨 비서역에게 "한국은행 가서 한마디 하고 받아왔다"고 했더니, 난감한 표정을 지었다. 부하 직원의 말이 틀린 것은 아니지만, 어찌 벌집을 건드리고 온 것 같았을 테니까….

아니나 다를까, 조금 있으니까 비서역 책상의 전화벨이 울렸다. 나직나직하게 뭐라고 통화를 하는데, 예상대로 그쪽에서 불편한 마음을 전하는 모양이었다. 혈기 방장한 부하 직원을 둔 탓에 그 분이 한국은행 직원에게 "앞으로 교육 잘 시키겠다"고 사과하고 상황은 끝이 났다.

어쨌든 그 후로는 한국은행에서 무슨 행사가 있을 때, 초청장을 받으러 오라고 한 일은 없었던 것 같다. 나 혼자서는 한참 동안, '우리나라 중앙은행 비서실에 가서 혼내고(?) 온 유일한 시중 은행원'이라는 쓸데없는 자부심을 가졌었고….

반평생을 매달렸던 직장이 있던 그 소공동 길을 지나다 보면, 문득문득 그렇게 노란 주전자를 들고 머리카락 휘날리며 패기 있게 내달리던 시절을 떠올리게 된다. 그리고 딸들이 그네들의 직장에서 힘들다고 투덜댈 때마다, "성심誠心을 가지고 맡은 일을 긍정적으로 해나가라"고 다독이면서, 젊은 날 소공동 거리에서 주전자를 들고 뛸 때의 마음가짐과 무용담(?)을 이야기해주곤 한다.

2000년대 초반 베스트셀러였던 『펄떡이는 물고기처럼Fish!』에도 "직장에 임하는 태도는 우리가 선택한다(We can choose the attitude we bring to our work)"라는 표현이 있다. 그리고 공자도 '일생의 계획은 젊은 시절에 달려 있다一生之計在於幼'고 했는데, 기왕에 주어지고 또 해야 하는 일에 그렇게, 나름대로는 최선을 다해왔다고 자임한다면? 아무래도 이것은 교만이 될 것 같긴 하다.

그래도 그렇게, "삶의 순간들이, 시간의 조각들이 우리에게 의미가 새겨지도록 한다면, 실패나 성공에 대한 저울질은 그리 중요하지 않을 것"이라는 존 가드너John W. Gardener(린든 존슨 대통령 시절 장관 역임)의 말을 되새기게 만드는 소공동 거리다.

그곳에서의 기억들을 살며시 어루만져 본다.

사선을 넘는 순간

1995년 7월 19일 한국상업은행 상하이지점이 문을 열었다. 1992년 8월에 한·중 국교가 정상화된 후 3년 만에 중국에서 지점 영업이 시작된 것이다. 말로만 듣던 중국 땅을 처음 밟아보는 긴장감에 더해서, 여름철 상하이 날씨는 정말 엄청나게 더웠다. 잠시라도 바깥에서 움직일 때는 숨이 턱턱 막혔다.

상하이 가든 호텔에서 열린 개점 기념 연회의 앞쪽 테이블에 앉은 중국 여성과 인사를 나누면서, 상당한 지위에 여성이 진출하고 있음에 놀랐다. 수십 년이 지난 요즈음에야 우리 사회에서도 여성의 사회 진출에 많은 변화가 있었지만, 당시로서는 그런 모습에 익숙하지 않았던 터였다.

상하이지점 개점 축하연

그리고 그분이 입고 있던 수수한 흰색 블라우스는 1950~60년대 우리나라에서 흔히 입던 포플린 재질 같았다. 그때 중국 비행기 여승무원들의 옷감과 색상도 단조롭고 그리 매끄러운 것은 아니었다. 아마도 더운 날씨의 지역적 특수성과 당시 중국의 환경 등이 반영된 복색이었을 것이다.

그렇게 무더운 상하이에서 일정들을 마친 은행장을 모시고 다음 목적지로 가는데, 경유지에서 비행기가 이륙하고 얼마 되지 않아서 옆자리의 은행장과 해외 담당 임원은 잠깐 눈을 붙이는 것 같았다. 다른 승객들도 대부분 반쯤 잠 속에 빠졌는지 조용해졌고, 모처럼만에 맛보는 고요함에 내 눈꺼풀도 무거워지기 시작했다. 그러나 윗분들 곁에서 같이 졸고 있을 수도 없어서, 졸음도 쫓을 겸 앞으로의 일정들을 점검하고 있었다.

그렇게 한 시간쯤 앉아 있는데, 갑자기 비행기가 무언가에 부딪치는 것 같이 순간적으로 흔들리며 오른쪽 날개 쪽에서 "꾸르릉" 하는 소리가 들렸다. 아주 짧은 순간이었지만 무언가 이상했다. 옆자리의 두 분을 살펴보니 별 기척이 없고, 기내의 다른 승객들도 별다른 움직임이 없었다.

그런데, 앞쪽에서 여승무원 두 명이 바쁘게 걸어 나오더니 오른쪽 창문을 통해서 날개 쪽을 이리저리 살피는 것이었다. 좀 떨어진 곳에서 보는데도 그들의 표정에서 무언가 당황하는 모습을 감지할 수 있었다. '아이쿠 분명히 무슨 일이 있긴 있구나' 라는 생각에, 바짝 긴장하면서 사태의 추이를 주시했다.

오른쪽 엔진 소리가 조용해진 가운데 비행 속도가 떨어지고, 고도도 조금 낮아졌다. 그리고 잠시 후에는 비행기의 기수가 천천히 돌아가면서 안내 방송이 나왔다. "새와 부딪쳐서 문제가 생긴 탓에 부득이 출발지로 다시 돌아간다"는 것이었다.

옆자리 윗분들을 살펴보니, 기내 방송을 못 들은 듯 했다. '이 일을 어떻게 하나…. 이런 긴박한 일이 벌어졌는데 깨워서 알려야 하나, 말아야 하나?' 하고 고민을 하다가, 좀더 시간을 두고 보기로 했다.

속이 바짝바짝 타 들어가는 가운데 몇십 분을 혼자서 끙끙 앓다가 보니, 그래도 사실을 알려서 마음의 준비를 하고 있어야 할 것 같았다. 그래서 바로 옆에 앉은 임원의 몸을 살짝 흔들어 깨우며, "지금 비행기에 무언가 문제가 있어서 출발 공항으로 다시 돌아가고 있다"고 귓속말을 했다.

그랬더니 흠칫 놀라면서도 잠시 생각에 잠기더니, 나직이 "지금 곤히 주무시니 말씀 드리지 말고 그냥 두고 보자"고 했다. 이어지는 기다림 속에서 '제발 무사히 땅에 내릴 수 있도록 도와 주세요'라고 마음속으로 간구했다.

주변을 살펴보니, 어느 외국 여인도 머리를 숙이고 무언가 열심히 기도하는 것 같았다. 어떤 부부는 손을 꼭 잡고 머리를 숙이고 있는 모습도 보였다. 그렇지만 모두들 짓누르는 긴장감 속에서도 특별히 동요하는 모습들은 보이지 않았다.

그 사이에 비행 속도가 현저히 떨어진 것 같았다. 이 지루한 시간이 왜 그리 빨리 가지 않는 것인지, 정말 참담했다. '진땀 난다는 표현이 바로 이런 것을 두고 이야기하는 것이구나'라는 생각도 들었다. 하늘이 노래지는 심정이었다.

'아, 내가 이렇게 이름도 모를 중국 하늘에서 생을 마감할 수도 있겠구나.'

'영화 속에서나 볼 수 있던 그 비행기 사고라는 것, 이야기는 들어보았지만 그것이 이런 것인가? 내가 당할 줄이야….'

'중국은 넓고 평야가 많으니, 정 문제가 있으면 어디 널찍한 평원에 불시착이라도 하겠지.'

'그런데 여기서 이렇게 사고를 당하면 내 아내와 아이들은 어떻게 하지?'

이런 생각들과 지나온 여러 장면들이 활동사진 돌아가듯이 빠르게 흘러갔다. '내 사랑하는 가족들이 아빠를 졸지에 잃게 생겼다'는 생각도 들었다. 그러면서 딸아이들 이름을 마음속으로 불러보며 '미안하구나'라는 말을 하려는데, 어찌된 셈인지 아이의 이름이 생각이 나지 않았다. 아무리 '내가 왜 이러지?' 하면서 애를 써도, 머리속이 갑자기 어떻게 된 것인지 전혀 생각이 나지 않았다. 그런 사실이 더더욱 당황스럽고 미안해지기까지 했다.

중국 하늘에서 그 긴박한 순간에 왜 딸아이의 이름이 그렇게 생각나지 않았는지는, 지금 생각해봐도 정말 어처구니가 없다. 너무 놀라면 사람이 그렇게 되는가 보다. 정말 그 순간만큼은 '이렇게 세상과 이별하는 것인가' 하는 허망하고도 절박한 마음이었다.

그렇게 안타깝고 손발이 오그라드는 긴장과 초조함 속에서 몇십 분을 더 앉아 있는데, 은행장께서 선잠을 깨는 듯한 기척이 있었다. 그제서야 옆자리의 임원이 은행장에게 나직이 상황을 설명했다.

그런데, 잠결에 느닷없이 던져진 황당한 소식과 긴박한 상황에서도 전혀 내색을 하지 않고 듣고만 있던 은행장의 신중한 처신을 보면서, '큰 조직의 장은 정말 아무나 하는 것은 아니구나' 하는 것을 느꼈다. 무언가 달라도 많이 달랐다. 그런 절체절명의 비장한 순간에도 내 마음에 큰 울림으로 다가왔다.

갈 때는 한 시간 걸린 비행 거리를 되돌아오는 데는 두 시간 정도 걸렸다. 출발지로 돌아온 비행기의 바퀴가 땅에 닿으며 활주로에 사뿐히 내려앉자, 그 동안 숨죽이고 두 손 모으며 웅크리고 있던 승객들이 일제히 환호성과 함께 우레와 같은 박수를 쳤다. 그제서야 서로를 돌아보며 활짝 웃음을 터뜨리는 것이었다.

40대 초반의 나이로 출장 중에 이름 모를 중국의 어느 하늘에서 험한 꼴을 당할 뻔 했던, 사지死地에서 살아 돌아온 순간이었다.

우리가 가고 서는 것을 우리가 주관하는 것으로 알고 지내던 시절의 이야기이다.

우보천리

1996년 봄, 필리핀 마닐라에서 열리는 제29차 아시아개발은행ADB 연차 총회 참석과 유럽 지역 점포를 돌아보려는 경영진을 모시고 출장을 갔을 때다. 동남아와 유럽 지역을 거치며 시차가 두 번이나 달라지는 일정이어서 그런지 제법 피곤했던 것 같다.

마지막 체류지인 영국의 런던에서 출발하는 비행기가 이륙하고 얼마 되지 않아서 "식사를 가져다 준다"는 이야기를 듣고는 이내 잠이 들었던 모양이었다. 두런거리는 분위기와 안내 방송 소리에 잠을 깨서 보니까 비행기가 벌써 서울에 접근하고 있었다. 막 잠에서 깬 나를 보며 옆자리에 앉아 있던 분이 말을 걸어오며 인사를 했다.

"나는 △△시의원 ○○○인데, 어디 먼 데 갔다가 오는 모양이지요?"

"아, 예. 좀 피곤했던 모양입니다."

글쎄 런던에서 서울로 오는 약 11시간의 비행 시간 동안 비행기에서 주는 기내식을 하나도 먹지 못하고 그대로 곯아 떨어졌다니…. 어떻게 그렇게 긴 시간 동안을 한 번도 안 깨고 내리 잘 수 있었는지 도무지 이해가 가지 않았다.

그 당시 은행장은 해외 출장을 다닐 때 부하 직원을 힘들게 하는 경우는 없었다. 계획된 일정대로 움직이고, 저녁 시간에는 식사를 마치면 그대로 숙소로 들어가서 수행원들도 쉴 수 있도록 배려해 주었다.

그러나 모시고 다니는 입장에서는 그 시간부터 또다시 바빠진다. 내가 입을 옷가지도 건사하고, 그날 일정에서 챙길 것과 본점과의 연락

사항, 다음날 계획들을 확인하다가 보면 금방 새벽 2~3시가 된다.

호텔 방의 깔끔하다 못해 예술적으로 정돈된 시트 위에서, 제대로 이불도 한 번 덮어보지 못하고 몇십 분 눈 붙이다가 바로 출동 준비에 들어간다. 다음날 오전 일정이 바쁘거나 다른 곳으로 이동하는 경우에는 짐까지 꾸려야 하니, 더더욱 눈 붙일 시간이 없다. 그렇게 호텔 방의 푹신한 침대를 즐길 여유도 없이 밤을 곧추세우고 나올 때는, '호텔비가 아깝다'는 생각이 들기도 한다.

시차 등으로 피곤해지기 쉬운 해외 출장에서는 제법 몇몇 날을, 아침부터 저녁까지 모든 시간을 윗분들과 함께 하게 된다. 그 모든 일정을 계획대로 순조롭게 마치고 그날의 일정표를 찢어버릴 때의 기분은 상큼하기까지 하다. 그렇게 일정표의 두께가 점점 얇아져 가면, '이제 이 출장도 무사히 끝나가는구나' 하는 뿌듯함과 안도감이 교차된다.

요즈음도 가끔씩 얼굴도 이름도 기억나지 않는 그 시의원이 "어디 먼 데 갔다가 오는 모양이지요?"라고 하던 말이 떠오르며, 그래도 그때가 열심히 일하며 행복하던 시절이었음을 깨우치곤 한다.

긴 연휴가 시작되기 전에 출장을 떠났던 딸이 추석날밤 귀국길에 올라 있다. 최근 들어 제법 위험하다는 지역이라서 은근히 걱정했었는데 한결 마음이 놓인다. 한가위 보름달을 올려다보면서 '어느새 세월이 흘러서 내 자식들이 그런 먼 길을 오가고 있구나' 하는 생각을 해본다. 감회가 새롭다. '출장, 직장, 일'이란 단어들을 떠올리다 보니, 밤은 깊어가는데도 잠은 저만치 달아나버린다.

직장에서 일을 의욕적으로 하다가 보면, 전에는 남들이 하던 일들이 어느 틈엔가 내 곁에 수북이 쌓여 있음을 보게 된다. 어차피 자기 성격대로 살아가는 것이긴 하지만, 때때로 그 '요령 없음'에 헛웃음을 날리곤 했다.

미국에서 일할 때 만나본 대부분의 직장인들은, 자신들의 권리도 중요하지만 '남의 것'도 귀하게 여기는 것 같았다. 자신에게 주어진 임무와 정당한 업무 지시를 철저히 이행하려고 하고, 규정과 정해진 업무 시간만큼은 철저히 지키는 것이 인상 깊었다.

근무 시간 중에 담배 피운다고 건물 바깥에 수십 명씩 몰려 있는 모습은 찾아볼 수 없었고, 개인적인 약속 등으로 점심시간을 몇십 분씩 초과해서 사용하는 경우도 없었다. 점심 약속을 "12시 10분 또는 15분으로 했으면" 하는 요청을 받으면서, 주어진 점심 시간 2~30분 전부터 우르르 몰려나가던 우리네 모습들을 되돌아보기도 했다.

뉴욕에서 LA로 출장을 보내면서 은행 규정에 따라 교통비와 일당 daily allowance 등으로 구성된 출장비를 지급했더니, 돌아온 후에 물 한 병 값까지 자세히 기록한 지출명세서와 영수증을 첨부하면서 일당의 상당 부분을 남겨서 반납하는 현지 직원이 있었다.

"일당은 직급에 따른 한도 개념으로서, 실비로 정산하지 않고 그 한도 금액을 모두 개인에게 주면 사용 잔액은 개인 소득으로 간주되어야 할 것"이라며, 뉴욕주 세법 규정까지 찾아서 보여주는 그 직원의 사고방식이 새삼스러웠다.

소액의 경우엔 업무 편의상 한도액 지급 방법도 가능한 것으로 해석되어서 더 이상의 논의는 없었지만, 늘 일상의 업무 처리 방식에 안주하기 쉬운 우리의 자세를 다시 한 번 되돌아보게 만들었다. "고정 관념에서 벗어나라(Think outside the box)"라는 문구를 되새겨준 셈이다.

그런 반면에, 그 지역의 대중교통 사정을 이유로 일당 한도 외에 콜택시비나 렌터카 비용까지 추가로 청구하거나, 자신을 방어하는 데에 급급한 이들도 있었다.

주재원의 경우에도 출장길에 30분, 1시간 단위로 면담 일정을 쪼개어가며 '직장의 시간'을 귀하게 쓰는 이도 있고, 유유자적하게 해외에서의 기회와 여유를 즐기는 사람들도 있었다.

이렇듯, 사회의 보편적 토양과 문화는 달라도 사람마다 일터에서의 선택과 사는 방법이 각양각색인 것은 세상 어디에서나 차이가 없다.

그러나 나로서는 그런 '이기적인 요령들이 더 잘 통하는 세상'이라는 사실을 인정하기 싫었다. 최소한 각자에게 주어진 삶의 궤적이 따로 있다는 사실을 깨닫기까지는 그랬다.

「포도원 품꾼의 비유」 같은 성경 말씀에서 "남과 비교하며 살지 말라"고 권면한다. 『30년 만의 휴식』(이무석 著)이란 책에도 "세상에는 나만이 할 수 있는 내 몫이 있고 그 몫의 삶을 사는 것이 나의 역할이다"라는 표현이 나온다.

이를 따르기가 말처럼 그렇게 쉽지는 않지만, 그럼에도 불구하고 "우리에게 주어진 것에 감사하고", "내가 가진 재능을 온전히 발휘하며" 살아가야 함을 얘기해준다.

그런 권면과 말씀들 덕분에 그간 나에게 주어진 직분과 기회들이 더더욱 감사하게 여겨지고, 우보천리牛步千里라는 말처럼 뚜벅뚜벅 나만의 길을 걸어가게 된다.

튤립이 필 때

쾨켄호프의 튤립

봄 햇살이 제법 따스해졌다. 동네 산책로 옆에 피어 있는 튤립 꽃들의 선명한 색깔이 드넓은 쾨켄호프Keukenhof의 꽃밭을 떠올리게 만든다. 네덜란드에 있는 그 정원의 튤립도 4월 하순부터 5월초가 절정이라는데….

한 폭의 그림 같은 그곳을 처음 가본 것이 영국에 있을 때이니, 어언 30여 년 전이다. 세월이 유수流水같다는 말이 실감난다. 그러면서 기억은 봄바람을 타고 다시 그 꽃밭을 거닌다.

2000년 4월 초, 모시던 은행장이 이런저런 이야기 끝에 "이번에 네덜란드의 헤이그에서 열리는 국제금융협회Institute of International Finance(IIF) 회의에 같이 가도록 하자"고 했다. 그렇게 2박 3일간의 회의에 참석하게 되면서 다시 네덜란드 땅을 밟게 되었다.

현지에서 헤이그의 회의장까지 안내하던 런던지점장이 "네덜란드 주재 대사가 이번 IIF 회의에 참석하는 한국 분들을 위해서 만찬을 준비

했으니, 대사관저로 오라는 연락이 있었다"고 전했다.

그 회의에 참석한 한국인은, 1990년대 중반에 고위 관직을 역임했던 분과, 은행장과 나, 그렇게 세 사람뿐이었다. 그 말을 듣던 은행장이 "지점장도 회의에 같이 참석하도록 하라'고 해서 4명으로 늘었다.

만찬이 약속된 날, 오후 회의에 참석하기 전에 은행장이 "장소가 대사관이 아니고 대사관저이니 착오가 없도록 확인해두라"고 했다. '참 꼼꼼하시구나'라는 생각을 하면서, 현지 차량 편을 준비하고 있는 지점장에게 "기사더러 장소가 관저임을 재확인해달라"며 말씀을 전했다. 그리고 다시 확인하니 "분명히 이야기했다"고 했다.

그때 헤이그에서 처음으로 본 내비게이터가 달린 차를 타고 시내를 이리저리 돌아서, 마당이 꽤 넓은 커다란 주택 같은 곳으로 들어섰다. 그런데 입구에 큰 태극기가 걸려 있는 것이 이상했다. '대사관저에 대형 태극기라니…?' 게다가 어찌된 셈인지 차에서 내려 두리번거려보아도 사람의 기척이 없었다.

이리저리 찾아서 들어가 보니 한 사람이 앉아 있다가, "여기는 대사관이고, 관저는 차로 30분 정도 걸리는 떨어진 곳에 있다"는 것이었다. 눈앞이 캄캄해졌다. 관저 위치를 물으니, 마침 자기가 관저 인근에 살고, 막 퇴근하려던 참이니 같이 타고 가며 안내해 주겠노라고 했다. 그리고는 전화 연락을 하더니, "염려 말고 천천히 오라고 한다"는 말을 전했다.

15분 정도 일찍 도착했지만, 다시 관저로 가려면 약속 시간에 늦어지는 결례를 범하게 되었다. 그 분이 사무실에 남아 있지 않았더라면, 관저의 위치도 모르고 온통 더 난리가 났었을 텐데 그나마 다행이었다.

대사관 직원이 앞에 타고 뒷자리에 세 명이 끼여 앉았다. 싸늘한 정적만이 차 안을 휘감는 가운데, 얼굴빛이 변한 채 말없는 상사上司 옆에서 몸을 부대끼고 있으려니까, 그 20여 분의 시간은 왜 그렇게도 더디게 흐르는지….

지금까지도 그때 왜 그런 일이 벌어졌는지 이유를 모른다. 현지인 기사에게 "관저residence라고 했는데 왜 대사관embassy으로 갔느냐?"고 물어봐도 "주소를 그렇게 받았다"는 답뿐이었다. 지점장도 말없이 앉아만 있고, 나 또한 뭐라고 남 탓할 형편도 아니었다. 일껏 재확인까지 시켰는데도 그랬으니, 대사관 직원 앞에서 화도 못 내고 심화를 삭히는 은행장을 볼 면목이 없었다.

다행히 약속 시간보다 한 10분 정도 늦어진 것으로 큰 실례는 면했지만, 외부 인사와의 약속에 그런 어설픈 모습을 보인 것이 못내 안타까웠다.

인사를 나누고 아담한 방에서 식사하며 환담하던 중에, 대사가 외국인의 예를 들면서 "혼자서 다니는 모습이 좋아 보인다"고 한마디 하는 것이었다. 분명 혼자 참석한 전직 고관을 생각해서 한 말이었지만, 늘 그런 기조를 유지하다가 이번에는 직원 훈련 삼아 예정에 없던 지점장까지 참여시킨 은행장 입장에서는 조금 머쓱해질 수도 있는 그런 발언이었다.

그냥 듣고만 있기가 조금은 불편했지만, 자리가 자리인지라 아무 말 않고 주는 밥만 먹고 돌아왔다. 그 날은 정말 뭔가가 마음대로 안 되는 날이었다.

그때 헤이그에서 IIF 주최로 열린 '참가 회원을 위한 만찬'에서, 중국계로 보이는 사람들 여럿이 몰려와서 큰 테이블을 차지하고 앉았다. 비록 좌장의 움직임에 따라 우르르 몰려나가는 모습이 그리 매끄럽게 보이지는 않았지만, 그렇게 국제 환경을 배우고 익힌 것이 그들의 미래에

도움이 되었다는 사실은, 세계 시장에서 강화된 그들의 위상으로 짐작할 수 있겠다.

그리고 2000년대 초반에 미국에서 열린 각종 금융 관계 회의나 세미나에 가보면 한국 사람들은 찾아보기 힘들어도, 인도와 중국계 사람들이 많이 참석하고 있었다. 그들 나라가 빠르게 바뀌고 있음을 느낄 수 있었다.

혹자는 우리 금융 기관들의 해외 영업 활동에 대해 "해외에 나가서 교포들이나 한국계 회사들을 상대로 우리들만의 리그를 벌이다 오는 것 아니냐"고 힐난하기도 한다. 그런 수준에서 벗어날 수 있도록, 실효성 있게 사람들을 키우는 데 더 많은 투자를 해야 된다는 생각이 드는 대목이다.

길가에 피어 있는 튤립의 화사한 색감에 이끌려서 또다시 혼자만의 시간 여행을 해보았다. 인생은 일장춘몽이라는데, 봄 내음 맡으며 잠깐이나마 풍차와 튤립의 고장을 넘나들 추억이 있어서 감사할 따름이다.

변화에의 적응

지금은 건물 주인이 바뀌었지만, 소공동에 있던 한국상업은행 본점 건물에는 정문 쪽에 2대의 엘리베이터가 있고, 후문에 1대가 있었다. 경영진이 출입할 경우에는 그 승강기 중 하나를 대기시켜 놓곤 하느라, 유동 인구가 많은 시간대에는 제법 불편한 점들이 있었다.

나중에 승강기 대기 관행을 없애도록 하는 그런 변화와 혁신의 시절에도, 높은 사람이 나타나면 승강기를 기다리고 있던 직원들이 슬금슬금 뒤로 물러서는 경우가 허다했다. 그렇게 뒤로 빠지는 직원들을 불러서 같이 타게 하면서까지 권위주의를 탈피하려고 애쓰는 은행장들을 보면서, 조그만 의식의 변화조차도 그렇게 어렵고, 조직의 기업 문화 정립에는 최고 경영진의 철학과 의지가 중요함을 절감하기도 했다.

그 후 새로 지은 본점 건물에는 승강기 수도 늘어나고 임원·내빈용이 따로 설치되어서 별문제가 없었지만, 그 전용 승강기조차도 미리 잡아두지 않도록 하라는 이야기까지 나왔다. IMF사태를 겪으면서, 세상은 이미 그런 것조차도 나무랄 정도로 변해 나간 것이다.

2003년 5월, 대통령 방미 수행 사절단의 일원으로 뉴욕에 온 우리금융그룹 회장과 함께 미국 4대 투자 은행이던 L사를 방문할 기회가 있었는데, 그 당시 세계를 풍미하던 투자 은행 최고 경영자의 사무실이 생각보다 훨씬 작은 것에 놀랐다.

맨해튼 타임 스퀘어 근처에 있던 32층짜리 사옥의 한 코너, 사방이 유리로 공개된 조그만 사무실의 책상 앞에는 서너 명이 겨우 둘러앉을 수 있는 작은 탁자와 간이 의자가 있고, 한 켠에 개인 소장품과 책들이 놓여 있는 아담한 서가가 있을 뿐이었다.

그런 곳에서 소탈한 웃음과 제스처로 서가에 놓인 자녀들 사진을 보여주며 담소를 나누던 L사 회장의 모습은, 상하간의 엄격한 질서에 익숙하던 시절의 이방인에게는 또 다른 충격으로 마음에 와 닿았다.

그런데 면담 직후 그곳에서 멀지 않은 월도프아스토리아 호텔에서 열리는 대통령 공식 오찬 장소 쪽으로 들어가는데, 조금 전에 승강기 앞에서 우리 일행을 배웅하던 L사 회장이 한 걸음 먼저 걸어가며 인사하는 것을 보고 또 한 번 놀랐다.

그 회장 주변에는 크게 눈에 띄는 움직임이 없었지만, 보이지 않는 곳에서 물 흐르듯 자연스런 보좌가 있었음이 분명했다. 우리들에게 익숙하던 풍경과는 다른, 세련된 움직임과 절제된 시스템을 상상하며 내심 감탄한 일이 있다.

그리고 1990년대 초반에, 미국 M은행 뉴욕 임원과 오찬을 하는 자리에서 "주말인 금요일에 직원들의 캐주얼 복장을 허용하는 것을 어떻게 생각하느냐?"는 질문을 받은 적이 있다. '고객에게 신뢰를 주는 은행원의 상징으로서 끈 있는 구두와 정장을 입는 의미'를 언급하며 보수적인 의견을 개진하면서도, 시대가 변하고 있음을 느낄 수 있었다.

IMF사태 직후 탄생한 우리의 합병 은행에도 2000년도에 '오전 근무를 하는 토요일에는 캐주얼 복장'이라는 변화의 바람이 불었다. 바깥출입이 잦은 직책 때문에 토요일임에도 정장을 입고 나갔다가 따가운 시선을 받기도 했다.

의복을 바꾸어 입어서 코페르니쿠스의 지동설地動說이 나오거나 인류의 위대한 발명들이 이루어진 것이 아닐진대, 요즈음은 웬만한 직장 주변이나 사무실 거리에는 시도 때도 없이 작업복이나 등산복 차림 같은 것이 아니면 갑갑해지는 그런 세태가 되어버린 것 같다.

물론 모든 일에는 그 시대적 배경이 있을 것이다. 승강기의 대기나 수행원 여부가 권위적이냐를 가늠하는 차원에서 거론되기도 하고, 직장인들의 복장조차도 창의나 개혁이라는 유행어 아래에서 또 다른 획일주의가 스며드는 그런 시절이 있었다.

그러나 무엇보다 중요한 것은 어떤 형태로든 효율적인 역량을 모으고, 어떻게 하든 지속 가능한 조직으로서 살아남아야 하는 것 아니겠는가.

권위주의 탈피와 의식 변화에 노력하던 그 시중 은행도 IMF 구제금융 시절의 파고에 은행 간판을 바꾸어 달았고, 미국의 L투자은행도 서브프라임 모기지 사태를 맞으며 간판을 내렸다. 직원들 복식까지 신경 쓰며 변화를 추구했던 앞서의 그 합병 은행이나, 홍콩계 은행에 인수되어 있던 미국의 M은행도 각각의 사정에 따라서 자신들의 이름을 지켜내지 못했다.

이런 경우들을 감안한다면, 모범 경영 사례best practice 또는 개혁이란 이름 아래 남의 것을 쫓는 모방이나 유행을 따라가는 새로운 의미의 획일주의는 외부의 변화에 대처하며 생존하는 데 있어서 최선의 방법은 아니라고 할 수 있겠다.

그런데 이제는 지금까지와 같은 변화들과는 결을 달리한 엄청난 외부 환경의 변화가 4차 산업 혁명이란 이름으로 우리 눈앞에 펼쳐지고 있다. 그저 막연히 남의 일로만 여겨졌던 인공 지능, 그 인공 지능과 로봇 공학이 사람만이 가능했던 영역을 대체해 나가는 기계화·자동화의 물결 속에서 사람들의 자리가 하나 둘씩 눈에 띄게 기계로 바뀌는 모습들을 우리 주변에서도 쉽게 찾아볼 수 있다.

캠퍼스나 도심 빌딩에 남아 있던 주차 관리실들이 빠른 속도로 무인 카드 결제 시스템으로 바뀌어가고, 패스트푸드점이나 일부 식당의 주문 방식도 어느 틈엔가 키오스크kiosk라는 기계를 상대하는 것으로 바뀌어 있다. 쇼핑 몰에는 바리스타 대신 로봇 팔이 움직이면서 커피를 만들어 전달하는 로봇 카페가 선보이고 있다. 보다 높은 수준이나 전문적인 분야에서의 인공 지능·자동화 사례에 무심한 사람임에도, 산업 혁명이란 말이 실감나는 세상이다.

2018년 10월에 발표된 『AI 시대의 미래와 도전』이란 맥킨지 자료에 따르면 2030년까지 세계 노동 인구는, 2016년을 기준으로 한 직업의 60%에서, 그 활동의 약 30%가 자동화될 것이란 전망과 함께, 세계 노동 인구의 15%(4억 명)가 자동화로 대체될 것이라고 예상하고 있다.

물론 자동화된 기계 때문에 일자리가 사라져가면 또 새로운 분야나 다른 차원의 일자리도 생겨나긴 하겠지만, 과연 기계가 인간을 대체할 수 있는 영역이 어디까지일지가 궁금해진다.

그러나 그 어떤 변화가 닥쳐오더라도, 개인이든 조직이든 살아남는 것이 중요한 것일 테고, '어려울 때일수록 기본으로 돌아가라'는 말도 있다. 막연히 남의 것이나 시류를 따라가기보다는, 기본에 충실한 '나만의 생존 방법'으로 이 거대한 변화의 물결에 도전하고 또 적응해 나가는 것이 어떨까 하는 생각을 해본다.

아동 학대 방지 체계

아이가 미국에서 유치원Kindergarten에 다닐 때였다. 아내가 아이의 등교 준비를 하며 부엌에 있는데, 갑자기 집 밖에서 경광등이 번쩍거리는 것이 보이고 연이어 현관 벨이 울렸다. 놀라서 문을 열어보니, 경찰관 3명이 허리춤의 권총 위에 손을 얹고 일촉즉발의 자세로 경계를 갖추고 있었다. 그 뒤로는 여러 대의 경찰차와 구급차까지 포진해서 불빛을 번쩍이고 있으니 기가 찰 노릇이었다.

경찰관이 아내에게 "당신의 아이가 911에 신고를 했다. 무슨 일이냐? 아이는 어디 있느냐?"고 물었다.

"위층에 있다."

창문을 통해 바깥에서 벌어지고 있는 광경을 보고 겁에 질려 있던 아이가 불려 내려오자, 경찰관은 즉각 아이의 윗도리를 벗겨보고 손발도 내밀게 해서 무슨 상처가 없는지부터 면밀히 살폈다. 아이 몸에 학대의 흔적이나 이상이 없음을 확인한 경찰이 그제서야 경계를 늦추며 아이에게 물었다.

"왜 911에 신고를 했느냐?"

"어제 학교에서 배웠는데, 911에 신고하면 언제든지 도움을 준다기에 한번 걸어보았다."

"요즘 학교에서 911에 전화하는 법을 가르치는 시즌이라서 종종 이런 일이 있다. 이번에는 허위 신고에 대한 벌금은 면제하겠다."

그리고 아이에게 "앞으로는 장난 전화를 하지 마라"는 당부도 남겼다.

삼엄한 분위기 속에 경찰이 들이닥치며 어디 영화에서나 볼 수 있을 장면이 눈앞에 펼쳐진 순간부터 자지러지듯이 놀란 아내가, 아이로부터 들은 자초지종은 이랬다.

"그 전날 학교에서 선생님이 '화재나 무슨 일이 생기면 911로 전화하면 다 도와준다'고 했고, 빨간색 전화기로 전화하는 방법도 배웠다. 그래서 아침에 집에서 다이얼을 한번 돌려보았는데, 갑자기 사람이 나와서 말을 하기에 겁이 나서 그냥 끊어버렸다."

퇴근 후에, 그때까지도 놀란 마음이 가시지 않은 아내로부터 그런 이야기를 전해 들으면서, 자칫하면 큰 봉변을 당할 뻔한 가족이 별일 없었음에 안도했다. 동시에, 유치원에 갈 정도의 어린 시절부터 아이들을 대상으로 학교에서 사회 생활에 실질적인 도움을 받을 수 있는 교육을 시키고 있음이 놀라웠다.

그리고 아이가 말도 하지 않고 끊어버린 그 전화번호 하나로 집까지 찾아서 신속하게 대응 팀을 보내고 확인하는 공권력의 비상 출동 시스템에 감탄하지 않을 수 없었다.

그로부터 20여 년이란 세월의 간극이 있는 요즈음, 우리나라에서는 갖가지 어린이 학대 사실들이 세상에 알려지면서 세간의 공분을 사고 있다. 소 잃고 외양간 고치는 격이긴 하지만, 2015년 말에 들어서야 처음으로 '미취학·장기결석 아동들에 대한 전수 조사' 같은 얘기들이 오르내렸다.

2017년 1월 중순에는 김해의 한 초등학생이 집단 폭행을 당했다는 112신고를 했을 때, '엄마한테 연락해라'는 말만 되풀이하고 경찰이 출동조차 하지 않았다는 보도가 있었다.

그리고 그런 어이없는 일이 있은 지 제법 시간이 지났지만, 그 후로 어떻게 되었는지에 대한 소식은 들리지 않는다. 누구를 문책하고 어쩌고가 아니라, '앞으로 이런 일이 다시 일어나지 않도록 어떻게 개선한다'는 실질적인 이야기를 들어보지 못했다. 또다시 그냥 '일어났던 일', 수많은 다른 일들 중의 하나로 파묻혀 가는 듯하다.

앞서 이야기한 외국에서 겪은 체험과 사례가 우리나라에 꼭 맞는 것이라고 할 수는 없을 것이다. 하지만, 미래의 주역인 아이들이 안전한 환경에서 자라날 수 있도록 '항상, 즉각적으로' 대응하는 그런 사회적 체계와 자세만큼은 우리가 시급히 본받을 필요가 있겠다.

언성 높이지 마세요

미국의 연휴가 시작되는 어느 금요일 저녁, 퇴근길에 휴대폰으로 전화가 걸려왔다. 친척 아저씨가 배낭여행을 한다면서, "LA를 거쳐서 뉴욕에 가려고 지금 LA 공항으로 가고 있다"는 것이었다. 육순의 연세에도 불구하고 청바지에 배낭 하나 둘러메고 길을 나선 그 젊음에는 경의를 표하지만, '참 느닷없다'는 생각을 금할 수 없었다.

'아무리 그래도 그렇지. 도착하기 하루 전, 아니 반나절 전에 연락을 해오면 어떻게 하나? 내가 연휴라고 다른 여행 계획이라도 잡았더라면 어쩔 뻔 했나. 너무 피곤해서 일부러 다른 계획도 안 잡았는데, 이게 뭐람….'

"남이 던지는 공을 다 받을 필요가 없다"고 쓰인 책도 있지만, 그래도 대소가의 아저씨가 오신다니 다른 도리가 없었다. 수많은 내방객과 바쁜 일과에 시달리다가 이번 연휴만큼은 조용히 쉬려고 했던 나의 소박한 꿈은 그 전화벨 소리와 함께 날아가 버렸다.

공사 간에 잠깐씩 해외로 나오시는 분들은 각자 흔치 않은 기회이겠지만, 주재원으로 길지 않은 기간 살면서 현지에서 맞이하는 입장에서는 때때로 고단함의 연속이 되기도 한다. 그런데 연휴에, 그것도 오랫동안 소식도 뜸하던 분의 갑작스런 출현 소식이 달가울 리가 없었지만 그래도 먼 길 오신 분 섭섭하지 않게 하려고 나름대로 노력은 했다.

그렇게 며칠 뉴욕에 체류한 그분을 모시고, 연휴 마지막 날 저녁에 맨해튼 42번가에 있는 그레이하운드 버스 터미널로 갔다. 한국에서 예약한 토론토행 버스의 출발 일자는 그 다음날로 되어 있는데, 토론토에 도착한 후의 일정을 감안해서 심야 버스로 떠나기로 했기 때문이다.

창구 직원에게 상황을 설명하고, "기존 예약을 앞당겨서 심야 운행 편으로 바꾸고 싶다"고 했다. 이야기를 들은 직원이 뒤쪽의 누군가와 상의하는 듯하더니, "해외에서 한 예약의 변경은 국제부 소관이라 여기서는 변경이 안 된다. 내일 영업 시간 중에 국제 업무를 담당하는 부서에 와서 하라"는 것이었다.

예약 변경은 전화로도 가능한 것일 텐데, 여행객이 예약 버스표를 들고 직접 터미널 창구에 와 있음에도 그 창구 직원은 한번 "No"라고 말하고는 더 이상 상대조차 하지 않았다.

밤차로 떠난다고 가방 챙기고 송별 식사까지 한 상태였지만, 예약 변경이 안 되면 그냥 원래 예정대로 다음날 떠나면 되는 일이었다. 하지만 '그래도 이건 아니다' 싶었다.

그레이하운드 버스는 밤낮을 가리지 않고 미국 전역을 운행하고 있을 테고, 그 터미널에도 직원들 여럿이서 야간 영업을 하고 있었다. 그런데 해외여행 중인 여행자의 긴딘한 예약 변경 요청을 소관 부서 탓이나 하면서 처리할 수 없다는 말은, 고객의 입장이나 편의를 조금도 생각하지 않는 처사라는 생각이 들면서 슬며시 부아가 치밀어 올랐다.

이 친구와는 말이 안 되겠다 싶어서 "책임자supervisor를 만나게 해달라"고 했다. 성가시다는 듯 불만이 가득 찬 표정의 여직원이 못이긴 듯이 뒤쪽으로 가더니, 조금 전에 그 여직원과 얘기를 주고받던 남자 직원이 창구로 나왔다.

"지금 컴퓨터로 접속이 안 되니 내일 다시 오라."

"피치 못할 사정으로 오늘 밤 편으로 떠나야 하니 도와 달라."

"회사 방침policy이 그러니 내일 영업 시간에 와서 하라."

그러면서 그 책임자라는 직원은 귀찮다는 듯이 슬며시 언성을 높였다. '뭐 이런 친구가 다 있나?' 싶어 화가 치미는 순간, 나 스스로도 놀랄 정도로 차분해졌다. 그러면서 "내게 언성 높이지 말라(Don't raise your voice at me)!"라고 점잖게 한마디 던졌다.

그랬더니 그 직원이 약간 움찔했다. 탑승 수속을 하며 앉아 있던 사람들도 힐끔힐끔 쳐다보면서 사태가 어떻게 진행될지 살피고 있었다.

"여보시오, 이분은 그레이하운드의 고객이고, 비록 해외에서 예약을 했지만 버스 회사에 예약을 했지, 회사의 국제부와 한 것은 아니지 않소? 지금 당신들은 그 버스 회사의 야간 영업소로서 탑승객들의 예약을 단말기로 확인하며 탑승시키고 있는데, 외국 여행 중인 고객이 소지한 버스표가 해외에서 예약된 것이라고 나중에 국제부로 가서 해결하라는 것이 말이 되는 것이요? 그리고 회사의 방침이라고 했는데, 그러면 그렇게 처리해야 한다는 규정을 나에게 보여주시오."

그제서야 자기네들끼리 다시 뒤쪽 사무실로 가서 뭐라고 상의를 하고는 "예약 변경을 진행해 주겠다"고 했다. 그렇게 문제는 해결이 되었지만 왠지 뒷맛이 씁쓸했다. 굉장히 합리적이고 첨단 고객 응대 기법이 연구되는 사회이면서도, 한편으로는 이해하기 힘든 일이 벌어지는 그 사회의 한 단면을 보는 것 같았다.

그 창구의 직원은 단순 업무만 처리할 뿐, 고객 관리니 서비스니 하는 얘기와는 상관이 없어 보였다. 그리고 후신 책임자라는 사람도 그저 자신들의 입장에서 손쉬운 응대만 했을 뿐, 고객의 입장은 전혀 고려하지 않았다. 최소한 그날 밤의 그 사무실에서만큼은 그러했다.

그리고 한참의 세월이 흐른 지난 4월, 정원이 초과되도록 항공권을 팔고는 승객을 기내에서 강제로 끌어내린 미국 모 항공사의 불상사 소식을 들으면서 오래 전의 그 일이 떠올랐다. 우리가 서비스 산업 부문에서 늘 귀가 따갑도록 들어오던 그 '고객 우선, 고객 서비스란 도대체 무엇일까?'라는 생각을 다시금 해보았다. 다 내가, 내 회사가, 내 조직이 살아남으려고 그토록 강조하는 것일 텐데, 왜들 그러는지….

며칠 전 국민연금에 대해 문의할 것이 있어서 집 근처 지사의 직원과 통화할 기회가 있었다. 상당한 업무 지식으로 고객의 입장에서 필요한 정보를 성심껏 알려주고, 질문하는 사람이 미처 생각하지 못했던 부분까지 찾아내어 확인시켜주는 그 성의에, 모처럼 사람 사는 맛이 났다. 여느 회사 콜센터 직원들의 세련된 기계적 응대와는 다른 느낌이었다. 툭하면 고객 앞에서 후선 지원 부서로 업무 처리 방법을 물어보던 여느 금융 기관 창구 직원들보다 돋보였다.

두 개의 다른 사회에서 보게 된 지극히 개인적이고 제한된 경험이지만, 상대편이나 고객에 대한 배려는 없이 그저 시키는 대로 기계적으로 일하는 부류와, 자기가 하는 일에 필요한 전문 지식을 가지고 성실하게 임하는 직장인의 모습이 극명하게 대비되는 경우라고 하겠다.

그런 자세의 차이가 개인과 조직의 발전에 어떤 결과를 가져올지는 언급할 필요조차 없을 것이다.

우선멈춤

유학 중 여름 방학을 맞은 둘째 딸 뒷바라지를 한다고 아내가 미국으로 건너가 있던 2010년 7월의 어느 날, 딸이 전화를 걸어왔다. 인터넷 전화를 이용해서 아침저녁으로 안부와 일상사를 전하며 지내던 터였지만, 평상시보다 조금 이른 시간인지라 의아해하며 전화를 받아보았더니 아침잠이 덜 깬 듯 가라앉은 목소리로 "일이 생겼다"고 했다.

"엄마가 아침에 친구네 아이들 학교에 태워다 주려고 나갔는데, 미국 경찰한테 걸려서 난리야."

놀란 가슴을 쓸어내리며 이야기를 들어보니, 아침에 아내가 친구 댁 아이들을 등교시켜 주고 오다가, 자동차 전용 도로 진출로에서 경찰에게 단속을 당하고 있다는 것이다.

딸이 쓰던 차를 운전하던 아내가 '우선멈춤' 정지선에서 완전히 정차하지 않고 속도만 줄여서 우회전하다가, 갑자기 경찰차가 경광등을 번쩍거리고 사이렌을 울리면서 따라붙으니 많이 놀랐던 모양이었다.

경찰관에게 한국 면허증과 국제 면허증을 보여주었으나, "여권을 보자"고 하는데 지니고 있지 않았다고 했다. 전에 그곳에서 주재원 가족으로 살 때는 신분증으로 면허증만 있으면 되었으니까 국제 면허와 한국 면허증만으로 충분하다고 여겼던 아내로서는 당황할 수밖에 없었다.

그런데 또 "차량 등록증을 보자"고 하니까, 그것이 차 안에 있던 보험 서류철에 같이 들어 있는지도 모르고 우물쭈물하는 사이에 그 경찰은 그냥 스티커를 적어 내려갔다고 한다.

아내는 "잠깐이지만 정지선에서 정지했고. 자동차 전용 도로 아래로 다가오는 차들이 안보이기에 살펴보느라 서서히 나아갔다"고 설명했지만, 경찰관은 그대로 스티커를 발부하면서 "이의가 있으면 법정court에 가서 이야기 하라"는 말만 했다는 것이다.

스티커를 여러 장 쓰는 것을 보면서 무언가 상황이 꼬여가는 것을 알아차린 아내가 딸에게 전화를 걸어서 차량 등록증을 어디 넣어두었는지 경찰관에게 직접 얘기하라고 휴대폰을 건넸던 모양이다. 딸이 그곳 경찰관과 통화하는 이야기들이 인터넷 전화를 통해 이쪽으로 그대로 생중계되고 있었다.

"차량 등록증은 보험 카드와 같은 서류철에 넣어 두었으니 확인해봐라. 사진 있는 신분증Photo ID과 국제 면허 등이 있으니, 지금으로서는 우선멈춤 위반 건 외에는 괜찮지요?"라고 확인하는 딸의 말이 들리고, 잠시 후에는 현장과 전화를 끊으면서 "자꾸 차량 등록증을 늦게 보여줬다고 얘기한다"고 전해주었다.

곧이어 집으로 들어선 아내가 딸을 보자마자 눈물을 글썽이며 방바닥에 주저앉는데, 손에는 "교통 위반 스티커를 석 장이나 들고 있다"는 얘기가 들려왔다. 우선멈춤 표지에서 제대로 안 멈추었다고 한 장, 외국 면허인데 여권을 소지하지 않았다고 한 장, 차량 등록증이 없다고 또 한 장, 이렇게 석 장이나 스티커를 받았으니 충격이 컸을 만했다.

더구나 미국 경찰에게 잘못했다가는 큰 봉변을 당할 노릇이라 속 시원히 상황 설명도 못한 채 대책 없이 그 스티커들을 들고 오자니, 아등바등하며 애들 뒷바라지하던 아내로서는 속이 엄청 따가웠을 것이다.

그 이야기를 들으면서 전에 발급받았던 국제 면허증을 다시 살펴보니까, 표지 뒷면에 있는 유의 사항에 '외국에서 국제 운전면허증으로 운전할 경우, 한국 면허증과 여권을 함께 지참하지 않으면 무면허 운전으로 처벌될 수 있으니 반드시 한국 면허증과 여권을 함께 소지하시기 바랍니다"라고 적혀 있었다.

전에 그곳에 살 때는 뉴저지주 운전면허를 발급받아서 신분증으로 통용했으니, 미국에서는 면허증만 있어도 되는 줄로 쉽게 생각한 것이 화근이었다. 미리 그런 경고 문구를 챙겨서 주의를 환기시키지 못한 것이 나의 불찰이었다.

어쨌거나 스티커를 석 장이나 받아왔으니 억울하기도 하고 벌금이 부담스럽기는 하지만, 잠깐 체류하는 사람으로서는 그냥 벌금만 내면 속은 편할 것 같다는 생각도 들었다.

그러나 '우선멈춤 위반을 제외하고는 어차피 법원에 가야 한다'니까, 세 가지를 동시에 가지고 가서 선처를 부탁하는 것이 나을 것 같긴 했다. 법정에 서면 그래도 판사가 조금이나마 벌금도 경감해 주고 벌점도 유리하게 해준다는 이야기를 그곳에 사는 동포들로부터 종종 들은 적도 있었고….

마음이 급해진 아내는 그날로 법원에 전화해서 참석 가능한 법정 개정 시간까지 받아버렸다. 그렇게 타국 땅에서 판사에게 하소연하는 아내의 노력으로 300달러가 넘는 벌금을 50달러로 깎았다니, 다행이긴 했다.

하지만 이런 일을 계기로 다시 한 번 느끼게 된 것은, 남이 보든 보지 않든, 기본 질서를 철저히 지켜야 한다는 것이다. 인터넷으로 위반 행위가 있었다는 곳 주변을 살펴보았더니, 진출로의 정지선에서는 자동차 전용 도로 밑을 지나오는 차가 잘 보이지는 않겠으나, 아무래도 완전 정차full stop를 하지 않고 한국에서 운전하던 습관대로 움직이다가 생긴 일이었음이 분명해 보였다.

여러 해를 미국에서 살았었지만, 몇 년 만에 다시 미국에 가서 운전을 할 때 나도 모르게 정지선에 바짝 붙어서 있거나 선을 넘어 서 있는 모습을 발견하고는 실소를 금치 못한 적이 있다. 옆의 차들이 정지선 앞에서 넉넉하게 여유를 두고 점잖게 서는 것을 보면서 스스로 그 '조급함'에 쑥스러워할 정도로 습관이란 그렇게 무서운 것이다.

그 일을 겪은 지 몇 년이 흐른 후, 귀국한 둘째 딸의 직장이 있는 인천 송도로 옮겨와서 살고 있다. 바다를 메운 땅에 인적도 드물던 거리를 많은 사람들이 나다니고, 여기저기 고층 아파트와 건물들이 들어서고 있다. 휑하던 거리에 차량이 붐비고, 널찍한 큰길을 제한 속도를 지키는 이가 그리 많지 않을 정도로 내닫고 있다.

눅눅한 날씨와 황사에 싸인 희부연 하늘을 빼면 제법 괜찮은 도시임에도 횡단보도를 건너려면 겁이 난다. 교차로에서 빨간불이 들어오고 초록불 보행 신호가 떨어져도 전혀 개의치 않고 달려오는 우회전 차량들을 살피며 조심스레 길을 건너야 한다. 신호등 없는 횡단보도에서 길

워싱턴D.C. 조지타운 O 스트리트

을 건너려는 사람들이 서있어도 차가 먼저 지나가는 경우들도 허다하다. 국제 도시라는 말이 무색할 정도이다.

이를 지켜볼 때마다 지난 날 미국에서 '완전 정지 미 이행'을 단속하던 경찰의 역할을 떠올리게 된다. 그리고 범죄와 무질서의 온상이던 뉴욕시에서 경범죄와 도로 교통법 위반부터 단속하여 바로잡아 나갔다는 루돌프 줄리아니 시장의 이야기도 떠오른다.

이제는 모두들 각자의 위치에서 해야 할 일과 하지 않아야 될 일들을 돌아보았으면 좋겠다.

달리는 한국인

2009년 늦여름, 잠깐 미국을 다녀올 때에 에어캐나다항공을 이용한 적이 있다. 경유지인 밴쿠버 공항에 내려서 잠시 쉬다가 서울행 비행기로 갈아타기 위해서 탑승구 앞으로 다가가니까, 왁자지껄하는 분위기가 지금까지의 미국 공항 내에서 비행기를 기다릴 때와는 사뭇 달랐다. 외국 여행을 하다가 보면 모두들 조용히 앉아서 책을 보거나 나직나직 얘기를 하는 것이 대부분인데, 이곳의 분위기는 확연히 달랐다.

서로 대화를 나누는 목소리도 크고, 항공사 직원들이 좌석 순서대로 체크인을 유도하는데도 줄을 서서 차분히 기다리는 것 같지는 않다. 나이 지긋한 아주머니들이 막무가내로 들어가다가 항공사 직원들에게 제지 받는 모습도 보인다.

비행기가 인천 국제공항에 도착해서는 그 움직임들이 더욱 눈에 띄게 달라진다. 안전벨트를 풀어도 된다는 사인이 떨어지자마자 뒷자리에 있던 젊은이가 두세 자리 앞으로 나아가다가 사람들에 막혀서 멈추어 선다.

공항 청사에 발을 들여놓기 바쁘게 마치 거대한 블랙홀로 빨려가듯이 모든 사람들이 빠르게들 움직인다. 공항 내 열차를 타려고 몰려드는 모습들도 정말 압권이다. 어찌 그리도 열정적으로 재빠르게들 움직일 수 있는지, "과연 이것이 우리 발전의 저력인가?"라는 생각이 들 정도로 엄청난 에너지로 움직이고 있었다.

입국 심사를 위한 대기 통로에서도, 신사복 입은 아저씨나 지긋한 양장의 아주머니나 태연히 끼어들며 앞질러 나가는 모습들이 눈길을 끈다. 얼마간의 기간 동안 외국 여행을 하면서 경우 바르게 줄을 서고 기다리며 지낸 것에 대한 보상이라도 받고 싶은 마음에서인지는 모르겠지만 정말 재빠르게 움직였다.

한국에서 출발할 때엔 세계 도처에 유행성 독감이 난리라고 해서 공항에서부터 마스크를 쓰고 있는 동포들이 많았는데, 정작 중간 기착지인 밴쿠버나 뉴욕에서는 마스크 쓴 사람을 찾아보기 힘들었다.

독감이 기승을 부려 마스크를 쓰고 공항에서 검색하는 뉴스를 자주 접하던 터라 인천 공항에서 마스크와 소독약을 사서 썼던 나의 가족도, 현지의 분위기 때문인지 미국 국내선에서는 아예 마스크를 쓸 생각을 하지 않았다. 물론 각별히 주의해야겠지만, 우리가 좀 예민하게 반응하는 것 아니냐는 느낌마저 들 정도였으니까….

이런 움직임, 민첩함, 집중력을 지켜보면서, 이 역동적인 에너지를 우리들 자신만을 위해서 마냥 내닫게만 할 게 아니라 더불어 사는 사회의 긍정적 에너지로 결집시킬 방법은 없을까 하는 생각을 해본 적이 있다.

그 후 어느 날, 인천 공항 내의 화장실에서 세 명의 외국 청년들이 옆의 장애인용 화장실이 비어 있음에도 아예 쳐다보지도 않고 일반인용 화장실 뒤에 줄을 서서 기다리는 모습을 보면서, '교육'이란 단어가 떠올랐다. 어릴 때부터 그렇게 교육을 받은 이들이 자연스럽게 줄을 서서 기다리고 있으니, 나도 비어 있는 그쪽을 차마 기웃거릴 수가 없었다.

그때 깨달은 것이 바로 준법정신과 기초적인 인성 교육의 중요성이었다. 우리가 그 짧은 기간에 한강의 기적을 이루며 남들이 불가능하다고 생각했던 민주주의의 기본을 세워가고 있듯이, 어린이부터 어른들까지 사회 생활의 기본기부터 새로 다듬어 나가는 데에 꿈틀거리는 우리들의 에너지를 모아보면 좋겠다는 생각이 들었다.

엊저녁 아파트 엘리베이터에서 낯모르는 초등학교 학생들이 "안녕히 가세요"라고 인사하는 밝은 목소리에서, 더 나은 세상을 향한 희망의 싹이 자라고 있음을 느꼈다.

지구화 시대의 시민 의식

며칠 전 딸이 어느 커피숍에서 주문한 음료를 받으면서 포인트를 적립해달라고 부탁했던 모양이다. 그때 뒤에서 기다리던 젊은 남자가, 그 바람에 자신의 음료 준비가 늦어진다고 볼멘소리와 입에 올려서는 안 될 욕설까지 담아서 영어로 구시렁대더라는 것이다.

듣다 못한 딸이 "먼저 양해를 구하지 않았느냐? 그리고 직원이 해줄 수 있다고 해서 부탁한 것인데 왜 욕을 하느냐?"고 하니까, 자기 속내를 들켜서인지 잠깐 움찔하던 그 젊은이가 되레 큰소리로 떠드는 바람에, 잠깐이나마 부질없는 설전이 벌어졌다고 했다. 주변에 있던 다른 사람들로부터 "요즘은 영어 모르면 싸움도 못하겠다"라는 우스개 소리도 나오고….

그 이야기를 듣노라니, '불만이 있으면 굳이 외국어라는 커튼 뒤에 숨지 말고 점잖게 자신의 생각을 이야기했으면 좋았을 텐데'라는 생각이 들었다. 동시에, 점점 배려와 인내심이 사라져가는 각박한 세태도 세태려니와, 이 땅에서조차 영어로 자기 감정을 표출해야 마음이 편해질 정도가 된 사람들이 많아졌다는 사실을 다시금 깨닫게 된다. 내 경우에는 외국에서 생활하면서 화나는 일이 있을 땐 우리말로 '한마디' 하고 나면 속이 풀리는 기분이었는데, 요즈음은 그런 게 아닌 모양이다.

그러고 보니 예사롭게 영어로 대화를 나누며 걸어가는 젊은이들, 김밥집에서 떡볶이를 나누어 먹으며 영어로 떠드는 어린이들, 외국인 선생님 인솔 하에 노란 가방 하나씩 울러메고 줄지어 걸어가던 유아들까지, 우리네 주변도 정말 많이 변했다.

지긋한 연배의 사람들은 대부분 외국어에 대해 나름대로 부담과 울렁증 같은 것을 가지고 있었다. 그래서 경제 성장과 세계화의 물결 속에 외국어 소통 능력의 필요성을 절감한 한국의 부모님들은 '조기 유학'이니 '기러기 아빠' 같은 여러 가지 방편으로 자녀들의 외국어 교육에 힘써왔다.

십여 년 전 캐나다 토론토에 출장 갔을 때, 아침나절 던킨도너츠 매장에 삼삼오오 모여 앉아 있던 여인들이 "아이들을 등교시키고 난 뒤 모여 있는 한국 엄마들"이라는 얘기를 듣고는 잠깐 먹먹해졌던 적이 있다. 지금 내가 살고 있는 동네에도 기러기 아빠인 의사가 자녀들 뒷바라지 하느라고 야간과 공휴일 진료를 마다 않고 있다는 이야기를 들었다.

이렇듯 우리 주변에서 흔히 볼 수 있는 헌신적인 가족들의 성원이나 여유 있는 환경 덕분에, 세계로 나아가 남다른 경험을 하고 배울 기회가 주어진 사람이 많다. 그리고 2016년 해외여행객 수가 2천2백만 명을 넘어설 정도로 많은 국민들이 해외로 드나들며 세계와 교류하고 있다.

이렇게 교육도 많이 받고 해외 문물을 접한 사람들도 많아진 요즈음인데도, '세계와 소통할 수 있는 외국어뿐만 아니라 국제 사회의 성숙한 시민 의식과 좋은 문화들도 많이 배워오면 얼마나 좋을까' 하는 생각이 드는 것은 어쩐 일일까?

외국에 나온 우리 동포들은 대체로 현지 관습과 예법에 어긋나지 않으려고 많은 주의를 기울인다. 현지인들과 눈길이 마주칠 때마다 웃고, 문 열어주거나 엘리베이터 잡고 기다리는 친절에 "생큐"라고 감사하며, 때때로 "실례합니다excuse me"라는 말에도 인색하지 않다.

하지만, 이 땅에서는 문을 잡고 기다려주어도 아무런 말도 없이 쑤~

웅 지나가고, 같은 아파트 한 엘리베이터를 타더라도 잔뜩 굳은 자세로 외면하며 지나친다.

이런 모습들에 불편한 마음을 나타내면, 아내는 “마음이 쓰여서 친절을 베풀었으면 그걸로 되었지, 괜히 그 반응을 기대하지는 말라”고 한다. 정말 가물에 콩 나듯이 ‘감사’의 뜻을 표하거나, “안녕하세요”라고 인사하며 지나치는 동네 어린아이들이 오히려 신기할 정도이다.

지하철이나 버스를 사무실이나 공중전화 부스로 착각하는 사람들이 많고, 식당이나 공공 장소에서 아이들이 맘대로 뛰어다녀도 제대로 제어하는 부모를 찾아보기가 쉽지 않다.

이제는 세계와의 교류가 일상화된 시대이다. ‘옛사람’들처럼 외국인을 보면 시선을 떨구지 않아도 될 정도로 교육도 받고 의사소통도 자유로울 정도인 사람들이 앞장서서, 제대로 된 시민 의식과 타인에 대한 배려, 국제 사회에 어울리는 매너까지 모범을 보이면 얼마나 좋을까라는 생각을 해본다.

서로 배려하고 미소 지으며 사는 건강한 사회, 말만 들어도 멋지지 않는가!

조용한 아침의 나라를 생각하며

서쪽 하늘 두둥실 큼직한 달덩어리
돌아서니 지평선엔 눈부신 아침 해
언제나 내 주변을 감싸 도는
그 달이고 그 해인데
오늘아침 새삼스레 보이는 그것은
오늘따라 새삼스레 마음에 닿는 것은

-「오늘아침」

떠오르는 해를 바라보며 지난 해 1월에 적어둔 소회를 펼쳐본다. 그 해와 그 달이 돌고 돌아 또다시 새해가 밝아오고, 새로운 시선과 소망으로 다가오는 나날을 기다리게 된다.

SNS 공간으로 수많은 덕담과 인사말들이 오간다. 앞날을 축복하는 마음들이 따뜻함을 안겨준다. 그러고 보니 카드와 우편으로 전해지던 문안 인사가 사라진지도 꽤 된 것 같다. 우리를 감싸 도는 그 달과 해는 여전한데, 우리가 만들어가는 세상은 이렇듯 빠르게 움직인다.

지난 연말, 괜스레 분주한 마음을 가다듬어 보려고 집어든 책이 법정 스님의 『무소유』. 그 중에서 「소음 기행」이란 절節이 눈길을 끌었다.

"오늘날 우리들의 나날은 한마디로 표현해 소음이다. … 소음에 묻혀 허우적거리는 우리들은 접촉의 과소가 아니라 오히려 그 과다에서 인간적인 허탈에 빠지기 쉽다. … 자기 언어와 사고를 빼앗긴 일상의 우리들은 도도히 흐르는 소음의 물결에 편승하여 어디론지 모르게 흘러 가고 있다."

이런 표현의 글이 쓰여진 때가 1972년이다. 그 두 해 전에 개통된 경부 고속 도로를 달리던 버스에서 쉴 새 없이 틀어대는 유행가 가락에 지친 마음을, "현대는 정말 피곤한 소음의 시대다"라고 표현한 것이다.

그로부터 반세기가 지난 요즘에는 아예 전국 방방곡곡에서, 때와 장소를 가리지 않고 그 피곤한 소음들이 쏟아져 나온다. 이제는 그 '소음'이란 단어를 쏟아지는 '정보'라고 바꾸어도 말이 되겠다는 생각도 해보면서, 그분의 혜안에 감탄한다.

언제가 인적 드문 한낮에 여의도 공원 곳곳의 스피커를 통해서 울려 퍼지던 노랫가락, 서해 바다 갯벌을 메우고 신축한 아파트 단지의 한적한 지하 주차장에서 차 엔진 소리와 배관 기계음이 뒤섞인 멜로디, 새로 들어선 거리 상가 부근의 길거리와 통행로에다 스피커를 내다 걸고 밤낮없이 퍼 나르는 소리들, 대형 마트 에스컬레이터에서 쉼 없이 반복되는 안내 방송, 머리를 지끈거리게 만드는 중소형 마트의 확성기 소리들….

음식점이나 커피숍의 어지러운 노랫가락과 소음 속에서 서로 목청을 돋우는 풍경은 코믹하기까지 하다. 손님들의 큰 목소리가 먼저인지, 아니면 음악 소리가 커서인지….

그리고 많이 나아졌다지만 광역, 직행 버스에서 흘러나오는 라디오 소리 강제 배급, 거기에 몇십 분씩 전화기에 매달린 승객이라도 가세하는 날에는, 그 이동 시간에 누릴 수 있는 '나만의 자유함'은 설 자리를 잃는다. 오죽하면 그 고매한 스님도 "내가 낸 돈으로 차가 달리고 있는데 거기에 내 뜻은 전혀 개입될 수 없다"고 불편한 마음을 토로하셨을까.

탄소 감축, 녹색 성장을 추구하는 국제기구를 유치한 나라의 도시들이 이렇듯 온갖 조명으로 밤을 밝히고, 인적 드문 공원이나 지하 주차장에까지 음악을 틀어놓을 만큼 여유를 부려도 되는지 모르겠다.

우연히 던져진 화두에 이런 저런 생각이 꼬리를 물던 터에, 새해 아침 배달된 한국경제 사회면에 "명동·신촌 관광 명소 연말연시 소음에 '몸살' … 귀가 괴로워"라는 기사가 큼지막하게 나와 있다. 모두들 세상을 보는 시각이나 좀 덜 피곤한 생활에 대한 갈망은 엇비슷한가 보다.

새해 아침이다. 이제는 분주한 마음들을 내려놓고, 피곤하지 않는 삶이 되도록 노력해야겠다고 스스로 다짐해 본다. 그리고 좀더 남을 배려하고 제대로 질서를 지키는 사회, 모든 일에 지나침이 없는 '조용한 아침의 나라'가 되었으면 하는 소망도 가져본다. 오늘 아침, 대소가 어른이 보내온 그림 카드의 문구가 마음에 닿는다.

"인생 둘레길 2018 구간을 쉬엄쉬엄 함께 걸어갑시다."

어둠 속의 연주

음악이 흐르자 조명등이 하나 둘 꺼져간다. 깜깜한 무대 위로 아름다운 선율이 흐르고, 청중들은 숨을 죽인다. 아니, 숨 쉬는 소리조차 미안하다. '하트 시각장애인 체임버 오케스트라 창단 10주년 기념 음악회'가 열리고 있는 예술의 전당 음악당이다.

두 시간 가까운 공연이 끝나갈 즈음이다. 다른 음악회처럼 지휘자가 들락거리는 커튼콜도 없이, 모든 단원들이 그대로 앉은 채로 앙코르 곡들을 연주한다. 그 중의 한 곡이 시작되자, 이처럼 음악당의 모든 불빛이 사라진다.

눈을 뜬 사람이나 보이지 않는 사람이나 똑같이 어둠 속에서 연주를 하고, 그 음악을 듣는다. 덩달아 눈을 감아본다. 연주자들이 한 마음으로 만들어내는 음률을 따라가다 보니, 그 순간순간이 감동의 도가니다.

20여 명의 단원들이 악기를 들고 입장할 때에, 시각 장애 연주자들은 누군가의 손을 잡거나 이끌려서 등단한다. 이 오케스트라를 이끄는 음악 감독이자 클라리넷 연주자도 다른 단원의 손에 이끌려 자리에 앉는다. 언뜻 보기에도 시각 장애가 있는 분들이 절반 정도는 됨직하다.

그들 앞에는 악보가 없다. 리더인 음악 감독이 의자 옆 바닥에 놓인 마이크를 들고 일어서서, 연주할 곡의 내용과 연주자들을 소개한다. 악장 중간에 박수를 치지 말아야 할 부분도 알려주며 중간중간 농담도 던지지만, 객석의 관중들이 더 긴장하는 듯하다.

잠깐 동안 각자 악기의 음을 고르더니, 음악 감독의 크게 들이쉬는

숨소리에 따라 연주가 시작된다. 지휘봉도 없고, 악보도 없는 분들이 함께 어우러져서 베버Carl Maria von Weber의 오페라 「마탄의 사수」 서곡을 들려주고, "연주하기 어렵다"는 프로코피예프Sergi Prokofiev의 「고전 교향곡」도 들려준다.

들숨이나 "하나, 둘, 셋"이라는 나지막한 구령으로 연주를 이끌면서 클라리넷 연주에도 바쁜 음악 감독은 연신 이마에 내밴 땀을 씻어낸다. 앞자리의 첼로 연주자는 연주 중에 끊어진 활 털을 손으로 잘라내며 자연스레 연주를 이어간다. 시각 장애가 있는 분들인데, 어지간한 훈련으로는 어림도 없을 모습들이다.

뒤쪽의 타악기 주자들이 손으로 더듬으며 채를 바꾸거나, 중간중간 청중들에게 소개되는 연주자들이 일어났다가 앉을 때의 편치 않은 모습들에도 시선이 간다.

크리스마스 시즌이라고 모든 단원들이 빨간색 머리핀을 하거나 악기에 빨간 리본을 매달고 나왔지만, 도대체 저분들이 얼마나 힘들게 연습했으며, 도대체 얼마나 많은 시간과 공을 들였는지를 짐작할 바가 없다. 다만, 보통 사람의 힘으로 할 수 있는 한계를 넘어선 것만은 분명하다.

2부 순서가 시작되면서 무대 위로 흰색 개 한 마리가 연주자들과 함께 등장하자, 절로 탄성이 터져 나온다. 훤칠한 키에 검은색 드레스를 입은 피아니스트를 이끌고 나타난 그 안내견은 공연 시간 내내 피아노 옆에 엎드려서 꿈쩍도 않는다.

2부에는 경쾌하고도 우리 귀에 익숙한 영화 음악들을 연주하는데, 그 피아노 앞에도 악보가 없다. 어떻게 건반의 위치를 잡고 연주를 하는지 궁금했지만, 그냥 온몸으로 느끼듯 건반을 두드리는 그 우아한 모습에는 전혀 흐트러짐이 없다.

그들의 공연장에는 여느 연주회장과는 다른 점들이 있다. 입구에는 점자로 된 안내 책자가 비치되어 있고, 객석의 신사분이 그 책자를 손으로 읽고 있는 모습도 보인다. 중간 휴식 시간에 공연장 옆 화장실은 많은 사람들로 붐비지만, 장애인용만은 그대로 비워 둔다. 최소한 그 공연장에 온 분들은 그런 배려의 마음을 가지고 있음이 돋보인다.

솔직히 나는 음악에 대한 지식도 관심도 거의 없다. 가끔씩 흐르는 클래식 선율에 빠져들 때도 있지만, 연주회 같은 것은 되도록 멀리 한다. 일찌감치 저녁 챙기고, 격식 차리며 박수치는 타이밍을 눈치 보는 것이 싫어서이다. 그런 문외한이지만 이들의 연주회만은 놓치고 싶지 않다.

이 오케스트라의 뉴욕 카네기홀 공연을 우연히 가보게 된 둘째 딸이 그 연주자들의 구성과 무대 조명을 끄고 연주하는 순간의 감동을 잊지 못하고, 귀국 후에 그들의 공연 소식을 찾아내서 가족을 초대한 것이 계기였다.

그때는 세종문화회관이었는데. 음악 감독의 들숨소리나 발장단, 나지막한 구령으로 시작되는 그 연주는 한마디로 충격이었다. 눈이 잘 보이는 사람도 힘들 텐데, 악보도 없이 혼연일체가 되어 천상의 소리 같은 하모니를 만들어내는 그 광경은 한꺼번에 너무 많은 것을 던져주었다.

그 이후로 다른 것은 몰라도 이 연주회만은 찾아다니려고 했다. 장애를 가진 분들이 스스로 추구하는 가치에 기울인 그 집념과 노력을 통해서 삶에 대한 나의 자세를 되돌아보게 되고, 지금 내가 가지고 있는 것들에 감사함을 깨닫는 귀한 시간으로 여겨졌기 때문이다.

큰 박수 소리에 묻힌 '창단 10주년 기념 공연'이 끝나자 큰 딸이 한마디를 건넨다.

"연주 중에 혹시 무슨 실수라도 하는지, 관심이 온통 연주자들의 움직임에만 쏠려서 음악이 제대로 안 들렸다. 그런데 눈을 감았더니 오히려 그 음악에 더 집중할 수 있더라."

그 '시각 장애 음악인으로 구성된 세계 유일의 민간 실내 관현악단'의 연주자들은 스스로 더 큰 가치를 추구하며, 그렇게 그들의 장애를 승화시키고 있는 모양이다.

모든 연주 순서가 끝났다. 연주자들이 일어서서 관중을 향하여 인사를 하는데도 방향을 잘 잡지 못하는 듯한 모습들이 보인다. 무대를 떠날 때도, 시각 장애가 없는 다른 연주자가 도와줄 때까지 움직이지 못하고 그 자리에서 기다리는 연주자들의 모습에 가슴이 아려온다.

맨 마지막에 피아니스트가 안내견에 이끌려서 퇴장한다. 놓여진 의자 사이를 무사히 지나서 무대를 떠난 뒤에도 한참 동안 우레와 같은 박수가 끊어지지 않는다. 600석이라는 그 챔버홀을 가득 채운 청중들의 마음은 똑같은 듯하다.

'어느 누가 불 꺼진 무대 위로 흐르는 이런 연주를 쉽게 상상이나 하겠는가? 어느 누가 안내견이 음악당 무대에 엎드려 있는 장면을 쉬이 볼 수 있겠는가? 악보도 지휘봉도 없는 오케스트라가 어떻게 그렇게 한 마음으로 아름다운 하모니를 이룰 수 있겠는가?' 하는 느낌들.

그런 역경을 이겨내고 이런 훌륭한 음악을 듣게 해주어서 감동이고, 그들보다 더 갖추고도 노력하지 않는 우둔함을 깨우쳐 주어서 고맙고, 보다 더 따뜻한 시선으로 세상을 바라보도록 만들어 줌에 감사하는 마음들.

그리고, 어려운 길을 함께 헤쳐 나온 그 모든 단원들에 대한 성원과, 그들의 땀과 노력이 더 큰 보람으로 활짝 피어나기를 바라는 마음들….

도심 속의 여유

8월 하순의 어느 날, 요즘 들어 보기 드물게 청명한 날씨다. '그래, 하늘이 이 정도는 되어야지. 전에는 그래도 파란 하늘, 맑은 공기였는데….'

늦은 오후에 신촌과 광화문을 오가다가 불현듯 북악 스카이웨이 생각이 났다. 이런 날에 그리로 가면 멋질 것 같았다. 청운 파출소를 끼고 옛길을 따라 자하문 고개로 올라가 본다. 자하문 터널이 생기고 난 뒤로는 웬만해서는 들릴 일이 없던 길이다.

청와대 쪽에서 연결되는 길 주변은 조금 낯설어졌지만, 그래도 이 고갯길만은 여전히 옛 정취가 남아있다. 1968년 1·21 무장공비 침투 사건 때 청와대로 향하던 공비들을 저지하다가 전사한 경찰관들의 동상과 비석들도 여전하다. 벌써 반세기 전의 도발인데, 요즘은 '미사일이니, 핵이니' 하고 있다.

고갯마루에 차들이 붐빈다. "근처에 안개가 많이 끼어서 자하동紫霞洞이라고 했고, 그 동네에 있는 문이라서 자하문이라고 불린다"는 그 '창의문彰義門'은 쳐다 볼 겨를도 없다. 그곳에서 정릉 아리랑 고개에 이르는 길이 약 8km의 2차선 도로가 '북악 스카이웨이'이다. 무장공비 사건이 일어난 그 해 9월, 수도 방위와 관광 도로 겸해서 개통된 길이란다.

오르막길로 들어서서 꼬불꼬불 돌다 보니 어느새 팔각정이다. 평일 늦은 오후라서 그런지, 주차장 입구 쪽이 텅 비어 있다. 간혹 한 번씩 올라왔어도 늘어선 차들 때문에 그냥 스쳐가기만 했었는데, 왠 횡재냐 싶다.

펼쳐지는 녹색과 시가지 모습에 눈과 마음이 시원해진다. 저 멀리 반짝이며 흐르는 한강물까지 선명하다. 모처럼만에 맑은 날씨 덕을 본다. 대도시의 중심 높다란 곳에 이런 공간이 있어서 좋다.

한때 '대남문이니, 비봉이니' 하고 오르내리던 산등성이도 살갑게 다가선다. 그 아래로 예전에 살던 동네 쪽을 더듬어 본다. 언젠가 저 산에 다시 한 번 올라가보고 싶다.

팔각정 공원에도 사람들이 별로 없다. 오랜만에 여유롭게 서울의 향기를 느낄 수 있어서 좋다. 이렇게 좀 덜 붐비고 살면 얼마나 좋을까 싶다. 늘 이렇게 맑은 하늘이면 얼마나 행복할까도 싶고….

북악 스카이웨이, 그 호젓함이 좋아서 북악 터널을 마다하고 일부러 이 산길로 돌아가곤 하던 때가 벌써 40여 년 전이다. 그래도 이곳만은 큰 변화 없이 그대로 있어주어서 고맙다.

내려가는 길에, 성북동 골목 성벽 아래쪽으로 예전에 자주 들르던 '국시'집을 찾았다. 한창 때는 수육에다 칼국수를 곱빼기로 먹고도 젓가락이 녹는 듯했는데, 이젠 그냥 국수 한 그릇도 부대낀다. 세월이 많이 흐른 모양이다.

한적하던 길에 오가는 차들이 많아지고 곳곳에 주차 위반 감시 카메라가 돌고는 있지만, 그런대로 옛 모습이 남아 있어서 반갑다. 늘 우리 곁에 가까이 있는 이 여유로움을 왜 제대로 느끼지 못하고 지냈는지 안타깝다.

파스칼은 "인간의 모든 문제는 홀로 방안에 가만히 앉아 있지 못하는 데서 비롯된다"는 말을 남겼다고 하지만, 그래도 이렇게 차분한 마음을 안겨주는 '자연 그대로의 공간'들이 우리 곁에 남아 있으니, 바깥나들이가 그리 나쁘지만은 않은 것 같다.

'자연 그대로'라는 말에, 며칠 전, 새로 뚫린 홍천-양양간 고속 도로를 달릴 때의 느낌이 떠오른다. 동해의 푸른 물과 태백 준령의 산하를 만끽하고 싶었지만, 절반의 성공이었다. 아름다운 산천경개는 간곳없고, 온통 회색 빛 터널뿐이었다. 빠름을 찾아 그 긴 터널을 뚫느라 엄청난 고생을 한 분들의 노력은 눈 쌓이는 겨울철에나 빛을 발할 것 같다.

한창 뉴스에 오르내리던 "자연을 품은 내린천 휴게소"는 말 그대로 '위용'이었다. 그러나 잔뜩 호사를 부린 시설물들이 왠지 내게는 부자연스럽게만 보였다. 지금은 사라진 청계 고가 도로를 만들고 우리의 발전상을 자랑하던 시절이 떠올랐다. 그냥 소박하게 자연에 안겨 있었으면 좋았을 텐데, 왜 자연마저 품으려고 했는지 모르겠다. 알프스 산록의 여유롭고 목가적인 공간 같은 것을 고려해볼 순 없었을까 싶기도 하고….

휴가철이고 휴일임에도, 비가 내려서인지 동해안 바닷가는 한결 여유로웠다. 비바람과 거센 파도 몰아치는 해변에서 잠시나마 자연에의 경외감을 맛보고는, 옛길을 타고 돌아왔다. "인생의 여로에도 가끔씩 돌아가라는 푯말이 붙는다"는데, 산천경개 둘러보는 데 한두 시간 더 걸리면 어떠랴 싶었다.

이런 한가로움을 선택할 수 있는 것만도 고마운 일 아닌가? 그나마 이리저리 새 길들이 뚫리지 않았으면 이만한 여유도 즐길 수 없었을 테니 말이다.

'자연 그대로'를 찾는 마음이 북악과 동해를 오갈 때, 시가지에는 어느덧 어둠이 내려 깔렸다. 오랜만에 '내 놀던 옛 동산에 오늘 와 다시 서니', 왠지 기분이 촉촉해진다. 가로등 불빛 속에 정겨운 도읍지를 돌아 나오려니, 아일랜드 옛 민요를 재구성했다는 예이츠William Butler Yeats의 시 구절이 흥얼거려진다.

" … 강둑에 풀들이 자라듯 인생을 느긋하게 살라고 했지만
She bid me take life easy, as the grass grows on the weirs;

그때 나는 젊고 어리석었기에 지금은 눈물이 가득합니다."
But I was young and foolish, and now am full of tears.

-「버드나무 정원 아래에서(Down by the Salley Gardens)」 중에서

블레넘궁 앞 글라임 강변

지금 내 곁에는

미세 먼지와 변덕스런 날씨에 잔뜩 움츠리고 있어도 계절은 어김없이 찾아온다. 은빛 솜털 보송보송한 냇가의 버들강아지를 바라보며 철이른 기지개 켜던 때가 엊그제인데, 어느 틈에 피어난 하얀 벚꽃들이 마음을 앗아간다.

꽃봉오리 내밀던 목련화도 어느새 뽀얀 자태를 뽐내고, 연보라 라일락, 샛노란 개나리꽃…. 해마다 찾아오던 그 꽃잎 그 잎새들인데, 이제껏 흘려 보다 오늘 문득 새롭다.

하늘은 잔뜩 찌푸리고 세찬 바람이 몰아친다. 봄기운 환하게 채우던 벚꽃 잎들이 바람에 시달리다 속절없이 떨어져간다. 어둠이 깔리면서 비바람으로 바뀐다. 흔들리는 가지에 매달린 채 파르르 떨고 있는 꽃잎들의 몸짓이 애잔하다. 가로등 불빛 아래로 흩날리는 그 꽃잎들 따라, 아름다운 봄날의 정경이 쉬 사라질 것 같아 안타깝다.

엄동설한 이겨내며 싹 틔우고 꽃 피워 놓았더니 그걸 저리도 모질게 흔들어 대다니….

"죽은 땅에서 라일락을 피어 올리는 4월은 가장 잔인한 달"이라고 했다는 미국계 영국 시인 엘리엇T. S. Eliot(1888~1965)의 「황무지The Waste Land」라는 시 첫 구절이 떠오른다. 그 시인은 '소생蘇生을 재촉 당하는 생명체의 고뇌를 역설적으로 묘사했다'고 하는데, 나에게는 그저 '4월은 잔인한 달'이라는 표현만 각인되어 남아 있다.

아침이 밝았다. 간밤의 비바람도 언제 그랬냐는 듯 화창하다. 주변의 벚꽃들도 따뜻한 햇살 아래 반짝인다. 거친 비바람을 감당하기엔 한없이 여려 보이던 그 꽃잎들이 저토록 강인했던가 싶다. 그 시련 그 도전 꿋꿋이 이겨내며 주어진 역할 다하다가, 정해진 시간되면 알아서 다음 단계로 넘어가는 그 끈질긴 생명력과 엄숙한 자연의 섭리를 생각하게 만든다. 포근하게 감싸 도는 봄바람에 하늘거리는 꽃잎들 따라 내 마음도 두둥실 파란 하늘을 날아다닌다.

따스한 햇살아래 나부끼는 저 꽃잎
가녀린 여인들의 춤사위 손짓같이
봄바람 물결 따라 춤추듯 흩날리네
어제 밤 꽃샘바람 온몸으로 견디며
가로등 불빛마저 애처롭던 그 모습
밟기도 안타까워 소복소복 가슴에

-「벚꽃일기」

약속이 있어서 서울 시내로 나갔다. 저만치 남산이 온통 벚꽃으로 덮여 있다. 한번 올라가보라는 지인의 권유에 잠시 망설이다 용기를 냈다. 남산 타워행 버스를 타고 구비구비 산길을 오르는데, 파란 하늘을 배경으로 서있는 벚나무들과 바람결에 흩날리는 꽃잎들이 별천지를 이룬다. 눈에다, 가슴에다 담기에도 바쁘다.

팔각정 부근에는 사람들로 붐빈다. 남녀노소 불문하고 삼삼오오 어울리며 자연 속에 파묻힌다. 남산 타워 쪽 음악 소리가 조금은 거슬리지만, 모처럼 보는 맑은 하늘과 화사한 벚꽃 그리고 저만치 서울의 산하가 모든 것을 끌어안는다.

정장에 가방까지 들고 홀로 서성이기가 어색해서 바쁘게 한 바퀴 둘러보고 말았지만, 미루지 않고 오늘 와보기를 잘했다 싶다. 지척에 두고 수시로 지나다니던 산이지만, 도대체 몇 년 만에 올라와본 것인지….

옛적에 드나들던 그 감흥을 되새기고 싶어서, 내려올 때는 산책로를 따라서 걷기로 했다. 그러면서 영국의 고전학자 겸 시인인 하우스먼A. E. Housman(1859~1936)이 '벚나무가 하얀 꽃으로 뒤덮인 봄철이 나의 인생에서 20번이나 지나고, 이제 50번 밖에 남지 않았음'을 헤아린 그 마음을 따라가 본다.

「가장 사랑스러운 나무Loveliest of Trees」라는 그의 시에서 찬미했던 그 벚꽃들이 바람에 하늘하늘 날리는 이 순간이, 이런 봄날이 지금 온전히 내 곁에 있는데, 저만치 있는 내일만 바라보며 자꾸 미루기만 하는 내 모습이 우습다.

이런 벚꽃 군락을 완상할 기회가 이제 몇 번이나 남아 있을지는 우리 소관이 아니지 않는가. 모름지기 오늘, 지금 내 곁에 있는 모든 것에 감사하며 나에게 주어진 역할에 최선을 다해야 함을 일깨워주는 아름다운 4월이다.

봄철에 잠깐 피는 이 연약한 벚꽃들도 세찬 비바람을 견뎌내며 제 소임을 다하는데….

부모는 기다려주지 않는다

정상 범위가 95~100% 라는 산소 포화도가 80대로 떨어지고 열이 있다며, 집중 치료실에서 며칠 관찰해 보겠단다. 침상에 "금식" 표지가 나붙고, 수액과 산소 공급 마스크에 매달린다. 호흡에 도움을 준다지만, 불편하고 갑갑한지 자꾸 마스크를 벗겨낸다. 장갑을 끼우고 팔도 묶어 놓는다. 그러더니 느닷없이 "언제 돌아가실 줄 모르니 가까운 곳에서 비상 대기"하란다. 참으로 어이가 없다.

약 보름 전, 지방에 사는 아우로부터 연락이 왔다.

"어머니와 전화 통화 중에 무언가를 찾아본다며 기다리게 하고는 통 소식도 없고 휴대폰도 안 받는다."

비상이다. 황급히 인근의 지인에게 가보게 하였더니, 어머니로부터 전화가 걸려왔다.

"나한테 전화했었다며?"

좀 전에 아우와 전화했던 사실도, 전화기를 잠시 내려 놓은지도 잊은 채 그냥 멀쩡히 계셨던 모양이다. 처음 겪는 일이지만, 그만 맥이 풀린다. 그 동안 크게 잔병치레 없이, 구순을 지난 연세에도 혼자서 끼니 챙기고 식사도 거뜬하던 분이다.

그런데, 이 여름 접어들면서 전화벨 소리에 반응하는 시간이 조금씩 늦어지길래 은근히 걱정되던 터였다. 자리에서 일어날 때는 전과 달리 손을 잡아달라고 내밀거나, 승용차에 오를 땐 스스로 발을 들여 놓기도 어려워했다. 집 나설 때면 늘 "잘 가라"고 하시던 말씀이 며칠 전에는 "벌써 가려고?"로 바뀌길래 이상한 느낌이 들던 순간들이 스쳐간다. '이렇게 이별 연습을 하는가' 싶어서 가슴이 먹먹해 진다.

모르는 사이에 치매가 시작된 듯해서 가까운 치매 지원 센터를 찾았다. 요즈음 자리에 누워 있는 시간이 길어지고 거동에도 불편을 느낀다는 말에, 의사는 뇌 MRI를 찍어보라고 했다. 다음날 바로 검사가 가능한 병원도 소개받았다.

"급성 뇌경색이 있었다. 몸의 염증 수치도 높고, 장기 기능이 많이 저하되어 있다. 고령이라 회복은 안 되지만, 진행은 늦출 수 있다."

그길로 바로 입원해서 며칠간의 검사와 치료를 마치고 퇴원하던 날 아침, 체크하러 병실에 들린 간호사로부터 "열이 나고 산소 포화도가 떨어진다"는 얘기를 처음으로 들었다. 담당 의사는 "고령에다 급성 뇌경색의 후유증으로 그럴 수 있다. 괜찮으니 퇴원하고 며칠 후에 보자"고 했다. 그랬던 것이 바로 엊그제다.

전화기 사건은 있었지만 그런대로 괜찮은 줄 알고 딸네 집에 다니러 나갔던 아우도 밤새 급거 귀국했다. 함께 병원을 찾았더니, 침상을 곧추세우고 개운한 모습으로 앉아 계신다. '그러면 그렇지. 바로 어제까지 식사도 잘하셨는데….' 반갑기 그지없다. 머리카락도 다듬고 목욕까지 시켜드렸다는 간호사의 얘기가 고맙다.

요 며칠 사이 때때로 자식들도 못 알아보는 바람에, 모두들 얼굴을 내밀며 "내가 누구예요?"라고 묻는다. 어머니가 제법 진지한 표정으로 "몇 째"라거나 자손들 이름을 대면 환호하고, 제대로 맞히지 못하면 안타까워한다. 마치 부모들이 둘러앉아 어린애에게 "내가 누구냐?"고 묻는 광경과 진배없다.

저녁 무렵에는 낮과는 판이하다. 또다시 숨 쉬는 것조차 가쁘다. 산소 공급 마스크에 매달려 오르내리는 가슴이 너무나 힘겨워 보인다. 삶의 무게가 이렇게도 무거운 것인가…. 다급한 마음에 어머니 이마에 십자가를 그으며 회복의 기적을 간구한다.

"하나님, 예수님, 성령님, 저희 어머니를 살펴주시옵소서…."

바로 그 순간, 미동도 않은 채 늘어져 있던 두 손이 조금씩 움직이더니 눈 위에 놓인다. '눈이라도 닦으시려나' 하고 생각하는 사이, 이마 위로 올라가 모아진다. 무언가 간구하듯 깍지 낀 손에 잠깐 힘이 주어지더니, 맥없이 미끄러져 내린다. 안간힘을 다하듯 다시 한 번 이마 위로 모아졌던 두 손은 잠시를 지탱하지 못하고 가슴께로 흘러내린다. 말문이 막힌다. 그렇게 기도하는 모습을 지켜보던 내 딸은 "오, 할머니!"를 연발한다.

슬하에 아들 넷 두고 특별한 믿음 없이 90 평생을 살아오신 어머니다. 장성한 후 뿔뿔이 나뉘어진 자식들의 종교와 믿음 생활을 배려해서인지, 필요한 일이 있으면 한꺼번에 "하나님, 부처님, 조상님…'을 부르시던 분이다. 그런 분이 절체절명의 순간에 십자가 성호에 반응한 것이다. 감동의 전율이 스쳐간다. 한편으로는 얼마나 갈급했으면 이러실까 하는 안타까움에 가슴이 미어진다.

수년 전, 언젠가 닥쳐올 '마지막 순간'에 대해서 내심 불안해 하시는 것을 피부로 느꼈던 때가 있었다. 조금의 위로라도 되어드리려는 마음에서 내 어설픈 솜씨로 찬송가를 불러드릴 때, 다가앉아서 같이 부르는 모습에 놀랐던 적이 있다. 그런데, 같이 교회에 나가자면 응하지 않으셨다.

자식들의 믿음 생활에 대한 그런 배려와 중립적 의지를 핑계 삼아서, 나 편한 쪽으로만 생각했음이 죄스럽다. 가쁘게 오르내리는 어머니의 가녀린 어깨를 바라보면서, 그 동안 주변의 눈치나 보며 믿음 생활로

인도할 생각을 적극적으로 실행하지 못한 회한이 가슴을 저민다.

'차라리 내가 신학을 배우고 목사 안수라도 받았더라면 어머니를 위한 세례를 드릴 수 있었을 텐데' 하는 교만한 후회도 잠깐, 내 품에 지니고 있던 나무 십자가를 손에 쥐어 드리며 잘 버티어 내시길 간구한다.

"제발 며칠 전처럼 벌떡 일어나실 수 있게 도와 주시옵고, 떠나실 때가 되었다면 하나님 품 안에 편안히 감싸 주시옵소서."

평소 혼자 사시는 어머니가 가급적, 가능한 한 잘 지탱해 주시기만 바라며, "어머니 아들들, 효자 없소. 그러니 잘 버티셔야 해요"라는 말로 농담 삼아 담금질 할 때만해도, 앞으로 닥쳐올 일은 여전히 미래의 일이었다.

'혼자 자다가 무슨 변고라도 생기면 어떡하나' 하는 걱정과, 하루 종일 TV 소리를 벗 삼으며 스며드는 외로움을 달래면서도 자식들 부담될까 봐 내색도 않고 버티어 온 세월들임을 잘 알면서도, 그 동안 나는 왜 이렇게밖에 못했는지….

이제 일어나시면 같이 살자고 손을 잡아보지만, 어쩐지 공허하다. 시간에 쫓기며 하던 일도 이제 끝났으니 곁에서 잘 모시겠다던 생각도 부질없어지는 듯해서 안타깝다.

"자식은 봉양하고자 하나, 부모는 기다려주지 않는다子欲養而親不待"는 옛말이 온몸에 젖어 든다.

그렇게 그분은 홀연히 우리들 곁을 떠나셨다. 어린 시절 감기가 심할 때 끓여주던 녹두죽도, 동짓달의 팥죽도, 정월 대보름 찰밥도 이젠 더 이상 맛볼 수 없다. 돌아서는 아들내미 뒷모습이 보이지 않을 때까지 손 흔들던 그 모습도 이젠 더 이상 볼 수가 없다.

빈소를 찾았던 사촌 형이 귀로에 보내온 "숙모님을 위한 기도"라는 글이 마음을 적신다.

"… 숙모님께서 이 땅에 계시던 그 세월은 너무나도 험난한 격동의 세월이었습니다. 일제 시대를 지났고 해방 후의 혼돈과 6.25, 보릿고개와 숱한 어려움 속에서도 네 형제를 훌륭하게 키우시고 온 집안의 친척들 외손들까지 두루 건사하시면서도 싫은 내색 한 번 내신 적 없는 참 인자하셨던 숙모님이셨습니다. …"

90년 전에 태어나 그 연약한 몸으로 온갖 풍상 다 견디며 네 아들의 어머니로 살아오시다가, 이 여름날 그렇게 훌훌, 먼저 가버린 아버지 곁으로 떠나셨다. 몇 해 전 생신날 아침상을 받은 자리에서 쑥스러운 듯 기도하며 남긴 어머니의 말씀이 허공을 맴돈다.

"하나님 아버지 감사합니다. 우리 자손들 모두 건강하게 잘 지내도록 해주십시오."

그 큰 사랑에 제대로 보은하지 못한 이 못난 자식의 잘못을 용서하시고, 하나님 품 안에서 영면하시기를 두 손 모아 기도드립니다.

만학

이순耳順의 나이에 접어든 어느 봄날, 산책로 길섶에 피어 있는 연보라색 라일락꽃을 바라보다가 불현듯 어릴 적 뜨락에 은은히 퍼지던 라일락 꽃향기를 까마득히 잊어버리고 있었음을 깨달은 적이 있다.

눈앞의 일에 매달려 정신없이 내달리다가 문득 멈추어 서서 보니, 내 곁에 늘 있어왔던 아름답고도 소중한 것들을 미처 살펴보지 못한 채 무심하게 살아왔음을 깨닫던 즈음의 일이다.

그렇듯, 젊은 시절 얼렁뚱땅 배운 것 가지고 직장과 사회 생활에 허덕이다가 어느 날 걸음을 멈추고 스스로를 돌아보니, 그 조그만 배움만으로 지탱해온 지난날의 어설픔에 얼굴이 화끈거릴 지경이었다.

그래서 세월이 던져준 여유 시간에, 그간 무언가 부족하고 또 해보고 싶었던 부분을 챙겨보려고 방송 통신 대학교 영어 영문학과에 편입해 보았다. 온라인 강의, 출석 수업과 시험 등을 거치면서, 돌아서면 금방 잊어버리는 현실에 안타까워하면서도 '진작 이런 내용들을 알았더라면 지난날 스쳐 지나갔던 순간들을 좀더 깊이 있고 유익하게 채울 수 있었을 텐데' 하는 아쉬움이 더해졌다.

호기롭던 시절 영국에 체류하면서, 런던 외곽에 있는 존 밀턴이 살던 집Milton's Cottage이나 중부 하워스의 브론테 자매 박물관, 스트랫퍼드-어폰-에이번에 있는 셰익스피어 생가 등을 드나들 때도, 그저 유명한 시인이나 작가라는 명성과 그 흔적들에만 솔깃해하며 막연히 귀에 익은 몇몇 글 제목들만 떠올렸을 따름이었다.

웨일스로 가는 길목, 와이Wye강 골짜기의 아름다운 풍경에 빠져서 편도 3시간의 드라이브 길도 마다 않던 그곳에서 틴턴 수도원Tintern Abbey의 허물어진 벽체를 바라볼 때도, 200년 전에 윌리엄 워즈워스 같은 낭만주의의 대표적 서정 시인이 그곳 풍경의 변화에서 느끼는 감정을 시로 읊조렸다는 것은 상상도 못하고 지나쳤다. 더구나 그 시인의 본향인 영국 북서부 호수 지방Lake District의 윈드미어 호숫가를 둘러볼 때는, 학창 시절에 들었던 「수선화」나 「초원의 빛」이란 영화에 나오던 시 구절 정도만 떠올랐을 뿐이었다.

그런데, 비록 늦긴 했어도 '만학晩學'이란 선택 덕분에, 예전에는 제목 정도만 들어보았던 문학 작품들의 세계에도 조금씩 빠져 들게 되고, 젊어 한때 마음 속 깊이 스며들던 "초원의 빛이여 꽃의 영광이여…"라는 구절이 있는 워즈워스의 송시Ode에 대한 내용을 졸업 논문으로 제출하게도 되었다.

"어려서 공부하는 것은 낮에 밝은 햇빛 속을 전진하는 것과 같고, 나이가 들어서 공부하는 것은 초롱불을 들고 밤길을 가는 것과 같지만, 그래도 눈을 감은 채 아무것도 보지 않는 것보다는 낫다"는 중국 안씨가훈顔氏家訓 면학편의 표현처럼, 나이 들어서 깜깜한 밤길을 걷느라 제법 힘은 들었지만, 지금까지와는 사뭇 다른 관점에서 새로운 깨달음의 묘미를 향유할 수 있었다.

그렇게 해서 40여 년 만에 다시 졸업장을 받아들고는 그만 좀 쉬어볼까 했더니, 이번에는 가족들이 나서서 젊은 시절에 못다 한 대학원 공부를 하라고 등을 떠밀었다. 그 바람에, '나이 들어가며 아무 쓸모도 없는 학위는 받아서 무엇 하느냐'는 현실적인 얘기들에 진작 포기했던 석사 과정을 다시 시작하게 되었다.

덕분에 모 국립 대학교 경영 대학원에서 젊은 사람들과 어울려 강의도 듣고 도서관도 들락거리면서, 새로운 시대의 흐름을 깨우칠 기회를 가졌다. 시험이니 논문 제출이니 하는 과정들을 마치고 졸업을 하게 되었다니까, "박사 했다는 줄 알았다"고 웃는 친구들도 있었다.

하고 있던 교수직도 내려놓은 연배들 입장에서는 당연한 반응이겠지만, 그 나이에 젊은 교수님들로부터 따끈따끈한 신지식을 습득하는 즐거움을 당할 수는 없었다. 그렇게, 때로는 동료 학생들로부터 "교수님인 줄 알았다"는 얘기까지 들어가며 젊은이들 사이에 끼어 앉아 있다가, Mortarboard라고 불리는 사각모자를 쓰고 졸업식에 참석하게 된다.

그리스 전설에, 어느 현자賢者가 졸업생들 머리에 석공의 흙받기 Mortarboard를 쓰고 행진해 들어오게 하고는 내빈들에게, "학문을 마치고 사회로 나가는 이들 젊은이는 석공들과 같습니다. 그들의 운명은 건설하는 것입니다. 도시를 건설하는 사람들도 있을 것이고, 삶을 만들어가는 사람들도 있을 것이며, 그 중에는 제국을 건설하는 사람도 있을 것입니다"라고 했다는 것이 졸업식에서 쓰는 사각모자의 유래라고 한다.

그 모자를 다시 썼을 때의 감회를 페이스북에 이렇게 적어보았다.

백발이 성성한 나이에 뜬금없이 '만학'이라는, 조금은 어색한 단어와 마주치게 되었다. 탁상용 전자계산기를 전산 기기로 관리하던 시절에 직장 생활을 시작했던 사람이, 4차 산업 혁명과 첨단 기술 발전에 관한 신지식을 살펴볼 기회와 함께 40여 년 전에 못다 한 석사 과정을 마칠 수 있는 은혜에 감사할 따름이다.

마지막 학기 동안 준비하던 졸업 논문을 끝내면서 이제

는 구순이 지난 어머니께 좀 더 신경을 써드려야겠다고 했는데…, 그만 훌쩍 하늘나라로 떠나셨다.

'자식이 봉양하고자 하나 부모는 기다려주지 않는다'는 말을 곱씹으며 젊은이들 틈에 끼여 졸업식장에 앉아 있으려니, 웃고픈 현실에 만감이 교차한다.

남는 것은 불효와 어깨·허리 통증이란 부담뿐이지만, 나름대로 행복한 시간들이었다는 감회와 함께 이제는 이렇게 얘기하고 싶다. 뜻만 있으면 나이는 문제가 되지 않지만, 그래도 공부에는 다 때가 있는 거라고….

제3부

배움으로 가득 찬 여가

성모의 원주, 스페인 광장, 로마

친절과 질서

2015년 10월, 일본에서 근무했던 직장 선배의 안내로 몇몇 동료들 부부가 다카야마高山를 거쳐 일본의 알프스라고 불리는 중부 산악 국립 공원을 둘러보러 나섰다. 나고야 중부 국제공항에서 차를 빌려 두 시간 남짓 달려서, 에도江戶 시대의 상가 모습이 잘 보존되어 있는 거리라는 다카야마 산마치三町에 도착했다.

차에서 내리려던 아내가 갑자기 "손지갑이 없다"며 당황한 표정을 지었다. 모두들 놀라서 차 안팎을 이리저리 찾으면서 물어보니까, "고속 도로 휴게소에서 내릴 때 가방이 쏟아졌는데, 그때 미처 못 챙긴 것 같다"는 것이다. 이름도 모르는 간이 휴게소인데다가, 그로부터도 30분 이상 달려왔으니 되돌아 가볼 수도 없었고, 또 가본다 한들 찾을 수도 없을 터였다.

여권은 따로 넣어두어서 다행이었으나, 용돈 조로 나누어서 보관하던 얼마간의 엔화와 한국 돈, 그리고 신용 카드 등이 사라진 것이다. 돈도 아깝지만, 아내는 큰 딸이 얼마 전에 선물했다는 손지갑을 잃어버렸다고 안타까워했다.

새벽부터 움직여서 도착한 첫 목적지에서 막 일정을 시작하려는 때에, 일행들의 여행 분위기에 부담을 주게 되는 것도 속이 상했다. 애써 착잡한 심정을 감추며, 에도 시대의 관공서라는 진야陣屋와 옛 거리 주변을 둘러보고는, 잠시 틈을 타서 한국의 카드 회사로 분실 신고를 하려고 전화를 걸었다.

비싼 국제 전화를 쓰고 있는데, 무어라고 녹음되어 흐르는 안내 말이 그리도 길고 많은지…. 그리고는 이리저리 음성 입력과 ARS를 오가는 절차를 반복하며 한참을 기계음과 씨름을 한 후에야 겨우 상담원과 통화가 이루어졌는데, 다행히 "다른 사용 기록은 없다"는 대답에 큰 걱정은 덜었다.

그 몇 마디만 전하면 되는 간단한 분실 신고 정도는 처음부터 상담원이 받으면 될 텐데, 왜 그렇게 갑갑한 기계음으로 계속 돌려야만 연결이 되는지 이해하기 어려웠다. 언제부터인가 수많은 회사들이 고객의 전화 응대에 그 비슷한 방식을 쓰고 있는데, 그것은 아무래도 고객보다는 회사나 직원 편의 중심의 사고라고 여겨진다.

그리고 글로벌 시대라는 요즈음에는 우리나라에 거주하거나 체류하는 외국인들도 많은데, 과연 그들이 그런 통화 절차들을 거쳐서 필요한 문의나 서비스를 받을 수 있겠는지도 한번쯤 생각해 볼 일이다.

카드 문제를 정리하고, 어둠이 내리는 산길을 달려서 히라유平湯의 온천 여관에 도착한 후, 주인에게 "지갑을 분실했다고 경찰에 신고해달라"고 부탁했다. 혹시나 누가 주워서 신고를 했을지도 모른다는 일말의 기대와 함께, 쉽지는 않겠지만 나중에 여행자 보험 보상 신청을 위해서라도 신고해 둘 필요가 있을 것 같아서였다.

여장을 풀고 얼마 지나지 않았는데 "경찰이 여관으로 온다"는 전갈이 왔다. 다카야마 시내 쪽으로 한 20분 정도 떨어진 곳에서 어두운 산길을 타고 달려온다니, 조금은 미안하면서도 신기하기도 했다.

일본 말을 할 줄 아는 선배와 함께 로비에서 기다리고 있으니까 훤칠한 키에 준수한 모습의 경찰관이 들어서는데, 그의 겸손한 자세가 인상적이었다. 인사를 나눈 후에 우리가 라운지 소파에 앉으니까, 차 탁자 건너편 바닥에 한 쪽 무릎을 꿇고 앉아서 서류를 작성하려 했다.

황급히 만류하며 소파에 앉도록 권하긴 했지만, 외국인 여행객이 지갑 하나 잃어버렸다고 한다고 밤중에 먼 산길을 달려와서는 정중한 자세로 눈높이를 상대편보다 낮추려고 노력하고 있는 그 모습은, '아, 일본이라는 나라가 이렇게 움직이는구나' 하는 강한 인상을 안겨주었다.

그 경찰관이 떠나고 난 뒤에, 통역을 도와주던 선배가 "경찰관과 대화 중에 '지갑을 마지막으로 보거나 사용한 게 언제냐'고 묻더라"고 했다. 사안에 접근하는 관점이 우리네 일반인들하고는 다르구나 하고 느끼는 순간, 얼핏 '한적한 휴게소의 차 밑에 굴러 떨어진 것이 아니라, 비행기 안이나 출입국 수속하는 곳, 또는 공항 내 다른 곳에서 잃어버렸을 수도 있겠다'라는 생각이 스쳐갔다.

그래서, 여행 분위기를 해칠까 봐 크게 내색도 못하고 있는 아내의 마음을 생각해서 한참 있다가 지나가는 말투로 넌지시 물어보았다.

"지갑을 마지막으로 만진 게 언제요?"

"비행기 안은 아니고 입국 심사대 앞에서 여권을 꺼내고 다시 집어넣었으니, 휴게소에서 잃어버린 것이 확실해요."

그러면서도 뭔가 석연치 않아 하는 것도 같고, 비행기 안에서 지갑을 만지는 모습을 내가 본 적도 있으니, '혹시 비행기 안이나 입국장에서 떨어뜨렸다면 다시 찾을 가능성이 더 높아지겠다'는 생각도 들었다. 그러나 어쨌든 잃어버린 것은 그만 포기하기로 하고 남은 여정을 진행했다. 귀국할 때 공항에 가서 한 번 물어나 보겠다는 일말의 희망은 남겨놓은 채….

4박 5일의 일정을 마치고 출국 2시간을 남겨두고 나고야 공항에 되돌아왔을 때, 혹시나 하는 마음으로 일행에게 양해를 구하고 먼저 공항 안내 데스크로 갔다.

"지갑 주운 것 신고된 것 있습니까?"

"없습니다."

"그러면 입국 심사대와 비행기에서 신고된 것은 없습니까?"

"그것은 관할이 다르니, 세관과 항공사에 각각 물어 보아야 합니다."

난감했다. 내친 김에 부탁을 이어갔다.

"항공사에는 탑승 수속 하면서 물어보겠지만, 입국 심사대쪽은 내가 일본 말도 못하고 어디가 어딘지 모르니 당신이 좀 도와줄 수 없겠습니까?"

그랬더니 뜻밖에도 선뜻 전화기를 들어서 어디론가 수소문하는 것이었다. 그녀가 통화하는데 도움이 되도록 지갑의 종류와 내용물, 그리고 한국 운전면허증의 이름을 영어와 한글, 한자로 써 주었다.

그런데, 그 안내원이 일본 말로 통화하는 내용을 알아듣지는 못하였지만, 그 표정과 어감으로 봐서는 분명히 무언가 좋은 소식이 있는 것 같았다. 통화를 끝낸 안내원이 마치 본인의 일처럼 기뻐하면서 낭보를 전해주었다.

"그 지갑을 경찰이 보관하고 있대요. 잘됐어요. 공항에서 10분 거리의 경찰서로 가보세요."

"고맙습니다. 그런데 내가 이 주변 위치를 전혀 모릅니다. 그리고 비행기 출발 시간이 다되어 갑니다. 다른 방법이 없겠습니까?"

"저쪽으로 가면 공항 내 파출소가 있어요. 거기로 가면 도와줄 것입니다."

감사하고도 놀라운 일이 벌어지고 있지만, 아직 탑승 수속도 못했는데 비행기 출발 시간이 한 시간 반 정도밖에 남지 않아서 마음이 급했다. 중간중간 물어가며 경찰관 3명이 있는 공항 파출소 같은 곳으로 찾아갔다. 안내 데스크에서 적어준 참조 번호를 제시했더니, 약도를 보여주면서 "경찰서로 가보세요"라는 것이었다.

"동서남북도 모르고 일본 말도 못합니다. 더구나 탑승 수속 시간이 다되어서 움직일 수 없으니 누구 시켜서 좀 가져다 줄 수 없겠습니까?"

순간적으로 억지를 부려보았다. 그때, 영어로는 소통이 잘 안 되는 젊은 경관 대신에 뒤편에서 상급자인 듯한 경찰관이 다가오더니, 영어로 "저 경찰관을 시켜서 가져다 줄 테니, 체크인부터 하고 30분 후에 여기로 다시 오세요"라고 했다.

고맙기 그지없었다. 내가 생각하기에도 어이없는 이런 억지 부탁이 받아들여지다니, 그저 놀라울 뿐이었다. 그렇지 않으면 나중에 한국으로 우송해달라고 해야 할 형편이었다.

그렇게 해서 거의 마지막 즈음에 우리 부부의 탑승 수속을 마치고, 약속한 시간을 기다리며 일행들과 '지갑을 찾게 된 경위와 기쁨'을 나누고 있었다. 그때 경찰서로 갔던 경찰관이 밀봉한 봉투 하나를 들고 다가와서 "파출소로 같이 갑시다"라고 했다. 지갑을 가지고 오다가 대합실에 서 있는 나를 보고는 데리러 온 것이다.

반환 절차는 간단했다. 밀봉된 지갑을 건네주며 "이 지갑이 맞습니까? 내용물을 확인하세요"라고 하더니, '이상 없이 인수했다'는 서류 서명과 여권 복사로 '끝'이었다. 금액이 얼마인지, 유실물에 대한 보상 같은 말을 운위할 분위기도 아니었다. 그저 "생큐"라는 말 밖에는….

그런 일련의 과정을 지켜보던 나에게는 진한 감동이 밀려들었다. 우리나라에서도 심심찮게 미담들이 지상에 오르내리지만, 타국 땅에서 직접 이런 경험을 하게 되니 남다른 느낌으로 다가왔다.

여행 틈틈이 우리 부부의 기분을 풀어주려는 듯이 수시로 "어딘가에 있을 것"이라고 위로해주던 동료들에게 미안해서 "귀국 후에 밥 한 번

사겠다"고 했었는데, 여행의 마지막 순간에 극적 반전이 일어난 것이다. 덕분에 이제는 잃어버린 지갑과 돈을 찾은 기쁨을 나누기 위한 '해피 엔딩' 축하 모임으로 바뀌게 되었다.

잃어버렸던 그대로 다시 손에 쥔 것이 감사하고도 신기한 마음에, "여행 내내 찜찜한 기분을 주어서 여러분에게 미안했지만, 이렇게 해서 일본의 문화 체험을 할 기회를 만들어 드린 것 아니냐"며 우스개 소리도 해보았다.

나중에 상황을 다시 정리해보니, 입국 심사대 앞에서 신고서 뒷면의 기재 사항을 쓰려고 여권을 꺼내면서 떨어뜨린 모양인데, 그것이 누군가에 의해서 고스란히 공항 경찰서에 밀봉 보관되어 있었던 것이다.

산간 마을 여관까지 밤길을 올라와서 신고서를 받아가던 경찰, 체크인 할 시간이 부족하다며 대신 경찰서에 가서 가져다 달라는 외국인을 위해 손수 가져다주던 경찰, 자기 관할이 아닌데도 이리저리 전화로 탐문해서 잊어버린 물건의 소재를 알아내주고는 자기 일처럼 반가워하던

가미코치 다시로이케(Tashiro Pond)

안내 데스크 직원, 이런 것이 이루어지는 나라, 그것이 일본의 한 모습이라는 것을 절감하게 되었다.

그리고 이번 여행에서 새삼 놀란 것이 '깨끗함과 질서'였다. 닷새간을 돌아다녀도 길거리나 주택가를 막론하고 어디 종이 조각 하나 나뒹구는 것을 보지 못했다. 일행 중 한 분이 국립 공원 내 식당에서 종업원에게 '쓰레기 버릴 곳'을 물으니까 "없다, 가져가라"는 대답을 들었다고도 했다.

여행 막바지에 나고야 시내를 달리다가, 고가 도로 밑 분리대 모양의 화단에 플라스틱 음료수병이 한두 개 버려져 있는 것을 본 아내가 "심봤다"라며 신기해 할 정도로 모든 곳이 깨끗했다.

고속 도로에서는 추월 차선으로 갔다가 바로 주행 차선으로 복귀하고, 도심에서도 나란히 줄을 서서 달리는 모습에 감탄을 금할 수 없었다. 끼어들기, 급 차선 변경 같은 것은 구경할 수도 없었다. 거리를 메운 차들은 거의 다 소형차들이고, 정지선을 반듯하게 지키면서 차분하게 진행하고 있는 것도 아주 인상적이었다.

우리 일행이 일본 여행을 하고 있는 사이에, 한·중·일 정상 회담에 이어서 한일 정상 회담이 오랜만에 열렸다는 기사가 대서특필되고 있었다. 그 이후로도 많은 갈등과 논란이 그치지 않고 있다.

하지만 이런 여러 가지 갈등들에도 불구하고, 한편으로는 이웃 나라인 일본으로부터 우리가 배워야 할 점도 많다는 것을 다시금 생각하게 해준 가을 여행이었다.

정중동

오사카 남항 부근 카페에서 커피 한 잔을 마시고 나오는데, 뒤따라 나오던 딸아이가 갑자기 혼자서 웃음보를 터뜨린다. 주인에게 "아리가또 고자이마스ありがとうございます(감사합니다)"라고 인사한다는 것이 "아리가또 구다사이"라고 말하고는 '아차' 싶었던 모양이다. 며칠 체류하는 사이 귀동냥으로 배운 "고맙다ありがとう"는 인사말의 끝자락이, 엉겁결에 "주세요ください"와 뒤엉킨 것이다.

추적추적 비 내리는 아침나절에 내비게이터에다가 행선지 전화번호를 입력하고 찾아갔더니, 전혀 엉뚱한 곳이었다. 근처 길가에 주차장이 있는 카페가 보이길래 현 위치도 확인할 겸 잠깐 들렀던 터였다. 별로 넓지는 않은 그 카페에는 어느덧 이른 점심때가 되었는지, 상당히 나이가 많아 보이는 노인들이 꾸부정하게 앉아서 식사들을 하고 있었다.

나 또한 머잖아 저런 모습들로 살아갈 것을 생각하니 가슴이 아려왔다. 그러면서도, 혼자서 또는 부부가 함께, 말없이 먹고 마시며 조용히 움직이는 그 모습들이 우리네 삶 속의 흐트러진 분위기와 대비되면서, 무언가를 생각해야만 될 것 같게 만들었다.

그러고 보니 일본이라는 나라는 사회 전체가 고요한 것 같았다. 그날 아침 지하철역과 붙어 있는 호텔 주변 상가 건물로 나가보았더니, 검정색 바지에 흰색 와이셔츠, 까만 가방을 둘러멘 남자들과 수수한 차림의 젊은 여인들이 소리 소문 없이 발걸음을 재촉하고 있었다.

그렇게 조용조용히 움직이는 모습들을 보면서, 문득 엘리엇T.S.

Eliot이 「황무지」란 시에서 "겨울 아침 안개 속에, 런던 브리지 위에서 종종걸음 치며 출근하는 사람들의 모습이 유령들의 형상 같다"고 표현했던 그런 음울한, 약간은 어둡고 기계적인 분위기가 겹쳐 올랐다.

늦은 저녁 무렵, 편의점 창가에 홀로 앉아 조용히 식사하던 남자의 모습에서도 '몹시 어둡다'는 느낌을 받았었다. 그리고 쇼핑몰 식당가나 그 아침 카페에서 말없이 식사하던 노인들, 일요일 아침 일찍 해안가 공원에 산책 나온 사람들과 출근길 젊은이들의 무표정함들도 비슷한 느낌을 던져주었다.

분명 내재하고 있을 감정들을 안으로 녹이며 살고 있는 듯한 그들의 진짜 모습은 어떤 것인지 궁금해진다. 곳곳에서 던져지는 갖가지 소음과 거침없는 목소리, 배포 큰 동작과 화려한 차림으로 시끌벅적한 우리 동네와는 판이하게 다른 그네들의 삶의 방정식에 관심이 끌리기 시작한다.

거스름돈과 영수증을 두 손으로 감싸듯이 공손히 건네는 점원들, 늘어선 차들 뒤에 점잖게 줄지어 서서 이륜차의 당당함을 지키는 오토바이 탄 사람들까지, 몇 번 가보지는 않은 나라이지만 참으로 돋보이는 모습들이었다.

일본을 가본 적이 없는 둘째 딸이 느닷없이 "오사카 가는 싼 비행기표 끊어 놓았으니 며칠간 다녀오자"고 해서 나섰다. 수년 전에 한차례 다녀왔던 지역이지만, 왕복 비행기와 숙소를 제공하겠다는 제의를 거절하기는 쉽지 않았다.

그래서 일본어도 모르는 사람들이 폭염 주의보가 내린 6월 중순에 일본의 간사이關西 국제공항에 도착했다. 그리고는 나흘 동안, 호텔을 포함해서 모든 순간을 몸짓과 표정으로 버티어 나갔다. 그 흔한 통역

앱도 제대로 챙겨보지 않고 갔던 탓도 있지만, 어디서든 웬만해서는 영어로는 소통하기가 쉽지 않았다.

첫날 숙소는 고베 서쪽 아카시카이쿄明石海峡 대교가 내려다 보이는 곳이었다. 일요일 아침인데도 어찌 모두들 그렇게 부지런한지, 아침 7시부터 식사가 시작된다는 호텔 부페 식당에는 정각부터 일본인 투숙객들이 모여들었다,

모두들 네모난 까만 색 쟁반 위에 접시들을 올려놓고 줄지어 서서 음식을 담아 오가는 모습들도, 늘 접시 하나 들고 다니며 음식을 담아먹던 사람에게는 조금 낯선 장면이었다. 식당을 가득 채운 사람들이 그렇게 조용조용히 움직이고 소리 없이 식사하는 모습들까지도….

그후 고베에서 서쪽으로 한 시간 정도의 거리에 있는 히메지姬路성을 찾아갔다. 백색의 회벽으로 되어 있는, 일본에서 가장 아름다운 성이라는 그 하얀 성의 모습은 멀리서 보기에는 제법 그럴싸 했다.

그러나 무더운 여름날에, 대천수大天守 내부를 구경해보겠다고 지하 1층, 지상 6층 높이의 계단을 줄지어 올라갔더니 조금은 허탈했다. 마루바닥 외에는 별로 이렇다 할 것도 없이 휑하니 비어 있는 그 목조 구조물이 세계 문화유산이라곤 하지만, 나에게는 '한번 와보았다'는 사실 외에는 별다른 감흥을 주지 못했다.

그런데도 제법 눈에 띄는 서양 사람들도 신발을 벗어 들고 열심히 내부를 둘러보는 모습을 보면서, "문제는 홍보야"라는 문구가 떠올랐다.

교토로 옮겨가던 중에는, 유명하다는 온천 동네 구경이나 해보려고 아리마온센有馬溫泉 지역에 들렀다. 상점들이 문을 닫을 시간에야 도착하는 바람에 별로 기웃거릴 데는 없었지만, 잘못하다가는 저녁 먹을 시간도 놓칠 것 같아서 무슨 철판구이집 같은 곳으로 들어갔다.

가족들이 운영하는 조그만 식당이었는데, 나이가 지긋한 주인이 가져다주는 일본어 메뉴로는 도통 무슨 요리인지 짐작할 수가 없었다. 옆자리에서 먹고 있는 요리를 곁눈질해가며 대충 찍어서 주문을 했다.

그런데 우리 테이블 철판 위에 놓여진 야채와 해물이 버무려진 요리를 데워가면서 먹다 보니까, 쇠고기 썰어넣고 양념통이나 식칼로 묘기를 부리는 것쯤으로 생각했던 것과는 전혀 딴판이었다. 기름기도 느껴지지 않고 담백한데다 뒷맛이 깔끔했다.

그렇게 무슨 메뉴인지도 제대로 모른 채 식사를 마치고 나오면서도, 여행 첫날치고는 제법 괜찮았던 선택 같아서 혼자 흐뭇해했다. 그리고 비록 조그만 공간이지만 역할을 분담하면서 성심껏 손님들을 대하는 그 식당 가족들의 공손함과, 오밀조밀 모여 앉은 손님들 모두가 조용조용히 움직이고 말없이 식사하던 그 고요한 풍경이, 또 한 장의 사진으로 내 마음에 남겨졌다.

여행에서 돌아온 후 그 온천 지역 지도를 다시 검색하다가 보니까, 그 식당이 "오코노미야키おこのみやき 전문점"이라고 표시되어 있었다. 오사카 지역의 유명한 음식이라는 그 "밀가루 반죽에 재료를 넣고 구운 음식"을 이번 나들이에서 맛보지 못하고 온 걸로 생각했었는데, 그날 그 식당에서 맛본 요리가 바로 그것이었던 것이다.

그러고 보니 괜히 자꾸 핑계 대고 밀쳐만 낼 것이 아니라, 이제라도 일본어를 제대로 좀 배워봐야겠다는 생각이 든다. '아리가또'에다가 '구다사이'를 갖다 붙이는 수준은 벗어나야지 이웃 나라 갈 때 밥이라도 제대로 찾아먹을 수 있을 것이고, 그들의 문화도 좀더 이해할 수 있을 것 같아서이다.

절제미

교토京都의 관광지는 그야말로 많은 사람들로 북적이었다. 아라시야마嵐山 토게츠교渡月橋 위쪽으로 치쿠린竹林에 이르는 길가나 상점들은, 수학여행을 온 듯한 일본 학생들과 관광객들로 성황을 이루고 있었다. 그래도 길가에 늘어선 상점마다 음악을 틀어놓거나 호객 행위 같은 걸로 시끄럽게 하지는 않는 것이 마음에 들었다.

그곳 텐류지天龍寺 앞쪽의 한 찻집에서 맛본 녹차 팥빙수는 압권이었다. 너무 달지도 흐트러지지도 않은 뒷맛에, 상냥한 여직원이 가져다 준 따뜻한 녹차까지 곁들이니 그만 잊지 못할 맛이 되어버렸다. 정결한 분위기와 이 맛 때문에라도 이곳에 다시 한번 와보고 싶다는 생각이 들 정도였다.

그리고는 치쿠린 대나무 숲길을 걸어보았다. '기왕이면 숲길이 좀 더 길거나, 숲이 넓었으면 좋겠다'는 생각을 해가면서 높다란 대나무들 사잇길을 걷다 보니, 귀에 익숙한 우리말들이 여기저기서 들려왔다.

그곳에서 사진을 찍던 우리의 대화를 들었는지 어떤 한국 여자분이 "가족사진을 찍어주겠다"고 해서, 서로 사진을 찍어주기도 했다. "혼자서 다니다 보니 우리말만 들리면 사진을 찍어달라고 부탁을 한다"는 적극적인 분이었다.

그런 정도의 대화 이외에는, 여러 사람들이 좁은 길을 오가는데도 불편하다거나 소란스럽다는 느낌이 전혀 없었다. 많은 외국인 관광객들도 조용조용한 이 나라의 분위기에 어우러진 모양이었다.

교토 시내 쪽으로 유명 관광지인 기온祇園 거리, 기요미즈데라清水寺

주변이나 다이마루大丸 백화점, 니시키 시장錦市場 부근도 모두 비슷한 분위기였다. 기모노 차려 입고 오가는 젊은이들이 제법 많다는 것 빼놓고는….

기온 거리도 돌아볼 겸, 점심 식사 때는 야사카八坂 신사 앞쪽에 고등어 초밥을 잘한다는 식당을 찾았다. 수년 전에 그곳을 들렀을 때는 한참 동안 줄을 서서 기다렸는데, 이번에는 날이 더워서 그런지 수월하게 자리를 잡았다. 그러나 사실 고등어 초밥에는 별로 흥미가 없는지라 모듬 초밥과 유부·김초밥을 시켜보았는데, 일부러 그 식당을 다시 찾아간 보람이 있었다.

다음날은 오사카로 가면서, 사슴들이 많이 있다는 나라奈良 공원과 도다이지東大寺 부근을 둘러보았다. 푸른 초원을 여유롭게 거니는 사슴 무리를 상상하고 갔더니, 사람들이 주는 먹이에 길들여진 사슴들이 많은 관광객들과 뒤섞여서 '사람 반, 사슴 반' 같은 분위기를 만들고 있었다. 길에 널린 사슴의 배설물과, 먹이를 든 관광객들의 손을 살피며 파고드는 사슴들의 모습을 보는 것이 그리 편하지만은 않았다.

도다이지 쪽으로는, 더운 날씨에도 불구하고 흰색 상의에 까만 바지, 무릎을 덮는 교복 치마를 단정하게 입은 남녀 학생들이 질서 있게 단체 사진을 찍고 있었다. 그들의 흐트러지지 않은 풋풋한 모습들이, 잠시나마 반세기 전 학생 때의 기분을 되살리게 해주었다.

그곳을 떠나서 오사카 도톤보리道頓堀 부근으로 갔다. 저녁 무렵 인파로 흘러넘치는 그곳 상가 도로는 '몰려든 사람들이 서로가 서로를 구경을 하는 곳' 같았다. 그렇게 붐비는 상가 거리를 가로지르는 좁은 길목에서, 지나는 자동차가 없는데도, 수많은 사람들이 보행 신호가 떨어지기 전까지는 아무도 길을 건너지 않고 기다리고 서있는 광경은 정말 볼만했다.

그리고 사람들이 그렇게 붐비는데도, 휘황찬란한 난바難波역 인근의 지하 게임실 같은 곳을 지날 때 외에는 크게 시끄럽다는 생각이 들지 않았다. 상가 건물 2층의 약국에서는 젊은이들이 창밖으로 피켓을 내밀고 좌우로 흔들며 광고를 하고 있을지언정, 큰소리로 손님을 부르는 그런 소음은 없었다. 그런 모습을 보며 덩달아 같이 손을 흔들어 주었다.

사람들이 많이 지나다니는 에비스바시戎橋 부근에서는, 가까이 갈 때까지도 거리 공연 같은 것이 이루어지고 있는지를 모를 정도였다. 다리 아래 도톤보리강 한 켠의 작은 무대에서 젊은 여인들이 가면을 쓰고 군무와 노래를 하고 있고, 거기에 맞춰서 형광봉을 흔드는 강 건너편 젊은이들의 함성에서조차 군인들의 절도 있는 응원 같은 절제를 느낄 수 있었다.

밤거리에 쏟아진 그 많은 사람들 중에서도, 자유분방한 감정 표출 등

오사카 에비스 다리 아래

으로 주위의 눈살을 찌푸리게 만드는 이들을 보지 못했다. 비록 며칠간 이었지만, 어느 찻집, 어느 식당, 어느 상가에서도 소음 같은 음악을 들어본 기억이 없고, 옆자리에서 들릴 만큼의 큰 목소리 대화를 들어본 적도 없다.

그렇게 많이들 모이고 부지런히 움직이는 가운데서도, 어떻게 그렇게 절제되고 배려하고 고요함이 유지될 수 있는지 점점 궁금해졌다. 무언가 좀더 일본이라는 나라를 살펴보고 싶어진다.

그리고, 밤낮없이 음악과 소음들을 안팎으로 쏟아내고 있는 우리네 찻집이나 식당, 상점이나 쇼핑몰, 거리 상가, 고속 도로 휴게소 같은 곳에서는 이런 풍경들을 보고 과연 무슨 말을 할는지도 궁금해진다.

남태평양의 검은 섬

멜라네시아. 학창 시절에나 들어 봤음직한 그 단어가 갑자기 내 눈앞에 던져졌다. 그리고 '신혼 여행지' 같은 말들과 함께 귓전을 스쳐가던 남태평양의 섬나라, 피지Fiji 여행이 느닷없이 현실로 다가왔다.

2016년 11월 말쯤, 둘째 딸이 "남태평양 지역으로 출장을 간다"는 말을 들었을 때만해도 별로 신경을 쓰지 않았다. 그런데 "대한항공 편으로 피지에 가서 갈아타고 간다"는 말을 듣고는 갑자기 솔깃해졌다. 피지가 정확히 어디 있는 곳인지도 몰라서 인터넷으로 찾아보고, 뉴질랜드 북쪽에 있음도 알게 되었다

딸의 출장이 끝나는 때에 맞추어서, '한겨울에 여름 나라로 가족 여행'을 떠나기로 했다. 섬이라고 하니, 그저 5~6일 정도면 될 것 같았다. 소식을 들은 딸들은 '「트루먼 쇼」라는 영화에서 주인공 트루먼 버뱅크(짐 캐리 扮)가 사랑하는 여인을 찾아 떠나던, 그 남태평양 피지에 가볼 수 있게 되었다'고 좋아라 했다.

워낙 갑작스런 결정이라, 하던 일과 약속들을 대충 정리하고 보니 12월 중순의 출발 일이 며칠 남지 않았다. 그때까지 준비라고는 비행기 편과 숙소, 렌터카 하나 예약해둔 것이 전부였다. 여행을 간다면서 '어떤 나라인지, 가볼 만한 데는 어딘지' 정도는 알아야 될 것 같아서, 피지 관련 자료를 찾아보았다.

서점이나 여행사를 찾아가도 마땅한 자료가 없었는데, 마침 모 대학교 도서관에서 한국해양과학기술원이 출간한 『피지The Republic of Fiji』(권문상 외 2인 공저. 2014)라는 책을 발견했다. 그 책으로 멜라네시아

와 피지의 역사, 문화에 대한 개관이나마 파악할 수 있었다.

'남태평양에서 가장 크고 활기찬 도시이자 수도인 수바Suva, 피지 제 2의 도시이자 남반부에서 가장 큰 사탕수수 압착 시설이 있어서 Sugar City라고 불린다는 라우토카Lautoka, 국제 공항이 있는 난디Nadi 등이 있으며 제주도의 5배 크기라는 비티레부Viti Levu섬, 그 북쪽에 있는 제주도 3배 크기의 바누아레부Vanua Levu섬 등, 크고 작은 330개 정도의 섬들로 구성된 나라.

3,500년 전 인류가 피지로 이주해왔고, 1643년 네델란드인 아벨 타스만에 의해 발견되고, 1774년 제임스 쿡 선장이 처음 상륙하여 1874년 영국 식민지로 병합되었다가 1970년 10월 10일에 독립하여 영연방의 일원인 의원 내각제 국가.

인구 86만 명에 일인당 GDP 4,606달러(2013년), 영어를 공식 언어로 하고 피지어, 힌두어, 로투만어를 쓰며, 피지 원주민이 56.8%, 인도계가 37.5%인 나라.

1831년 프랑스 해군 장교이자 탐험가이던 쥘 뒤몽 뒤르빌Jules Dumont d'Urville이 태평양을 폴리네시아, 멜라네시아, 마이크로네시아로 구분하도록 제안했을 때, 주민들의 피부색이 검다는 뜻에서 그리스어로 '검은 섬들'을 뜻하는 멜라네시아로 이름 지었다는 지역에 속하는 나라.

멜라네시아 지역에는 피지 외에도 파푸아뉴기니, 솔로몬 제도, 바누아투 같은 국가와 프랑스 보호령인 뉴칼레도니아 등이 있음.'

이런 정도의 개요만 파악하고, 세부 일정은 현지에 도착해서 정할 요량으로 길을 떠났다. 적도를 지나 남반부로 간다는 기분에 제법 들떠

있었음에도 불구하고, 약 9시간 반 동안의 비행 시간을 견디기가 수월하지는 않았다. 그래서 "여행은 가슴이 떨리고 다리에 힘이 있을 때 가야 된다"고 하는가 보다.

만석의 승객들을 태운 비행기는 중간중간에 난기류로 제법 덜컹거렸다. 저녁 7시 반경에 출발한 비행기가 우리나라보다 4시간 앞선 난디 국제공항에 도착할 때는 다음날 오전 9시가 지난 시간이었다. 그 도시를 Nadi로 적어놓고 왜 '난디'라고 읽는지 의아했었는데, "피지어 b, d, g, q, c는 /mb/, /nd/, /ŋ/, /ŋg/, /ð/로 읽어야 된다"고 한다.

비행기에서 내리자, 비구름이 잔뜩 내려 깔린 날씨에 후덥지근한 바람이 감겨왔다. 구름이 드리운 한적한 난디 공항 풍경을 담으려고 카메라를 꺼냈으나, 서늘한 기내 공기에 맞춰져 있던 렌즈가 희뿌옇게 변해서 사진을 제대로 찍을 수가 없었다.

피지는 연평균 기온 섭씨 27도의 연중 온난한 열대 해양성 기후로, 11월에서 4월까지가 우기라고 한다. 계절을 챙길 틈도 없이 나선 길이니 요행히 비를 덜 맞게 되기를 기대했었는데, 실제로 우리가 도착할 즈음에는 "피지 서쪽 해상에서 열대성 저기압이 형성되어서", 낮게 깔린 비구름과 흩날리는 빗줄기가 점점 굵어지고 있었다.

입국장으로 들어서니까 몇 명의 연주자들이 흥겨운 음악으로 분위기를 띄우는데, 그 앞에 놓인 통 위에 달러, 원화 같은 지폐들이 붙여져 있는 걸로 봐서 '모금'을 청하는 것 같아 조금은 어색했다.

입국 심사 창구를 거쳐서 짐을 찾아 세관 쪽으로 가니까, 모든 휴대품은 다시 모니터로 검색하고 큰 가방들은 직접 열어보았다. 출발하기 전 가족들이 어디선가 듣고는 "청정 지역이어서 외부로부터 육류 제품 반입을 엄격히 금한다"는 얘기를 전해주었다.

실제로 음식물 반입은, 정확히 "있다"고 세관 신고서에 쓰고 보여주

난디 국제공항 입국장

면, 금지 품목이 아닌 한 괜찮은 듯했다. 세관 신고서에는 "없다"고 하고 음식물을 들여가는 것과, 가공 전인 농·수·축산물이 문제일 뿐이라고 하겠다.

현지 통화인 피지달러FJD는 가져간 미국 달러로 난디 공항에서 환전을 했는데, 별도의 수수료10FJD(약 6천원)까지 따로 차감되어 있었다. 나중에 포트 데나라우Port Denarau 지역에 있는 Westpac 은행 지점에서 추가로 환전을 해보니, 같은 은행이라도 그쪽에서는 별도의 수수료도 없고 적용 환율도 제법 차이가 있었다.

출국할 때 쓰다 남은 피지달러를 바꿀 때도 수수료가 별도로 계산되길래 환전소 직원에게 그 이유를 물어보았다. "휴일도 없이 운영되는 공항 영업소의 특성과 비용을 감안한 환율과 수수료가 적용되고 있다. 교통비 등 필요한 최소한의 비용만 공항에서 환전하고, 난디 시내나 포트 데나라우에 있는 지점들에서 환전하는 것이 유리하다"는 대답이 돌아왔다.

그렇게 현지 통화를 준비하고, 인터넷 데이터 사용을 위해 "10일 동안 6기가바이트 데이터와 45분 정도의 국제 전화 사용까지 가능하다"는 Vodafone사의 SIM 카드를 70FJD(약 4만2천원)에 구입하여 스마트폰에 장착하고는, 웹 사이트를 통해 예약해둔 차를 가지러 렌터카 창구로 갔다.

예약 번호를 제시하자 뜻밖에도 "예약이 취소되었다. 예약해둔 것과 같은 차종도 지금은 없다"고 했다. "조건을 바꾸느라고 최초 예약 건을 취소하고 다른 예약 번호로 새로 예약을 했는데, 도대체 누가 그 예약을 취소했느냐?"고 물어도, "둘 다 취소되었다. 자기들은 그렇게 연락을 받았다"는 얘기 외에는 그냥 남의 집 불구경하듯 멀뚱거렸다. "차가 필요하면 소형 경차를 성수기 요금으로 쓰고, 아니면 다른 데 가서 알아보라"는 식이었다.

세계 유수 회사의 이름으로 영업하는 그들의 책상 위에 놓여진 그날의 예약 일정 메모지에는 분명히 내 예약 번호가 적혀 있었다. 예약이 미리 취소되었다면 그 번호가 그날의 메모지에 적혀 있을 이유가 없었겠지만, 그 당시로는 그런 것까지 따지고 있을 경황이 없었다.

결국 다른 렌터카 창구에 가서 가방들도 실을 만한 차를 빌려 나올 수 있었는데, 영국령이었고 영연방의 일원이어서 그런지 오른쪽 운전대에 왼편 통행 방식이었다. 공항 바로 앞 교차로에서 교통 신호와 차선이 순간적으로 헷갈려서 잠깐 당황했지만, 도로가 대체로 단순하고, 차선이나 법규, 통행 우선순위를 준수하는 운전 문화여서 큰 어려움은 없었다.

비록 며칠간의 관찰이었지만 회전 교차로 정지선에서 우선순위를 지키며 서있고, 섬 서남쪽 방향 순환 도로인 퀸즈 로드Queens Road에서 차선 변경 허용선이 그어져 있는 곳에서만 추월하는 모습들을 보면서 그들의 운전 문화에 내심 경탄을 금치 못하였다.

게다가 시가지뿐만 아니라 포장도 안된 이면 도로나 허름하게 보이는 주택가 쪽에도, 길가에 나뒹구는 쓰레기나 휴지 조각 하나 없는 것도 무척 인상적이었다. 모두들 그렇게 움직이고 그렇게 사는 것은, '소득의 크기를 떠나서 그렇게 교육을 받은 문화 때문일 것이다'라고 내 나름대로 추측을 해보았다.

이렇게 해서 오락가락하는 비를 맞으며, 피지 전체 면적의 57%를 차지하고 전체 인구의 70% 정도가 산다는 비티레부섬의 서쪽 바닷가 언저리를 돌아보는, 눈 가리고 코끼리 다리 만지는 격의 여정이 시작되었다.

난디 국제공항

식민지의 흔적

잔뜩 찌푸린 날씨에 흩날리는 비를 맞으며, 난디 공항에서 그리 멀지 않은 재래시장으로 향했다. 피지 제3의 도시이자, 과거에 사탕수수 소작농 및 소상인들이 살던 곳이라는 난디 시장Nadi Market 부근은 자동차들로 제법 붐볐다. 왕복 2차선 도로에 늘어선 노후한 자동차들에서 나오는 시커먼 매연이 무척 부담스럽게 느껴진 것은, 그곳 공기가 워낙 맑은 때문이기도 하겠다.

유리창이 없는 버스에 비 온다고 천막 같은 것을 내리고 가는 광경이 여기가 열대 지방이라는 것을 실감나게 만들었다. 시장 건물에는 길게 늘어선 테이블 위에 열대 과일들을 올려두고 상인들이 앉아들 있는데, 야채나 과일들의 종류가 생각보다 많지 않아서 조금은 싱겁게 느껴졌다. 오전 시간대라서 그렇기도 했겠지만, 열대 지방의 특이한 것이 많

난디 시장 부근 퀸즈 로드

을 것이라는 기대가 컸었던 탓이리라.

그 옆쪽의 다른 코너들이나 주변을 둘러보는 것은 생략하고, 시장 앞쪽에 보이는 커리하우스Curry House로 갔다. 인터넷에서 "현지식 인도 식당이자 해산물 식당"이라고 본 기억이 있어서 생선 요리와 연어 샐러드들을 주문했는데, 열대 지방이라서 그런지 요리에 긴장감(?)은 별로 없어 보였다. 후덥지근한 날씨에 날벌레들도 물고 그리 깔끔하진 않았지만, 현지 식당의 분위기를 느낄 수 있었음에 의미를 두고 싶다.

그럭저럭 요기를 하고 나서, 체류 기간 동안 먹을 물을 사러 제트포인트Jetpoint 슈퍼 센터에 들렀다. 영화관도 보이는 상가 건물에 내걸린 여러 나라의 국기들 속에 태극기와 태극 마크가 그려진 가라오케 광고판이 선명하게 보이는데, 'karaoke의 o자 안에 그려진 태극 마크'가 묘한 느낌으로 다가왔다.

주 피지 한국대사관 자료에 따르면, 2013년 기준으로 피지 전체 한국 교민이 약 1천명이고, 한국인 방문자는 4~5천 명 정도 된다고 한다. 2019년 기준으로는 교민 1,389명, 한국인 방문자 6,806명으로 나와 있다.

난디 공항 남쪽으로 퀸즈 로드 길가에 세워져 있던 "난디 한인교회"의 한글 간판이나, 인터컨티넨탈 리조트 해변에 영어, 일어, 한국어로 같이 쓰여져 있던 "해변 사용 안내(경고)" 표지판 같은 것들을 볼 때, 세계 곳곳에서 다방면으로 활동하는 한국인들의 모습을 짐작하게 해준다.

'물이 좋기로 정평이 나있다'는 피지 워터를 넉넉히 싣고는, 난디 북쪽으로 약 24km 떨어진 곳에 있는 부다 포인트Vuda Point로 향했다. 피지 사람들의 멜라네시안 선조들이 카누를 타고 첫발을 디뎠다고 구전되는 부다 포인트는, 난디와 라우토카 사이에 원주민들이 처음 정착했다는 비세이세이Viseisei 마을과 부다 마리나 요트 항구, 리조트들을 포함한다고 한다.

길 안내 지도를 따라 찾아가보니, 입구에 "First Landing EST 1500 BC"라고 씌어 있는 리조트가 나왔다. 그곳 종업원에게 "사람들이 처음 상륙한 장소가 어디냐?"고 물었더니, 직접 바닷가로 나가서 "저 앞 해안으로 상륙해서 비세이세이 마을 쪽으로 갔다"고 가리켜 주었다. 3,500년 전이라는 연대 추정은, 피지에 있는 도기陶器 유적지를 검사한 결과를 가지고 그렇게 추정하는 모양이다.

'태평양 원주민의 조상은 약 4만 년 전부터 남중국과 동남아시아에서 유래한 몽골계 인종으로 말레이반도를 거쳐 동쪽 태평양으로 전진하였다'(『피지』)고 한다. 그러니, 그 태평양 원주민들 중 일부가 약 3,500년 전(기원전 1500년) 피지에 상륙해서 살았고, 서기 1643년에 네덜란드인 아벨 타스만Abel Tasman에 의해 그 섬의 존재가 발견되어 유럽에 알려진 것이다.

그리고 피지Fiji라는 나라 이름은, 태평양을 탐험하던 쿡 선장이 타히티, 통가 등을 방문한 후 피지 라우 제도Lau Group의 바토아섬에 상륙했을 때, 통가 사람들이 이 섬을 비티Viti로 부르는 것을 피지로 알아들은 것에서 유래되었다고 알려져 있다.

부다 포인트로 가는 길가에 여기저기 무성한 사탕수수밭들이 보였다. 19세기말 영국의 식민 정부는 사탕수수 농장에서 일할 인도인 계약 노동자들을 많이 유입시켰다고 하니, 인도계 피지인들이 전체 인구의 37.5퍼센트에 달한다는 얘기들과 퍼즐이 맞추어진다.

퍼스트 랜딩 리조트 앞 바다 쪽에 목제 다리로 연결된 조그만 섬이 있고, 열 그루가 넘는 야자수들이 파란 잔디와 바다를 배경으로 서있다. 섬이라고 부르기도 어려울 정도의 그 아담한 공간은 '사람의 발 모양'으로, 큼직한 돌들로 발가락 윤곽까지 만들어져 있다. 리조트 웹 사이트에는 '왼발섬Left Foot Island'이라고 그려져 있고 인터넷 지도로 그 지역을 검색해 보아도 발 모양으로 나와 있다. 그 곳에서 "결혼식 같은 이벤트를 한다"고 하니, 그렇듯 고즈넉하고도 로맨틱한 풍광 속에서 결혼하는 사람들에게는 더더욱 잊지 못할 순간들이 될 것 같다.

구름 사이로 잠깐씩 파란 하늘과 햇빛이 비치는 날씨였지만, 3,500년 전 인류가 피지의 비티레부섬에 첫발을 디딘 자리에 서있다는 느낌과, 변덕을 부리는 날씨에 따라 다양한 분위기를 연출하는 남태평양 바다, 그리고 야자수와 히비스커스Hibiscus의 빨간색 꽃까지 어우러져 환상적인 정취를 만들어주었다.

길지 않은 체류 기간 중 두 번이나 퍼스트 랜딩 해안의 풍광을 보러 가면서, 피지에 사람들이 처음 정착했다는 비세이세이 마을을 지나쳤지만, 사전 준비 부족으로 그 마을을 제대로 살펴보지 못한 아쉬움이 남는다. 그래서 모든 일이 "뿌린 대로 거둔다"고 했던가….

부다 포인트의 First Landing 해변, 왼발섬

불라 피지

피지행 야간 비행기를 타고 오면서 잠을 제대로 못 잤으니, 오후엔 일찌감치 숙소로 가서 쉬는 것이 좋을 듯했다. 난디 공항에서 2~30분 거리의 소내살리섬Sonaisali Island 리조트 전용 선착장에서 나룻배 규모의 모터보트로 옮겨 가는데, 저만치 야자수 늘어선 경치만 해도 겨울나라에서 온 여행객의 마음을 흔들어 놓는다.

섬에 내려서자, 흩어지는 빗방울에 함초롬히 젖어 드는 꽃잎들, 앞쪽으로 펼쳐지는 수영장과 연이은 바다, 그리고 해변 따라 서 있는 야자수가 어우러져 자연의 조화를 뽐낸다. 이런 아름다운 천지를 창조한 그 오묘함이 경이롭다.

종업원들은 만날 때마다 “불라Bula(hello, welcome정도의 인사말)”라고 인사말을 건네고, 걸어가다가 길옆의 히비스커스꽃 한송이를 따서 머리에 꽂으며 가는 모습들도 여유롭다.

‘열대성 저기압이 사이클론으로 발전하느냐 마느냐’ 하는 일기 예보가 이어지는 가운데, 빗줄기도 조금씩 굵어진다. 은은한 조명이 비치는 해변에서 피지 맥주를 종류별로 한 모금씩 맛보다 보니, 모처럼만에 찾아오는 마음의 여유가 사르르 녹아 들어간다. 한적하고, 덜 세련되고, 상대적으로 할 것들이 많지 않은 이 바닷가에서는, 무언가 생각의 깊이를 더해 줄 것만 같은 묘한 끌림이 있다.

밤사이 몇 번씩이나 전기가 나왔다 들어갔다 할 정도로 거칠어지던 비바람도 새벽녘부터 조금 잦아들었다. 정말 사람이 자연 앞에서는 너무나 미약한 존재라는 사실을 절감하지 않을 수 없다.

소내살리섬 해변

오락가락하는 빗길을 뚫고 난디 북쪽으로 10여 분 거리에 있는 '잠자는 거인의 정원Garden of the Sleeping Giant'으로 갔다. 서양란을 좋아하던 미국 배우 레이먼드 버Raymond Burr가 피지에 별장을 꾸미려고, 나우소리 하이랜드 자락의 터에 난蘭들을 심은 것이 시작이었다는 곳에서 열대 식물들을 구경하고 싶었다.

종류만도 2천여 종이 넘는다고 하는 난들이 입구에서부터 빗방울을 머금고 있고, 나무에 달린 녹색의 바나나 송이부터 갖가지 특이한 꽃과 이름 모를 식물들이 무성했다. 구경을 마치고 내려온 손님들에게 자리를 권하며 시원한 과일주스 한 잔씩을 제공하는 배려가 '사람의 향기'를 보탠다. 벽도 없는 높다란 천정을 하늘 삼아 마음대로 넘나드는 새들이, 자연과 어우러져 사는 삶의 여유를 느끼게 만든다.

그렇게 꽃과 열대 식물들의 여운을 음미하며, 포트 데나라우Port Denarau에 있는 해물 요리 식당으로 가보았다. 맹그로브 습지를 개발한

데나라우섬은 난디 공항 근처 바닷가에 고급 휴양 시설들과 골프장, 여객선 터미널 등이 있는 곳이다. 그 지역으로 들어가는 짧은 다리 너머에는 경비원들이 출입을 통제하며 서 있고, 부두에는 멋진 요트들이 정박해 있다.

쇼핑센터 앞 바닷가 식당의 생선 요리들은 가격에 비해 기대에 미치지 못했지만 그런대로 요기를 하고 있는데, 둘째 딸이 갑자기 뒤쪽의 외국인과 인사를 나누었다. 그 곁에는 전날 피지로 오는 비행기에서 옆자리에 앉아 있던 여자분이 같이 웃고 있고…. 그 부인도 남편의 출장이 끝날 때에 맞추어서 이곳에 온 모양인데, 딸의 직장 동료 가족일 줄이야 어찌 상상이나 할 수 있었겠는가….

언제 어디서 어떤 인연으로 만날지 모르는 우리네 삶이니, 늘 처신에 유의하며 살아야 함을 다시금 일깨워주는 만남이었다.

여행 중에 피지의 수도인 수바 쪽으로 가는 베이스캠프 삼아서, 이틀간을 나탄돌라 해변Natadola Beach에 있는 리조트에서 머물기로 했다.

포트 데나라우

나탄돌라 비치의 석양

그러나 쏟아지는 비와 범람으로 수바로 가는 도중에 되돌아오기도 하고, 생각했던 섬 일주 드라이브 같은 것들도 실행하지 못했다. 하지만 날마다 이른 아침부터 저녁 시간까지 매 시간 단위로 준비된 리조트의 각종 프로그램 덕분에 여러 가지 색다른 경험들을 할 수 있었다.

일요일 저녁 석양 무렵, 비구름이 조금씩 벗겨지는 하늘과 바람에 휘날리는 야자수를 배경으로 바닷가에 울려 퍼지던 현지 교회 성가대의 합창은 그야말로 감동이었다. 어린아이들로부터 지긋한 연배의 남녀노소가 지휘자도 없는 공연을 끝내고는 관객들과 악수를 나누며 떠나는데, 앞줄에 섰던 초등학생 정도의 어린아이가 다가와서 허리를 꼿꼿이 세우고 정중하게 악수를 청할 때는 그 '신사다움'이 조금 당황스럽기도 했다.

남태평양에 왔으니 최소한 바다 밑 산호초 구경은 하고 싶었지만, 물에 약한 처지라 아예 포기하고 있었다. 그런데 날씨가 잠깐 좋아진 아침나절에 '유리바닥 보트Glass Bottom Boat'라는 프로그램이 있길래 얼씨구나 하고 신청을 했다. 일인당 60피지달러, 우리 돈으로 3~4만원 정도에 산호초들을 구경하게 된 것이다.

그런데 예약 접수 직원이 짐짓 이상하다는 듯이 "어차피 같은 배로 나가는데 스노클링snorkeling을 왜 하지 않느냐? 가이더가 도와준다"고 권하자 딸이 하겠다고 나섰다. 호기심이 동한 나도 엉겁결에 따라 나서게 되고….

다른 사람들은 배 위에서 유리 바닥을 통해 바닷속 구경을 하는데, 수영도 못하는 사람이 난생 처음 구명조끼에 코까지 덮는 물안경을 쓰고, 스노클이라는 프라스틱 대롱을 입에 물고, 오리발까지 신고 물속에 뛰어들었으니, 내 스스로 생각해도 정말 가관이었다.

바다에 던져진 네모난 튜브 같은 것을 붙잡고 물속으로 머리를 넣으니까 입으로 물이 새어 들어왔다. 김서림 방지제 바른 것을 제대로 헹구지 않은 탓인지, 마스크로 스며든 물로 눈도 아려오고….

결국 가이더가 다가와서 스노클을 자기 것과 바꾸어 주었지만, 아무리 마스크 끈을 조여도 여전히 물이 새어 들어오는 바람에 몇 초를 못 버티고 머리를 들곤 했다. 시키는 대로 오리발을 움직이고 있는데도, 가이더는 "파파, 발을 계속 움직이라"고 하고….

그래도 틈틈이 아래로 물속을 유유히 지나가는 검은 줄무늬 고기 떼들도 보고, 가이더가 내려가서 손으로 스치면 색깔이 변하는 산호와 산호초들을 보기는 했다. 그렇게 허우적거리는 모습을 보다 못한 딸이 마스크를 코밑까지 좀 더 내려 써보라고 알려주어서 겨우 조금 나아지긴 했지만, 그때는 벌써 끝날 시간이었다.

배 난간을 잡고 오리발을 벗기조차도 벅찼다. 한참을 끙끙대다가 간신히 올라오니까, 배 안에 있던 사람들이 환호와 박수를 보내주었다. 약 40분의 시간을 물속에서 보낸 셈인데, 몇 장면만 떠오를 뿐 거의 정신 줄을 놓은 상태였다. 그래도 바다 속을 들여다보고 왔다는 사실이 뿌듯했다.

방으로 돌아와서 머리를 숙이는데 코에서 물이 주루루룩 흘러내렸다. 그날 저녁부터 이틀 밤낮을 타이레놀만으로 고열과 오한에 맞서 싸우다가 귀국 비행기에 오르게 된다.

비록 며칠간의 여행이었지만, 궂은 날씨 사이사이로 잠깐씩 해가 내비친 덕분에 여러 가지 색깔로 반짝이는 남태평양 바다를 볼 수 있었고, 유명하다는 나탄돌라 해변에서 바다에 떠있는 무지개를 볼 기회가 있었음도 감사하다.

나탄돌라 비치에서 난디로 가다가 다시 핸들을 돌려서 움푹움푹 패인 비포장 도로도 경험하였고, 맨발로 뛰노는 아이들과 일반인들의 삶을 통해 휴양 시설지와는 사뭇 다른 바깥 분위기를 살펴보게 되었음도 감사하다.

그러면서 관광업이 GDP의 35%, 관광업 종사자들이 전체 취업 인구의 32%라는 통계의 의미와 삶에 대해 다시금 생각해보게 만든다.

피지를 떠나는 날 아침은 다시 이 섬나라를 찾아오라고 하는 건지 날씨도 화창해졌고, 비행기 안에서 내려다 본 연초록, 코발트 빛 바다 색깔들이 잊지 못할 인상을 남겨주었다. 다녀온 지 한참 지난 지금까지도 아내는 "나름대로 여러 곳을 다녀 보았지만, 가슴을 고요하게 하고, 잔잔한 파도가 물결치듯 마음의 여운이 남는 곳"이라고 이야기 한다.

우리로 치면 제주와 서귀포 사이를 갔다 와서 제주도를 운위하는 격이지만, 그래도 그런 아름다운 자연을 가진 피지 부근에서 지진 발생 소식들이 연이어 들려오니 안타깝다.

며칠 전 한 목사님이 "분명 같은 곳으로 여행을 떠나도 매번 너와 나는 다른 곳에 도착한다. 각자의 깜냥만큼 보고 느낀다"라고 하던 표현이 마음에 닿았다. 그리고 오늘 아침에는 친구가 "우리나라 중소기업이 피지에 수목을 이용한 친환경 발전소를 건설 중이라는 기사가 있더라"고 알려주었다.

이렇듯, 여행을 하면서 우리와 다른 자연과 환경을 보고 마음의 여유를 찾아가는 사람들도 있고, 눈앞에 펼쳐진 자연의 활용에 착안하는 사람들도 있다는 것을 다시금 깨닫는 아침이다.

"뉴기니에서 거꾸로 된 세계 지도를 보고 깜짝 놀랐다"고 하는 우리나라 어느 인류학자만큼은 아니겠지만, 아직도 여전히 붙들고 사는 삶의 가치와 우선 순위를 다시 한 번 생각하게 만드는 '피지로의 여행'이었다.

선입관의 폐해

새해 들어 딸들 입에서 "로마를 가보고 싶다"는 얘기가 나올 때만 해도 그냥 흘려 들었다. 그러던 것이 어영부영 휴가 날짜가 거론되더니, 덜커덕 5월 하순에 출발하는 비행기표부터 사버리는 바람에 느닷없이 고대 로마 문화나 르네상스 같은 묵직한 단어들과 맞닥뜨리게 되었다.

막연히 귀동냥이나 해오던 남의 나라 이야기를 새삼스레 알아나가기도 만만치 않았기에, "다른 좋은 곳도 많을 텐데 뜬금없이 웬 이태리냐?"고 투덜거리기도 했다.

그 동안 역사면 역사, 문화면 문화, 영화나 요리에다가 마피아 이야기까지 숱하게 접해오면서도 내심 이태리라는 나라에 크게 솔깃하지 않았던 것은, 수십 년 전 어느 봄날의 아찔했던 기억 탓이 컸다.

예전에 런던에서 일하면서 여름 휴가 기간에 자동차로 로마까지 다녀오려고 나섰다가, 같이 길을 나선 친구가 제네바에서 화상을 입는 바람에 이태리 입성을 눈앞에 두고 발길을 돌려야 했던 적이 있다.

그리고는 주재 근무를 마치고 귀국하는 길에 한나절 베니스를 둘러보는 것으로 이태리 여행에 갈음했다. 일주일에 두 번 있는 한국행 비행기를 타러 스위스 취리히로 간 김에, 이틀 밤을 차에서 새우잠을 자며 밤길을 내달리는 강행군을 한 것이다.

그때 밀라노 외곽을 거쳐서 베니스로 가는 도중에, 밤은 깊어지고 피곤해서 잠깐 눈이나 붙이려고 고속 도로 길가 쉼터로 들어갔다가 잊지 못할 순간을 경험하게 된다.

칠흑 같은 밤이었다. 전조등 불빛에 쉼터 여기저기서 두런거리는 사람들이 보이길래 '한밤중에 이런 데서 무슨 모임을 하나?' 싶을 정도로 조금은 의아했지만, 다들 나 같은 여행객들이려니 하고는 의자를 뒤로 젖히고 누웠다.

막 선잠이 들려는데, 사각사각 나뭇잎 밟히는 소리들이 들려왔다. 섬뜩한 기운에 누운 채로 고개만 살짝 들고 주변을 살펴보니, 어둠 속으로 잔뜩 웅크린 자세의 사내들이 마치 포위망을 좁혀오듯 사방에서 조심스레 다가서고 있었다.

옆자리 아내에게 "여기서 나가야겠다. 움직이지 말고 그대로 있으라"고 속삭이고는, 누운 채로 팔을 뻗어 시동을 거는 동시에 상체를 일으키며 핸들을 잡고 급발진해 나갔다.

어느새 다가와서 차 안을 들여다보려다가 움찔 놀라 비켜서면서 일그러지는 얼굴들, 앞쪽에서 다가오다가 갑작스런 차의 움직임과 헤드라이트 불빛에 놀라서 주춤거리는 사내들, 그들을 피해서 급히 핸들을 꺾을 때 "끼이이익" 하는 바퀴 밀리는 소리, 그리고 백미러로 멀어져 가는 그들을 바라보며 그제서야 운전석 의자를 곧추세우는 순간들이 마치 무슨 액션 영화장면들처럼 순식간에 흘러갔다.

그야말로 간발의 차였다. 깜깜한 밤길을 내달리며 놀란 가슴을 쓸어내리면서도, 이 야밤에 아내와 어린 딸과 함께 이국 땅 으슥한 길가에서 무슨 변고를 당했을지도 모를 상황이었음을 생각하면 한참 동안 등골이 서늘했다.

그들이 왜 그토록 살금살금 다가왔는지 그 까닭이야 짐작할 수 없지만, 그런 숨막히던 순간의 기억에다가 암흑가의 스산한 영화들 분위기까지 덧대어지니까, 그만 그렇게 썩 내키지는 않는 나라로 자리매김 되고 말았던 것이다. 비록 호기심과 궁금한 것이 있고, 스파게티나 피자 같은 그 나라 음식을 즐길지언정 말이다.

그때가 지금으로부터 딱 31년 전이다. 그래도 이왕에 가기로 했으니까 도서관을 들락거리며 이태리 관련 책들을 찾아 읽기 시작했다. 이태리와 이탈리아, 베니스와 베네치아, 플로렌스와 피렌체 같이 영어와 이탈리아어 표기에 따라 나라 이름과 지명이 달리 쓰이고 있는 것조차도 혼란스러운데, 남들이 남긴 여행기나 책들에는 극성을 부리는 소매치기 이야기가 빠지지 않았다.

예전에 서유럽 나라들 여행이 안전할 때도, 로마를 다녀온 사람들은 대부분 '주머니에 손이 쑥 들어오는 소매치기'에 관한 얘기들을 하곤 했다. 요즈음은 다른 유럽 나라들에서도 그런 피해를 입은 얘기들이 흔한 터이니 이탈리아는 오죽하랴 싶었다.

더군다나 로마 이외의 지역에서는 렌터카를 사용하기로 했는데, 차문을 부수고 가방을 통째로 훔쳐간다는 얘기들이 많아서 엄청 신경이 쓰였다. 그래서 목걸이 지갑에다 가방들을 연결해서 묶는 쇠줄과 자물쇠까지 준비하고, 렌터카의 보험 가입 조건은 차량 도난 등 모든 손해를 담보하는 슈퍼 커버super cover까지 추가했다.

그런데다가 이탈리아 주재원으로 있다가 온 옆집 부부로부터, "자동차 여행 때에는 도시마다 고대 유적 보호와 공해 방지를 위한 교통 제한 구역zona traffico limitato(ZTL)이란 것이 있는데, 멋모르고 들어갔다가는 사진이 찍혀서, 들어갈 때 100유로, 나올 때 100유로, 하는 식으로 비싼 과태료를 물게 된다"는 말을 들었다.

그때부터 더 큰 고민이 시작되었다. 그래서 대도시에서는 대중교통수단을 이용하고, "남부로 갈수록 위험하다"니 남쪽 아말피 해안 지역은 현지 투어 프로그램에 참여하는 것으로 정리했다. 자동차로 이동할 중·북부 지역은 도시마다 ZTL을 피해서 주차할 장소를 검색하고, 이동 방법과 동선을 잡느라 고생께나 했다.

Siena 의 ZTL 표지판

그렇게 나름대로 챙긴다고 챙겼지만, 막상 현지에서는 잠깐만 길을 잘못 들어도 느닷없이 나타나는 이 ZTL이라는 빨간색 동그라미 표지판 때문에 하루도 빠지지 않고 늘 신경을 곤두세워야 했다. 내비게이션이나 다른 앱으로는 대처할 방법이 없어서, 차가 이동할 때는 온 가족에게 ZTL 표지판을 살피는 임무를 부여했다.

그러자니 빨간색 동그라미만 나타나면 "스톱! Zona다. 들어가지 마세요!"라는 외침에 혼미해지기도 하고, 표지판 밑에 쓰인 이탈리아 글을 짐작이나 해보려고 차를 세웠다가 뒤따르던 운전자의 비난을 받기도 했다. 그간 제법 여러 나라에서 자동차를 몰아봤지만 이처럼 신경이 쓰이는 경우는 처음이었다. 물론 현지 법규나 관련 규정을 좀더 제대로 이해하지 못하고 간 탓이긴 하지만….

언제든, 어디로 가든, 여행은 설렘을 안겨준다. 드디어 이탈리아로 출발하는 날, 예약해둔 비행 편의 탑승 개시 시간에 맞추어 탑승구로 가노라니, 항공사 직원들이 "탑승을 마감한다"고 재촉하며 뛰어다닌다. "시간이 있는데 왜 이렇게 서두르냐?"니까 "기장의 지시"라고 한다.

'성급한 것이 반도半島인들의 특성인가?'라는 생각을 해가며 서둘러 기내에 올랐더니, 실제 출발은 예정 시간을 훌쩍 넘겨버린다. "공항사정 때문"이라면서…. 그래도 이륙한다고 "의자 곧추세워라, 발밑에 뭐를 두지 마라" 하고 돌아다니면서 부산을 떨지 않는 것은 마음에 든다.

"이륙 스탠바이"를 외치는 화끈한 음성과 함께 중국과 러시아 영공들을 거치며 서쪽으로 10시간 가까이 날아가자, 아래로 아드리아해가 보이고 우리 국토 면적의 3배, 한반도의 1.36배나 된다는 이탈리아반도가 펼쳐진다.

파란 하늘에 피어 오른 뭉게구름과 여유롭게 펼쳐진 전원 풍경에 마음을 빼앗기면서도, 한편으로는 공항에서부터 로마 테르미니Roma Termini역을 거쳐서 호텔을 찾아갈 때까지 소매치기가 극성을 부린다는 곳들을 여행 가방을 끌고 갈 일이 막막했다.

로마 피우미치노 공항에 도착하면서부터는 괜스레 접근하는 사람이 있는지 살피느라 마음이 바쁘다. 공항 대합실에서 철도 표시를 따라 가는 길목에 열차표 자동판매기가 놓여 있고, 그 앞으로 여행객들이 늘어서 있다. 거기서 30분 이상을 기다려서 차표를 산 후에 열차 승강장 쪽으로 이동하니까, 그곳에 널찍한 대합실이 보이고 한산한 매표 창구와 자동판매기가 널려 있다.

공연히 날려 버린 시간이 아깝고, 아직도 그 자동판매기 앞에 줄 서 있을 이방인들을 생각하니까 헛웃음이 절로 난다. 그 앞에 간단한 안내 말이라도 하나 붙여놓았으면 좋을 텐데….

비행기 지연 도착이 많다는 말이 있어 열차표 예매를 하지 않았지만, 현지에서 표를 구입하게 되더라도 목마른 자가 샘을 파듯 필요한 사람이 필요한 정보를 더 철저히 확인해야 함을 일깨워준다.

어느새 어둠이 내려 깔린 공항에서 도심의 테르미니역까지 직행하는 레오나르도 익스프레스Leonardo Express 승강장에서는 사람들이 열차표에 펀칭하느라고 분주하다. "천공穿孔 되지 않은 표를 가지고 승차했다가 검표원에게 적발되면 벌금"이라는 것을 모두들 어디선가 보고 들은 모양이다.

열차에서도 짐 싣는 구역 바로 앞에 있는 좌석을 고수했고, 테르미니역에 내려서 호텔까지 이동할 때도 주변에 누군가 따라붙는지 신경을 곤두세웠다. 그리고 그 이후로 이어지는 여정에서의 화두 역시 '주변 경계'였다.

다행스러웠던 것은, 대테러 경계 때문인지는 몰라도 사람들이 몰리는 유적지나 주요 관광 명소마다 무장 군인이나 경찰관들이 장갑차 같은 차량과 함께 경계를 서고 있는 덕분에 한결 마음이 푸근했다는 점이다. 그런 분위기와 쉴 새 없이 주변을 살핀 가족들의 노력 덕분에 무탈하게 일정을 마칠 수 있었던 것 같다.

그렇게 2주간 이탈리아의 정취에 푹 젖어 있다가 돌아오는 비행기에서 '어쩌다 이런 문화유산, 이런 자연환경을 가진 나라를 이제서야 와보게 되었나'라고 한탄하기에 이른다. 진작 그 깊이를 제대로 살펴볼 기회를 가졌더라면, 세상을 내다보는 안목과 스스로의 부족함을 살피는 노력이 좀 더 달라졌을 것이라는 아쉬움이 피어올랐다.

눈감고 코끼리 다리 만지듯, 한밤중의 해프닝 하나로 오랜 역사와 문화의 중심에 섰던 나라에 대해서 선입관을 가지고 섣불리 판단했던 것이 안타깝다. 덕분에 그 동안 마주친 수많은 인연과 일들을 단편적인 지식과 경험에 의한 섣부른 판단과 선입관으로 대하지나 않았나 돌아보게도 되었지만….

괜히 로마 가자고 해서 늦깎이 공부시킨다며 투덜거리던 마음은 어디론가 사라지고, 한꺼번에 많은 느낌과 '깨임'을 선물로 안겨준 '5월의 이탈리아'가 그렇게 내 곁으로 성큼 다가왔다.

콜로세움 가는 길

드디어 로마의 아침 해가 밝았다. 오후에 '바티칸 투어'에 참여키로 했으니, 아침나절에는 지형지물이라도 살필 겸 일찌감치 길을 나섰다. 청명한 하늘 아래 상쾌한 공기가 가슴을 파고든다. 대도시임에도 공해나 소음이 별로 느껴지지 않는다.

생각보다는 훨씬 깨끗하고, 크게 번잡하지도 않은 테르미니역 앞의 친퀘첸토 광장을 지나서 산타 마리아 마조레 대성당Basilica Papale di Santa Maria Maggiore으로 향했다. 여행 준비를 하다가 이 성당의 건축과 관련된 "눈雪의 기적" 이란 전설을 접하면서 왠지 모르게 끌렸던 곳인데, 역에서 가깝기에 우선 그곳부터 둘러보기로 한 것이다.

그 전설의 내용은 이렇다. 서기 352년 아들 갖기를 원하다가 더 이상 자녀를 가질 수 없는 나이가 되어서 전 재산을 성모 마리아께 바치기로 결심하고 성전 건립 장소를 물으며 기도하던 조반니Giovanni라는 로마 귀족이 있었는데, 그 부부의 꿈속에 성모 마리아가 발현하여 "다음날 아침 눈이 내리는 곳에 나를 위한 성당을 지어라"라는 계시가 있었다.

그리고, 당시 교황 리베리오Liberio(재위 352~366년)의 꿈속에서도 "다음날 범상치 않은 일이 일어나면 나를 위한 성당을 짓도록 지시하라"는 성모 마리아의 계시가 있었는데, 이들 세 사람의 꿈속 계시대로 한여름인 8월 5일 아침 귀족 조반니의 소유지인 에스퀼리노Esquilino 언덕 꼭대기에 하얗게 눈이 내려 있더라는 것이다.

"눈이 하나님께서 택하신 순결의 상징"임을 깨닫고, 눈이 내린 자리에 성당을 건축하여 서방 최초로 성모 마리아에게 봉헌하였다는 이야기이다. 그래서 리베리오 대성당, 눈의 성모 대성당으로도 불리는 이 성당은 매년 8월 5일 축일 미사에 눈을 상징하는 하얀 꽃을 떨어뜨리며 눈이 내렸던 기적을 기념한다고 한다.

이른 아침이라 그런지 한산한 성당 앞을 무장 경찰관들이 지키는 모습이, 최근의 테러 위협 같은 어지러운 세태를 상기시킨다. 저만치 광장 중앙에 높다란 성모 석주聖母石柱가 우뚝 서있다. 1614년에 세워졌다는 그 석주 위에 「아기 예수를 안은 마돈나」라는 청동상이 보인다.

검색대를 거쳐 성당 안으로 들어서자, 휘감아 드는 황금빛이 아침 햇살과 어우러져 오묘한 분위기를 자아낸다. 그때까지만 해도 금으로 입힌 격자무늬의 천정이 16세기 르네상스 조각가 줄리아노 다 상갈로 Giuliano Da Sangallo의 작품인지도, 콜럼부스의 아메리카 대륙 발견 후 신대륙에서 가져온 첫 번째 금으로 헌정되었다는 사실도 알지 못한 채, 그 황홀한 색감에 빠져들었다.

산타 마리아 마조레 대성당 내부

중앙 제단 아래에는 아기 예수가 베들레헴에서 태어날 때 누웠던 것으로 추정되는 말구유의 일부가 보존되어 있다. 지하 성유물聖遺物 전시실의 경건한 분위기 탓인지 조명 때문인지는 몰라도 이상하게 눈이 부셔서, '나무로 된 구유를 토대로 재현된' 성탄聖誕 요람 형상을 좀더 제대로 살피지 못한 채 돌아선 것이 아쉽다.

그 전시실 앞에는 하늘을 우러러보며 기도하는 자세로 앉아 있는 하얀 대리석 조각상이 놓여 있다. 성모 공경恭敬이 각별했던 교황 비오 9세Papa Pio IX(재위 1846~1878년)의 기도하는 모습이라는데, 울긋불긋한 대리석으로 치장된 공간을 가득 채운 듯한 조각상의 크기가 조금은 부자연스럽다. '하나님 앞에 선 우리 인간의 모습이 이렇게 큰 것이어도 되는가?'라는 생각을 해본다.

성탄 요람 성유물

그 성당에서 얻은 경건한 마음을 가다듬으며, 영어식 표현으로는 '콜

교황 비오 9세 동상

로세움'이라는 그 유명한 원형 경기장 콜로세오Colosseo를 찾아 나섰다. 완만한 언덕길 아래 저 앞쪽으로 대형 투어 버스들이 줄지어 달려가는 것이 보이고, 덩달아 내 발걸음도 빨라진다.

왼편으로 난 골목 안으로 담쟁이넝쿨 우거진 건물과 그 아래로 뚫린 터널을 통해 파란 하늘과 맞닿은 돌계단이 보인다. 호기심이 동해서 계단을 따라 마치 동굴 같은 터널을 지나자, 조그만 광장과 이어진 골목길에 성당과 도서관 같은 건물들이 늘어서 있다. 길가에 기념품 행상이 있는 것으로 봐서는 나름 무슨 관광지인 것 같긴 한데, 콜로세움을 찾는 마음이 바빠서 그대로 지나쳤다.

멋모르고 오른 그 돌계단이 보르지아 가문의 고건축물 아래에 있는 보르지아 계단Scalinata dei Borgia으로 로마에서 제법 인상적인 곳으로 꼽히는 계단이고, 먼 발치에서 쳐다본 그 성당에 미켈란젤로의 작품인 「모세상」이 있으며, 베드로를 묶었던 쇠사슬이 보관되어 있는 '쇠사슬의 베드로 성당'이라고는 짐작도 못한 채로 말이다.

골목길 끝자락의 젤라토gelato 가게에서 달콤한 아이스크림을 머금으며 몇 걸음 더 걸어가노라니, 오래된 돌기둥 같은 유적들이 눈앞에

보르지아 계단

콜로세움 주위의 관광객들

펼쳐지고, 연이어 거대한 원형 경기장 모습이 시야를 가득 메운다. 탄성이 절로 난다. 갑자기 역사의 바다 속으로 풍덩 뛰어든 것 같다.

아직 오전 10시도 되기 전인데, 둘레가 532미터나 된다는 원형 경기장 주변에는 수많은 관광객들이 북적대고 있다. 콜로세움 안으로 들어가려고 출입구마다 길게 늘어선 인파에 놀라고, 서기 80년에 완공된 이후 그곳에 흩뿌려진 잔혹함은 역사 속에 파묻은 채 오랜 세월의 풍상에 맞서온 흔적에는 할 말을 잊는다.

그 옆으로, 파리 개선문의 모델이 되었다는 콘스탄티누스 개선문과 로마의 발상지라는 팔라티노 언덕 주변을 거닐다가, 불현듯 "로마는 하루아침에 이루어지지 않았다"는 글귀가 떠올랐다.

아침나절 두어 시간 걸은 것만으로도 제법 지친다. 쉬운 대로 가까이 보이는 지하철역 앞 카페에 앉았더니 그야말로 명당이다. 바로 길 건너편으로 5만 명 이상의 관객을 수용하던 원형 경기장을 바라보면서 따뜻한 커피의 정취까지 곁들일 수 있으니….

그곳에서 간단하게 요기를 하고 계산을 하려는데, 1.50유로짜리 'pane'가 3개나 포함되어 있다. '빵'이라면 먹은 적도 없는 터라 물어보니, 짤막하게 "테이블 차지"라고 한다. 그런데도 불쾌하기는커녕, 오히려 그 정도인 것이 다행스럽게 느껴졌음은 무슨 조화일까?

세계적으로 이름난 관광지, 콜로세움 바로 앞의 거리 카페였다. 그럼에도, 이탈리아에서 일반적이라는 에스프레소caffè espresso가 아니어서 그런지 아메리카노 커피값만 한국의 브랜드 커피점과 비슷했을 뿐, 식·음료 값이 비싸다거나 음식의 질이 나쁘지도 않았다. 게다가 봉사료 격인 테이블 차지도 애교로 봐줄 수 있는 정도였기 때문이리라.

여러 사람들의 이탈리아 여행기에 바가지 상혼 얘기가 나온다. 하지만 내 경우에는, 비록 2주간이긴 하지만 다녀 본 지역들 어디에서도 터무니없는 음식이나 무리한 계산서를 받아본 적이 없다. 나 혼자만 요행히 그렇게 경험한 것이라기보다는, 그것이 이탈리아의 식당 문화나 규범이 아닌가 싶다. 자리에 앉아서 먹는 것과 사서 들고 나가는 것에 약간의 가격 차이가 있는 것도 오히려 합리적인 것 같고….

2016년 기준으로 입국한 외국인 관광객 수가 5,200만 명이고 관광산업 세계 5위권인 이탈리아에서도 그러할진대, 외국인 관광객 수가 그 1/3수준에도 못 미치는 우리나라에서는 심지어 내국인들조차도 '관광·휴양지의 무리한 물가와 비용 탓에 차라리 외국행을 택한다'는 말이 나오는 형편이다. 우리 관광 산업의 미래를 위해서라도 제대로 성찰해 볼 필요가 있어 보인다.

로마에서의 첫날 아침, 이탈리아에 대한 그 동안의 부정적 선입관이 콜로세움 앞에서부터 그렇게 조금씩 금이 가기 시작했다.

바티칸과 그 미술관

세계에서 가장 작은 나라, 교황이 통치하는 도시 국가 바티칸 시국市國. 인구 약 1천명, 영토는 로마의 테베레강 서쪽 바티칸 언덕과 그 앞 인근 성 베드로 대성당. 사도 궁전과 시스티나 성당 그리고 바티칸 미술관 등의 건물들이 세워진 평원 0.44km^{2}이다.

이탈리아반도 중부에 살던 옛 나라 에트루리아의 '바티쿰Vaticum(정원)'이란 마을 지역이었고, 서기 64년 로마 대화재 이후 그리스도인의 순교 장소였으며, 네로Nero의 원형 경기장과 공동묘지가 있었다는 바티칸 언덕. 그리고 그곳 원형 경기장에서 십자가에 거꾸로 매달려 순교한 성 베드로가 묻혀 있다고 여겨지는 곳 위에 건설된 성 베드로 대성당이 있는 곳.

옛적 상사가 교황을 알현하고 돌아왔을 때도, 뉴스나 영화 속의 그곳 풍경들도 내게는 늘 딴 세상 얘기일 뿐이었던 그 바티칸에 직접 와보게 되다니….

온전히 로마 관광에 주어진 시간도 절약할 겸 바티칸만큼은 현지가이드의 설명을 듣는 것이 좋을 것 같아서, 유로자전거나라의 오후 반나절 투어를 따라 나섰다. 이른 점심을 마치고 집합 장소인 치프로Cipro역에 도착하니, 화창하기만 하던 5월의 하늘은 어느새 잔뜩 찌푸려져 있고 빗방울까지 떨어지기 시작한다. 낮에 비가 올 것이라던 일기 예보가 정확하다.

여유 있게 왔음에도 벌써 여기저기 우리 관광객들의 모습이 많이 보인다. '이곳에 이렇게 많이 왔으니, 이 시각 현재 로마나 이탈리아에 머무는 사람은 또 얼마나 될까' 하는 생각을 해본다. 우리나라도 이제 참 잘 살게 되었구나 싶다.

20명씩 2팀으로 나뉘어져 안내자들을 따라 나섰다. 몇 방울씩 떨어지던 빗방울이 제법 계속되지만, 눈앞에 펼쳐지는 거리 풍경은 모두 다 그림이다. 무작정 물이 흘러나오는 길가의 노천 급수대도 신기하고….

높다란 벽 아래로 바티칸 미술관Musei Vaticani 입구가 보이고 그 앞 조그만 광장에는 사람들로 북적거린다. 그 오래된 성벽 같은 것이 바티칸 시국의 경계란다. 무선 수신기를 받아 들고 2층으로 올라가니, 전 세계에서 온 관광객들이 구미구미 모여 앉아 인솔자들의 설명에 귀를 기울인다.

태블릿 PC까지 동원한 가이드의 열정적인 사전 설명이 한참 동안 이어진 후, 드디어 입장이다. 눈앞에 수많은 조각상과 그림 작품들이 스쳐 지나간다. 그 하나하나마다 무수한 얘기들과 의미들이 얽혀 있을 텐데, 멈춰 서서 찬찬히 뜯어볼 틈이 없다.

「아테네학당」 같은 작품이 있는 라파엘로의 방은 만원 버스처럼 발 디딜 틈도 없을 정도이다. 벨베데레 정원의 「라오콘」이나 「아폴론」 같은 조각상 주변에는 몰려 있는 사람들 탓에 가까이 접근하기조차 힘들다. 천장 중앙에 9개의 창세기 장면이 그려진 미켈란젤로의 「천지창조」 같은 걸작들이 있는 시스티나 성당에서는 빼곡히 들어찬 관람객들 속에서 아예 말도 못하게 하고 사진도 찍지 못하게 한다. 평소보다 관광객 수가 적다는데도 사정이 이러하니, 대충 분위기만 살피고 나중에 화보 자료나 챙겨보는 것으로 마음먹는다.

흐르는 강물처럼 인파에 밀려가는 중에도 아라찌의 회랑Galleria degli Arazzi에 걸려있는 「그리스도의 부활The Resurrection of Christ」이란 태

「그리스도의 부활」, 바티칸 미술관

피스트리tapestry 작품이 눈길을 끈다. 예수님의 생애를 묘사한 대형 벽걸이 직물 공예로, 16세기 플랑드르 화가Flemish painter 피터 반 알스트Pieter van Aelst 공방의 작품이란다.

세로562cm 가로 954cm에 달하는 그 작품에 표현된 예수님의 눈을 바라보며 걸어가니까, 예수님이 줄곧 나를 응시하며 따라오고 얼굴과 몸까지도 같이 방향을 트는 듯해서 탄성이 절로 난다. 가이드의 설명이 없었으면 모르고 그냥 스쳐갔을 것이다.

서너 시간째 북적거리는 환경에서 수많은 걸작품들에 휩싸여 심신이 지쳐갈 무렵, 성 베드로 대성당으로 안내되었다. 그냥 주저앉고 싶을 지경이지만 그래도 관광객들 사이를 뚫고 미켈란젤로의 「피에타」라는 조각상도 살펴보고, 그가 설계했다는 쿠폴라Cupola(돔)와 주변을 돌아다본다.

예술품들에 별로 관심을 가져본 적이 없는 문외한임에도, 대리석으로 저런 조각품들을 만들고, 천장화를 그리고, 설계를 했다는 미켈란젤로는 도대체 어떤 사람이었는지 은근히 궁금해지기 시작한다.

마침 무슨 미사가 있는지 은은한 종소리와 함께 사제들이 입장하는 모습이 보인다. 왠지 모르게 성스러운 기분이 휘감겨 든다.

약 5시간에 걸친 바티칸 투어 끝에 성 베드로 광장 옆 관광 안내소에서 산 그림엽서를 집으로 보낸다며 우체통에 넣는 가족의 모습을 지켜보면서, 기원전 고대 로마의 정치가이자 철학자인 키케로Marcus Tullius Cicero가 그 시대의 선량한 로마인들은 어떻게 살아야 하는지를 조언했다는 글귀를 떠올려 본다.

"오티움 쿰 디그니타테otium cum dignitate."

배움으로 가득 찬 평화로운 여가peaceful leisure full of studies 또는 위엄을 갖춘 여가leisure with dignity라는 뜻이란다.

가족과 함께 하는 로마 여행 첫날부터 묵직한 역사와 현재가 어우러진 이야기들을 새로이 보고 배우면서, 잠깐이나마 고대 로마인들의 '배움으로 가득 찬 평화로운 여가'의 의미와 그 기분을 상상해본다.

내 눈에 비친 성 베드로 대성당

어부 시몬Simon이 예수님과의 운명적 만남에서 '반석, 돌'이라는 뜻인 게바Cephas(英. Peter)라는 새 이름을 얻고 예수님의 제자가 되었으며, 사도 바울과 함께 초대 교회의 두 기둥으로 추앙을 받는 그의 무덤이 있는 성 베드로 대성당Basilica Papale di San Pietro in Vaticano.

그런데 로마 여행 첫날 오후에 바티칸 미술관을 거쳐 그 성당을 둘러볼 때는 발걸음을 떼 놓기도 힘들만큼 지쳐서 제대로 살피지 못하는 것이 마음에 걸렸다.

네로 황제의 박해를 피해 로마 외곽으로 벗어나던 사도 베드로가 예수 그리스도의 환상을 보며 "주여, 어디로 가시나이까(Domine, quo vadis)?"라고 묻자, "네가 나의 양들을 버리고 떠나니 나는 로마로 가서 다시 한 번 십자가에 못박히리라" 하는 말씀을 듣고는 즉시 발길을 되돌려서 로마로 향하고, 체포되었으며, 예수 그리스도처럼 똑바로 십자가에 매달릴 자격도 없다면서 거꾸로 된 십자가에 매달려 순교했다는 얘기가 어려 있는 그 성당을 이렇게 주마간산 격으로 스쳐가서는 왠지 후회가 될 것 같았다.

그래서 다음날 오전에, 과거의 순례자들처럼 산탄젤로 다리Ponte Sant'Angelo(성 천사의 다리)를 건너서 다시 성 베드로 대성당으로 나아갔다. 그 다리 난간에는 건축가 베르니니Giovanni Lorenzo Bernini(1598~1680)가 제작한 열 개의 천사상들이 제각각 예수 그리스도의 수난 당시 고문당했던 도구들을 손에 들고 늘어서 있다.

지금은 국립 군사 박물관으로 쓰인다는 산탄젤로성 앞을 지나서 곧

창을 든 천사상, 산탄젤로 다리

바로 비아 델라 콘칠리아치오네Via della Conciliazione(화해의 길)로 들어선다. '예수 그리스도가 베드로에게 건넨 천국의 열쇠 모양'이라는 성 베드로 광장과 대성당이 파란 하늘과 어우러지며 시야를 가득 채워온다.

'성 베드로 대성당이 두 팔을 벌려 사람들을 모아들이는 모습을 표현했다'는 그 광장의 오른쪽 검색대 앞에는, 설계자 베르니니의 의도대로 전 세계에서 모여든 관광객들이 성당으로 들어가려고 장사진을 이루고 있다. 줄서기에 바빠서 광장 중앙의 오벨리스크나, 광장 양편의 토스카나식 기둥이나, 그 위에서 내려다보는 140개 성인상聖人像들에 관심을 기울일 틈이 없다.

성당 안은 어제 저녁 무렵과는 또 다른 분위기다. 입구 오른쪽으로 미켈란젤로 부오나로티Michelangelo di Lodovico Buonarroti Simoni (1475~1564)가 26세에 제작했다는 「피에타Pietà」가 있다. 1972년 5월에 일어난 훼손 사건 이후에 이를 보호하기 위해 만들어진 방탄유리 가

'화해의 길'에서 본 성 베드로 대성당

림막 앞에는 여전히 많은 사람들이 몰려있다.

입구 왼쪽으로는 「교황 알렉산데르7세 기념상」도 보인다. 교황이 무릎을 꿇고 자신의 죽음을 준비하며 마지막 기도를 바치는 모습 아래 정교하게 다듬어진 천연 대리석은 교황의 시신을 덮은 천을 뜻하며, 그 속의 모래시계는 이승의 마지막 순간을 상징하고, 해골은 죽음이란 누구도 피할 수 없는 숙명이라는 것을 강조한다고 한다.

베르니니가 80세에 제작했다는 그 조각상에는 정의, 현명, 자비, 진실을 상징한다는 네 여인의 석상이 자리 잡고 있다. 오른쪽 앞의 '진실'을 뜻하는 여인이 지구본 같은 것을 발로 누르고 있는데, "그곳이 잉글랜드"라는 설명을 들었던 터라 흥미롭다. 16세기 영국의 종교 개혁으로 로마 가톨릭교회와 단절한 영국과의 관계를 단적으로 보여주는 듯하다.

성당 가운데, 마데르노의 중랑Maderno's Nave 오른쪽에는 고대 로마식 복장에다 왼손에는 천국의 열쇠를 들고 오른손은 곧추세운 채 의자

교황 알렉산데르7세 기념상

에 똑바로 앉은 모습의 「베드로의 청동 좌상」도 보인다. 어제는 중랑中廊에 칸막이가 처져 있어서 제대로 살피지 못했으므로, 12세기 조각가 아르놀포 디 캄비오Arnolfo di Cambio가 만든 그 좌상 옆으로 늘어선 사람들을 따라 줄을 선다.

그리고 중세 때부터 이곳을 찾는 순례자가 청동상의 발에 입맞춤하고 손으로 만지며 기도하는 습관 때문에 반들반들해진 그 발에 손을 대며 잠깐이나마 순례자가 된 기분을 내어본다.

성당 제일 안쪽에는 사도 베드로가 로마에서 선교 활동을 할 때 앉았던 나무 의자의 조각들을 모아 만들었다는 전설이 있는 「베드로의 의자」와 성령을 상징하는 비둘기가 빛을 타고 내려오는 장면이 새겨진 타원형 창이 있다.

경이로움마저 느끼게 만드는 그 창은 대리석의 일종인 설화 석고雪花石膏를 깎아서 유리처럼 비치게 만들어졌는데, 시간 표시 같은 12개 부분은 예수님의 열두 제자를, 가운데로부터 3개의 둥근 테 부분은 삼위일체를 나타낸다고 한다.

어제 저녁 무렵에는 그 오묘한 빛 사이로 비치는 비둘기가 눈으로는 보여도 사진으로는 나타나지 않아서 무슨 조화인지 궁금했었는데, 오늘은 그 모습이 제대로 찍힌다. 아마도 햇빛의 위치나 조도 때문일 것이라고 추측해보면서, 이런 작품들을 만든 베르니니는 또 어떤 사람인지 궁금해진다.

십자가 형태인 성당의 중심에는, 교황만이 미사를 집전할 수 있는 중앙 제대와 그 위에 우뚝 선 닫집 모양의 「발다키노baldacchino」가 있다. 이 또한 베르니니의 작품으로 높이가 28.74m나 된다고 한다.

발다키노 위로는 미켈란젤로가 재설계하고 포르타와 폰타나 Giacomo della Porta & Domenico Fontana가 완공했다는 돔cupola이 지상 136.57m의 높이에서 형언하기 어려운 색감을 던져준다. 그 창을 통해서 내려오는 햇살이 신비감을 더한다.

돔을 받치고 있는 네 개의 벽기둥에도 큰 조각상들이 보인다. 예루살렘에서 예수 그리스도의 십자가 조각을 찾아왔다는 콘스탄티누스 황제의 어머니 성녀 헬레나가 십자가를 든 모습으로, 십자가에 매달린 예수 그리스도의 옆구리를 찌른 로마 병사이지만 나중에 그리스도교 신자가 된 성 론지노가 창을 든 자세로, 그리스에서 선교하다가 순교했다는 베드로의 동생 성 안드레아가 X자형 십자가를 든 형태로 서 있고, 십자가를 지고 가는 예수 그리스도의 얼굴에서 흘러내리는 피땀을 자신의 수

마데르노 중랑에서 본 성당 내부

「성녀 베로니카와 수건」에 표현된 예수님 얼굴

건으로 닦아준 성녀 베로니카Saint Veronica의 형상도 자리 잡고 있다.

특히 '성녀 베로니카가 예수님 얼굴의 땀을 닦은 천에 예수님의 얼굴 모습이 남았다는 기적' 이야기를 표현한 이 조각상은 이탈리아 조각가 프란체스코 모키Francesco Mochi(1580~1654)의 작품이다. 마치 살아서 움직이는 듯하고 천의 질감마저 느낄 수 있을 것처럼 대리석으로 빚어낸 것도 대단하지만, 들고 있는 머리 수건the Veil에 묘사된 예수 그리스도의 모습을 발견하고는 그만 말문이 막혀버린다.

그 동안 여러 나라의 유명하다는 성당이나 박물관, 미술관들을 들락거렸어도 별로 감흥을 느끼지 못하던 사람이다. 오래된 성당들은 어딜 가도 비슷비슷한 형태인데다가 이름난 사람들의 묘소들만 즐비하고, 박물관이나 미술관도 별로 재미가 없어서 가급적 피하곤 했었다.

그런데 어느덧 백발이 휘날리는 즈음에 갑자기 역사 속의 인물들과 예술품들에 묘한 끌림을 느끼다니…. 지난날 애써 외면해왔던 것들이 스멀스멀 안타까워지고, 좀더 폭넓은 시각을 가질 수 있는 기회를 소홀히 했던 것 같아서 갑갑해진다.

이런 것을, 피렌체의 산타 크로체 성당Basilica di Santa Croce에 갔다가 아름다운 르네상스 시대의 예술품에 감동하여 무릎에 힘이 빠지고 심장이 빠르게 뛰는 것을 경험했다는 19세기 프랑스 소설가 스탕달의 증후군Stendhal syndrome에 비견할 수야 없겠지만, 정말 갑작스레 알고 싶어진 것도 많아지고 스스로 부족했던 점들이 떠올라서 골치가 지끈거린다.

루브르 박물관의 「모나리자」가 그저 밋밋하게만 보였고, 옛 상사로부터 서양의 명화 관련 서책을 선물 받고도 그저 '이런 게 있구나' 했던 사람이니까 오죽했을까….

4세기에 지어진 옛 성 베드로 성당을 헐고 1506년에 새 성당 공사를 시작한 교황 율리오 2세 이래 1626년 완공될 때까지의 지도자들과 공사 설계 등에 참여한 브라만테, 상갈로, 미켈란젤로, 포르타와 폰타나, 마데르노, 그리고 베르니니 같은 많은 건축가와 예술가들이 만들어 놓은 결과물과 마주하면서, 느닷없이 긴 역사 앞에 벌거숭이로 서 있는 듯한 기분이 든다.

그러다가 문득, 그들의 삶과 종교적 깊이가 어떠했기에 이런 심오한 걸작들을 만들어낼 수 있었는지 궁금해진다. 그리고 어떻게 주어진 시간과 한계를 뛰어넘어서 자신들의 천부적 재능을 발휘할 수 있었는지도 살펴보고 싶어진다. '배움에는 나이가 없다'라는 말도 있으니까….

쉰세대의 다짐

밀라노 리나테Linate 공항 근처에 있는 막시Moxy 호텔에 들어섰다. 2018년 4월에 문을 열었다는 그 호텔은 외벽의 보랏빛 네온사인부터가 범상치 않다. 건물 안 1층 한가운데에는 바가 자리잡고 있고, 흥겨운 음악이 흐른다. 검정색 라운드 반팔 티와 바지 차림으로 바텐더 자리에 서있는 여직원에게 물어보니, 그곳이 프런트란다.

바의 계산대 자리가 호텔의 프런트 데스크이고, 그 옆쪽으로 조금은 가벼운 느낌의 색다른 테이블과 의자들이 놓인 곳이 식당 겸 라운지를 겸하고 있다. 아프리카 출신이라는 그 직원은 흘러나오는 음악에 리듬을 타면서도 깔끔하고 신속하게 일을 처리한다. 객실 인테리어도 독특한 신세대 감각의 색상에다가 고급스런 분위기까지 가미되어 세련된 분위기다. 공항 근처임에도 실내에선 전혀 소음이 없는 것이 놀랍다.

가족실 소파 베드를 펼쳐 달랬더니, 프런트 일을 하던 그 직원이 와서 처리해준다. 그때만 해도, "안내원이나 룸서비스 같은 잡다한 군살을 빼고 알맞은affordable 가격을 유지한다"는 그 호텔의 셀프서비스 기조를 몰랐다.

2주간 여행의 마지막 행선지인지라 '공항 근처에 있는, 적당한 가격의 새 호텔'이라는 것만 보고 예약한 곳이다. 거기서 우연히, 기존의 호텔 개념을 뛰어넘는 새로운 문물을 접하면서 조금은 어리둥절해진다.

소셜 미디어에 익숙한 밀레니얼 세대millennials(1980년대 초부터 태어난 베이비 부머의 자녀들)를 겨냥한 메리어트 계열의 중급 비즈니스 호텔 체인이다. 2014년에 이태리의 밀라노 말펜사 공항 쪽에 첫 호텔이 개

설된 이래 미국, 유럽, 아시아의 대도시 지역 38개 호텔이 성업 중이다. 조만간 26개소 이상이 문을 열 예정이라고도 한다.

이런 혁신적 개념의 호텔 정체성을 창안해낸 경영자들도 대단하지만, 그런 가치관과 마케팅 컨셉에 걸맞게 움직이는 세계 각국 출신 종업원들의 자세와 세련된 고객 응대 태도도 눈길을 끈다. 조직 구성원들의 공감과 역할 참여, 그리고 교육 훈련의 중요성을 되새기게 만든다.

빠르게 부상하는 신세대 여행자들이나 젊은 감성younger sensibility을 지닌 여행자들을 목표 고객층으로 한다는 그 호텔의 로비 한쪽 벽면에 이런 글귀가 붙어있다.

> "당신들의 부모님을 존경하라. 그분들은 구글 없이도 학교를 졸업했다(Respect your parents. They passed school without google)."

요즘 말로 '완전 심쿵'이다. 지도 하나 달랑 들고 이리저리 기웃거리던 쉰세대가, 그 자녀들 세대를 겨냥한 호텔에 내걸린 액자 하나에 그만 마음이 녹아내린다. 세계의 젊은이들이 스쳐가는 이곳에 그들의 부모 세대를 향한 자세를 가다듬는 글이 자리 잡고 있는 것이다. 탁상용 계산기를 전산 기기로 등록하던 시절에 사회 생활을 시작한 세대의 일원으로서, '그 짧은(?) 시간에 세상 참 많이도 바뀌었지…'라는 감회와 함께 만감이 교차한다.

자신들의 바쁜 시간을 쪼개서 부모와 함께 여행길에 나선 딸들을 돌아다본다. 아무래도 젊은이들과 어울리니까 색다른 문물도 보게 되고, 새롭게 배우는 것이 많다는 생각도 든다.

흔히 잘 인용되는 사무엘 울만의 「청춘Youth」이란 시에서도 "청춘이

Moxy Milan Linate 호텔 로비 장식

란 인생의 어떤 기간이 아니라 마음가짐을 말한다"고 했고, 이 신개념 호텔에서조차도 "나이 불문하고 젊은 감성을 지닌 여행자들은 환영"이라고 한다.

그러니 이제부터라도 그 '젊은 감성'을 되살려보는 쉰세대로 자리매김해야겠다는 다짐을 해본다. 구글 없이도 학교를 졸업한 세대인데, 무엇이든 할 수 있는데까지는 어울리고 부딪쳐봐야 되지 않겠는가 싶다. 그 호텔 이름 moxy라는 단어의 뜻처럼 '용기'와 '배짱'을 가지고서….

제4부

추억 여행

Derwent강변, 채스워스 하우스, 영국

다시 가본 영국

2015년 5월 하순, 온 가족이 함께 영국항공BA 비행기를 타고 런던으로 향했다. 여행을 떠날 때면 늘 기대에 부풀어 들뜨게 되지만, 이번에는 다른 때와는 사뭇 다른 분위기였다. 젊은 시절에 살던 영국 땅을 다시 보러 가게 되었다는 생각 때문인지 아내도 감회가 남다른 것 같았다.

32년 전, 갓 돌이 지난 젖먹이를 안고 앵커리지, 파리를 거쳐서 돌아가야만 하던 그 길을, 이제는 그 아이의 동생까지 함께, 그 절반의 시간에 런던으로 직행하는 비행기에 앉아 있으려니 세상이 참 많이 변했음을 절감하게 된다. '10년이면 강산도 변한다는데, 그 10년이 세 번이나 바뀌었으니 그럴 법도 하다'고 생각하면서, 한편으로는 눈앞에 다가오는 영국의 그 강산은 또 어떤 모습으로 변했을지 궁금하기도 했다.

유아기를 그곳에서 보낸 큰딸은 "아주 어릴 적 일이라 사진을 봐도 실감이 나지 않고, 그저 한두 장면만 기억될 뿐"이라고 하던 곳이다. 둘째도 엄마 아빠 이야기 중에 흔히 나오는 영국 이야기를 들을 때마다 "언젠가 같이 한번 가보자"고 했는데, 이런저런 사유로 차일피일 미루어지기만 했었다. 그러던 차에 이번에는 딸들이 "더 늦기 전에 가족 여행을 같이 다녀오자"고 발벗고 나섰다. 그리하여 열흘 정도의 여정으로 '30년 만의 추억 여행'을 떠나게 되었다.

런던이 가까워질 즈음, 비행기 창문을 통해 내려다보이는 그 깔끔하게 정돈된 녹색의 산하는 그 옛날 내 마음 속에 각인되었던 그 색깔, 그 느낌 그대로였다. 끊임없이 밀려오던 야근과 묘한 긴장감, 런던 금융 시장의 빅뱅과 블랙 먼데이라는 금융 시장의 큰 혼란, 그리고 그 후유증에 휩싸이던 시절이었다.

3년 4개월간의 근무를 마치고 귀국 비행기에 올랐을 때, 갑자기 머리속이 하얘지면서 조금 전까지의 일도 마치 먼 옛날의 일같이 빛바랜 흑백 사진처럼 보이고, 싹 지워져 버리는 느낌을 받았던 그곳이다. 그런데도 세월이 흘러 다시금 그 상공에 다다르니, 왠지 모르게 푸근한 느낌과 함께 묘한 감동이 밀려왔다.

히스로Heathrow 공항도 많이 바뀌었다. 전에는 없었던 터미널5에서 내렸다. 렌터카를 끌고 거리로 나서자마자 바로 회전 교차로가 나왔다. 우리와는 다른 오른쪽 운전대에 왼편 통행 방식이라도 운전엔 나름대로 자신이 있었지만, 이내 큰 착각이었음을 깨달았다. 오른편에서 거침없이 밀려드는 차들을 계속 기다리고 서있으려니까 뭔가 잘못된 것 같아서 다음 차가 조금 떨어져 오는 틈을 타서 회전 교차로에 진입하였는데, 그래서는 안 되는 모양이었다. 내 차가 서 있을 줄로 알고 달려오던 상대편 차들이 깜짝 놀라며 주춤거렸다.

그제서야 옛적에 영국 운전면허 시험을 준비할 때 들었던, "회전 교차로에 먼저 진입한 차량이 우선"이라든가, "물 흐르듯이 흐르는 다른 차들의 흐름을 방해해서는 안 된다"던 이야기들이 떠올랐다. 한마디로, 주행 중인 차가 브레이크를 밟게끔 끼어들어서는 안 된다는 얘기였다.

원래 도착하자마자 공항과 윈저성Windsor Castle 사이에 있는 호텔에 먼저 체크인을 하고 난 후 윈저 지역을 돌아보려고 했었다. 그런데 호텔 부근까지 거의 다 와서는, 회전 교차로에서 엉겁결에 그만 윈저 쪽으로 가는 고속 도로로 들어서버렸다. 다가오는 차들에 신경을 쓰느라 '내비'가 말해주는 그 '몇 번째 출구'를 잘못 계산한 것이다. 바로 눈앞에 호텔을 두고도 속절없이 그날의 일정 계획을 바꿀 수밖에 없었다.

그런 상태로 3~4일이 지나면서 '내비보다는 예전처럼 지도와 도로 표지판의 도로 번호를 보면서 찾아나가는 것이 차라리 낫겠다'는 깨달음을 얻게 되었고, 그제서야 겨우 안정을 되찾을 수 있었다.

그렇게 일주일 정도를 보내며 다시 살펴 본 영국은, 과거에 비해서 몇 가지 크게 바뀌어 있었다. 첫째, 도심지의 유동 인구와 관광객이 엄청 많아졌다는 점이다. 주말에 런던 시내 주요 관광 명소, 특히 국회의사당의 빅벤Big Ben과 웨스트민스터 다리Westminster Bridge가 있는 템스강 부근에서는 인파와 관광 버스, 승용차, 유람선 등으로 북새통을 이루고 있었는데, 아마도 유럽 통합, 해저 터널 연결 등으로 여행객들이 많아진 때문인 듯 했다.

둘째, 거리나 주택가의 차량들이 많이 고급스러워졌고 대형화된 것이 눈에 띄었다. 허름한 소형차 지붕에 트렁크를 얹고 다니던 옛 시절 그 모습은 간 곳이 없고, 중·대형 외제차가 거리를 메우며 굴러다니는 것이 달라진 모습이었다. 지난 30년 동안 1인당 GDP 규모가 5배 이상이나 커져서 4만 6천 달러(2014년도 기준)를 웃돈다니 그럴 만도 했다.

셋째로는, 영국 식당의 음식들이 대체로 맛있어졌다는 사실이 놀라웠다. 런던의 중심가나, 관광 명소나, 지방 소도시의 조그만 레스토랑이나, 음식값이 대동소이하며 크게 비싸지도 않았다. '유명 관광지라고 터무니없이 비쌀 것'이라는 내 예상은 빗나갔다.

사람들은 흔히 "영국에서 먹을 것이라곤 피시앤칩스fish and chips밖에 없다"라는 말을 한다. 예전에 그런 말을 들을 때면, '섬나라이니 생선은 많을 테고, 토지가 습하고 비옥하지 못해서 감자 밖에 생산할 것이 없으니 생선과 감자를 많이 먹는가 보다'라고 쉽게 생각하였다.

그런데 나중에 알고 보니 주재료인 생선은 영국에서 많이 나는 대구를 주로 하다가 지금은 가자미, 넙치, 명태와 같은 흰살생선을 다양하게 사용한다는데, 감자는 그게 아니었다. 남아메리카 안데스 지방이 원산지인 감자가 신대륙을 발견한 스페인 사람들에 의해 유럽에 처음 소개되었을 때는 어두운 땅속에서 자라는 불경한 것으로 여겨지고 비천한 음식으로 취급되었는데, 영국에서는 18세기 말 계속된 흉작 때문에 그 동안 기피하던 감자를 먹기 시작했다는 것이다.

그리고 피시앤칩스는 1860년대 동유럽에서 이민 온 유대인 조셉 말린Joseph Malin이라는 사람이 운영하는 가게에서 흰살생선과 감자칩을 튀겨서 가난한 노동자들에게 팔았던 것이 최초라는 설이 있다.

예전에는 길거리 음식 취급을 받았고, 술집에서는 술안주pub food의 하나였으며, 점차 음식의 고급화 추세를 거치며 주요 식당의 메뉴로도 자리잡았다는 것이다. 위생 규정에 제약을 받기 전에는 신문지에 피시앤칩스를 싸서 주는 것이 유행했었다고도 한다.

그러고 보니 언젠가 뉴욕 맨해튼의 월도프아스토리아 호텔 옆 성공회 교구 교회 St. Bart's에 있는 식당에서, 조그만 바구니에 신문지 같은 종이를 깔고 피시앤칩스를 내어오길래 의아해한 적이 있다. 그 당시에는 그런 것이 영국의 '전통 방식'을 보여준다는 사실을 몰랐던 것이다.

지난 날 사무실이 있던 시티의 길드홀Guildhall 근처 카페테리아에서 자주 먹던 피시앤칩스 맛을 생각하며, 런던 도착하는 날부터 들르는 식당마다 그 요리를 시켜보았다.

곳에 따라 조금씩 스타일은 달랐지만 그 노릇노릇하고 정갈한 맛들이 일품이었다. 세월 따라 요리도 내 입맛도 많이 변했겠지만, '영국을 대표하는 요리라는 것이 바로 이런 맛이었구나' 하는 것을 새롭게 느낄 수 있었다.

나중에 한 친구가 나의 여행 소식을 듣고는 "어때, 영국이 물가가 비쌀 텐데 식사는 잘 하셨는지요? 혹시 피시앤칩스로 때우시지 않으셨는지?"라는 안부 문자를 보내왔기에, 이렇게 답장을 보냈다.

"음식이 너무 맛있어졌음. 그 요리뿐만 아니라 스테이크도. 지역별 편차도 적고, 자연 환경과 매너도 변함 없었음."

영국의 피시앤칩스에 대한 느낌을 정리하면서, '한국 하면 떠올릴 수 있는 대표 음식은 무엇일까?'를 잠깐 생각해보았다. 지난 달, 어릴 적부터 미국에서 성장한 중년의 사업가를 만났던 날이 떠오른다. 완전 미국인으로 살고 있는 그 사람이 '한국에 출장 올 때마다, 종로3가역 부근 골목의 식당에서 굴보쌈을 서너 번씩 먹고 간다'고 하면서, 좁은 골목 안에 옹기종기 모여 있는 허름한 식당으로 나를 안내하는 것이었다.

"인터넷 맛집 정보를 통해 알게 된 식당인데, 세계 어디에서도 이렇게 맛있는 보쌈을 먹어보지 못했다"면서 큼직한 손으로 한 움큼씩 쌈을 싸서 맛있게 먹었다. 그 모습을 보면서 나보다 더 우리 것을 잘 알고 더 좋아하는 것에 적잖이 놀랐다.

그때 이런 생각이 들었다. '이분의 한국인 DNA 때문만은 아니다. 가장 한국적인 맛과 풍취가 우리나라를 찾는 외국인들에게도 의미가 있겠구나.'

글로벌 시대에는 문화의 상호 교류가 중요하다고 한다. 곳곳에 퓨전 음식이 난무하고 주꾸미볶음조차 치즈를 뿌려먹을 정도로 식성들이 변하고 있지만, 비빔밥, 설렁탕 하나라도 겉멋이 아닌, 우리 고유의 맛과 풍취를 지키면서 만들어갔으면 좋겠다.

30년 만의 해후

영국에 도착한 다음날 오후에, 30여 년 전에 살던 뉴몰든과 서비튼 Surbiton 지역의 집 주변을 살펴보러 갔다. 인터넷이 발달해서 가끔씩 지도 검색에 나오는 인공위성 사진으로 주변을 살펴보곤 했지만, 가족들의 대화에 가끔씩 나오는 추억 속의 집들과 주변 환경을 그 당시에는 태어나지 않았던 둘째 아이에게도 보여주고 싶었던 곳이었다.

런던 남서부에 있는 뉴몰든 쪽으로 가는 길에 리치몬드 파크Richmond Park와 그 공원 안에 있는 이사벨라 식물원Isabella Plantation도 둘러보았다. 런던 왕실 공원 중 최대 규모로서 과거 왕실 사냥터로 썼다는 명성답게 2,360에이커에 달한다는 광활한 초원에 사슴 떼가 노닐고 온통 무성한 고사리가 지천으로 널려 있던 그 공원은, 30여 년 전 그곳을 들른 이방인에게는 너무나 인상적이었고 큰 충격이었다.

당시 살던 집과 가까워서 틈날 때마다 그 시원한 초원길을 드라이브 삼아 드나들었고, 런던을 찾은 친구들이나 직원들을 안내하면 다들 경탄하던 공원이기도 했다. 영국을 떠난 후에도 가끔씩 사진 앨범에서 사슴들 가까이서 찍은 모습들과 이사벨라 가든으로 불리던 그 정원의 꽃길에서 찍은 사진들을 볼 때면, 언젠가 다시 한 번 가보리라고 생각했던 곳이었다.

오랜만에 찾는 곳이라 동서남북을 분간하기도 힘들었다. 그래도 공원길을 찾아 들어가면서 멀리서 움직이는 사슴 떼를 보기도 하고, 또 식물원의 꽃길을 따라 걷노라니 남모르는 감회가 무럭무럭 솟아올랐다. 어린 딸아이를 올려놓고 사진을 찍던 그 나무 그루터기를 찾다가

리치몬드 파크의 겨울 풍경(1985.1)

그냥 엇비슷한 나무 밑동을 찾아내고는 행복해 하기도 하고, 여기저기 옛적에 거닐던 길의 기억을 더듬어 보았다.

여행에서 돌아온 후 그날 그 공원에서 아이들이 찍어준 사진을 보다가, 정말 오랜만에 편안한 모습을 보이고 있는 내 모습을 발견하고는 나 스스로도 놀랐다. 결국 모든 것이 마음에서 나온다는 것을 다시금 깨닫게 해주었다. 그 공원의 신선한 공기와 푸른 하늘은 예나 지금이나 변함없이 눈을 시원하게 만들고, 내 가슴 깊숙이 내려와 상쾌함을 안겨다 준 것이다.

30년 만이었다. 처음 외국에 나와서 1년 반 정도 살다가 집주인이 돌아온다고 해서 떠났던 바로 그 집 앞 길가에 섰다. 첫 해외 생활의 설렘과 낯선 문화의 경험이 아련한 추억으로 남아서인지는 모르지만, 꼭 다시 한 번 와보고 싶은 곳이었다.

큰딸과 아내도 마음이 먹먹한 모양이었다. 전과 달리 많아진 차들이 길 양편으로 즐비하게 늘어서 있으나, 그 집과 길 건너 공원은 여전했다. 큰딸이 노닐던 공원 안의 놀이터에도 가보았다. 그 딸이 살그머니 아빠와 엄마의 손을 꼬옥 잡는다. 둘째 아이도 늘 말로만 듣던, 엄마 아빠가 살던 영국의 주택과 공원 풍경을 보며 덩달아 감격스러워했다.

그날따라 하늘은 어찌 그리도 곱고 푸르던지…. 5월 하순 늦은 오후의 햇살 아래 시간을 거슬러 올라가는 기억을 더듬으며 감회에 젖었다.

그리고는 전에 살던 집 부근에 세워 둔 차로 돌아왔을 때, 아내가 그 집 앞으로 다가가서 이리저리 살피며 문 앞을 서성거렸다. 선뜻 발길이 떨어지지 않는 모양이었다. 하기야 갓난아이 데리고 낯선 외국 땅에 와서 온몸으로 부딪치며 생존을 배우고 정착했던 곳이니, 금방 발길을 돌리기가 쉽지는 않았을 것이다.

그러더니 이번에는 그 옆집 쪽으로 다가서며 문 앞을 기웃거린다. 아마도 같은 또래의 아기를 키우며 왕래하던 이웃집 부인을 생각하는 것 같았다. 그러던 아내가 갑자기 그 옆집 울타리 문을 열고 들어서서 현관문을 두드렸다. 영국의 여름철이 해가 늦게 져서 그렇지, 그래도 저녁 시간이 다되어가던 때라서 결례가 될 텐데 미처 말릴 겨를도 없었다.

아내 가까이에 서있던 둘째 아이가 그쪽으로 다가가는 사이에 그 집 문이 열리면서 한 영국인 부인이 나왔다. 무언가 서로 몇 마디 주고받더니 그만 난리가 났다. 옆집의 그 부인이 여전히 그 집에 살고 있었고, 오래전 한 해 남짓 옆집에 살았던 그 한국 여인과 딸아이를 기억하고 있었다. 엄청 반가워하면서 모두들 집안으로 들어오라는 손짓을 보낸다. 순식간에 생각지도 못했던 일이 벌어진 것이다.

서로 반갑게 인사를 나누고, 이제는 어엿한 숙녀로 변한 그 꼬마 아이와, 우리가 영국을 떠난 이후에 태어난 둘째 딸을 소개하며 근황과 안부를 나누었다.

"이 동네에서 이사 간 후 서비튼에서 2년간 살다가 한국으로 돌아갔습니다. 그 후 이리저리 오가며 살다 보니 안부도 못 전하고 이렇게 세월을 보냈네요. 아이들에게 옛날 살던 곳을 다시 보여주고 싶어서 30년 만의 추억 여행을 왔습니다. 영국 분들은 이사를 잘 안 가는 것 같아서 혹시나 하고 용기를 내어 문을 두드렸더니, 뜻밖에도 이렇게 다시 만나 볼 수 있어서 너무나 반갑습니다."

"아직도 여기 살고 있는지 물어봐 주어서 고맙습니다. 언어 소통도 힘들 텐데 갓난 어린아이를 데리고 다른 문화를 배우며 아이를 양육하는 용감한 여인이라고 생각했었어요. 저희도 그때 그 아들 밑으로 딸이 태어났고, 모두 장성해서 이제는 따로 살고 있습니다. 남편이 아직 런던으로 출퇴근하고 있기 때문에 당분간 이사 계획은 없어요."

그리고는 어릴 때 양쪽 집 아이가 같이 놀던 모습이 담긴 사진첩을 꺼내 보여주었다. 우리도 그 사진을 앨범에 보관하고 있지만, 잠깐 스쳐갔다고 생각할 수도 있는 옆집 아이와 찍은 그 사진을 포함해서 자녀들의 어릴 적 사진들이 단아하게 정돈된 앨범이었다.

나로서는 그 집 안에는 처음으로 들어가 본 셈이다. 작고 아담하나 정갈하게 정돈된 거실과, 벽면을 가득 메우고 있는 가족들의 사진과 액자들은 마치 무슨 박물관에라도 온 듯한 느낌을 주었다. 그리고 아름답게 가꾸어 놓은 뒤뜰 정원은 차라리 한 폭의 그림이었다.

19세기 영국의 계관 시인인 알프레드 오스틴Alfred Austin이 "당신의 정원을 보여준다면 나는 당신이 어떤 사람인지 말해 줄 수 있다(Show me your garden and I shall tell you what you are)"고 말했었다는 의미를 깨우칠 수 있을 만큼, 연녹색으로 가득 찬 그 소담한 뒤뜰 공간은 늦은 오후의 햇빛과 어우러져 숨이 막힐 듯한 환상적인 색조를 만들어내고 있었다.

영국 뉴몰든 주택가

그렇게 30년 전의 이웃을 갑작스레 만날 수 있는 기회를 갖게 된 감동으로 같이 사진을 찍고 연락처를 나누면서, 모든 것을 아끼고 잘 가꾸는 영국인의 생활 패턴과, 우아하고 격조 있게 인생을 가꾸어가는 옛 이웃의 평화로운 모습을 볼 수 있었다.

그 동네를 떠나는 차 안에서 덩달아 같이 감격해 하던 둘째 딸의 입에서도 "와, 대박이다!"라는 탄성이 터져 나왔다. 주저하지 않고 이웃집 문을 두드린 엄마의 용감함 덕분에 우리 가족을 기억하는 영국인을 만나게 되고 그네들의 생활상을 둘러볼 기회도 가졌으며, 또한 자기가 세상에 태어나기 전에 아빠와 엄마, 언니가 살던 영국의 동네를 둘러볼 수 있었으니 그 아이 또한 감동이 컸을 것이다.

여행에서 돌아온 후 아내가 그 부인에게 이메일을 보냈다.

"30년 만에 당신을 다시 만날 수 있어서 너무나 벅찼습니다. 그날 저녁 파크뷰Parkview 길가에 서 있을 때, 당신이 여전히 그곳에 살고 있는지 물어보지 않고는 그 자리를 떠날 수 없었습니다. 큰딸에게는 그 아이가 어렸을 적 살던 곳을 다시 보여주고, 영국을 처음 가보게 된 둘째 딸에게는 부모님이 예전에 살던 곳을 보여주고 싶어서 떠난 추억 여행이었습니다. …

저희가 런던에 살던 시절을 회상할 때면 훌륭한 이웃인 당신을 떠올리곤 했습니다. 그때 베풀어주신 친절은 잊을 수가 없지요. 당신은, 어린아이를 키우는 이웃 외국인에게는 큰 위안이었습니다. 갑작스런 방문에도 불구하고 환대해주어서 고맙습니다. …"

그랬더니 그 부인으로부터 "이태리로 휴가 갔다 오느라고 답변이 늦었다"면서 회신이 왔다.

"… 저희가 파크뷰에 아직 살고 있는지 물어주어서 너무나 기쁩니다. 그렇게 오랜 시간이 지나서 당신을 만나고, 당신의 모험적인 삶에 대해 들을 수 있고, 또 당신의 사랑스런 딸들을 만날 수 있어서 아주 좋았습니다. 당신은 그 두 딸들이 자랑스럽겠어요.

저희가 가족 사진 앨범을 볼 때 당신네 가족, 그리고 저희 아들과 함께 놀려고 옆집에서 온 작은 여자아이에 대해 얘기하곤 했었습니다. 그래서 이제 젊은 여인이 된 그 아이를 보고, 또 당신을 다시 만날 수 있다는 것이 나에게도 특별한 것이었습니다.

내 생각엔 당신의 딸들도, 외국에서 아이를 기르고 새로운 언어를 배우며 다른 문화를 잘 극복하며 지내는 등 아주 용감한 일을 한 당신을 자랑스러워해야 할 것입니다. …"

그로부터 한참이 지난 어느 날 차를 타고 가면서 우연히 지난 여행 이야기가 나오자 아내에게 "그 때 어떻게 그 영국 부인하고 가까이 지나게 되었냐?" 하고 물어보았더니, 아내의 답변이 이랬다.

"어느 날 집 뒷마당의 잔디를 깎아야 되는데 연장을 몰라서 가위로

풀을 베고 있었는데, 옆집에서 이를 지켜보았는지, 그 부인이 자루가 길게 달린 잔디 깎는 가위를 가져다주면서부터 이야기를 시작했었다. 그 뒤로는 지역 가정의home doctor를 선정하는 방법도 가르쳐주고, 또 큰딸이 중이염으로 고생할 때는 직접 우리 집으로 찾아와서 가정의를 거쳐서 큰 병원으로 가는 방법도 알려주었으며, 운전면허를 따기 전이라 차를 몰 수 없던 나를 태워서 아이들 유아원 보내는 방법들을 친절하게 안내해주기도 했었다."

1980년대 초반에는 대부분의 영국 사람들이 한국이 어디에 있는 나라인지도 잘 모르는 상황이었고, 그 부인도 마찬가지였을 것이다. 그럼에도 현지 물정을 잘 모르는 이방인 이웃이 낯선 타국 땅에서 고전하는 모습을 보고는, 같은 또래의 아이를 키우는 어머니로서 여러 모로 많은 도움을 준 모양이었다.

그러면서 서로 친해져서, 수시로 아내가 그 집 문을 두드리고 그쪽에서도 불러서 차를 나누기도 하며 가깝게 지냈다고 한다. 그 당시 직장일에 파묻혀 지내던 나는, 간혹 그 댁 분들과 마주치면 목례 정도만 나누던 기억이 있을 뿐, 그 정도로 많은 교류가 있었는지는 알지 못했다.

그렇게 일 년 반 동안 바로 옆집에서, 오전의 티 브레이크tea break나 오후 시간의 애프터눈 티afternoon tea를 같이 나누고, 아이들끼리 같이 어울리는 모습도 지켜보면서 인연을 만들던 사이였다.

그런데 어느 날 홀연히 이사를 가버리고 난 후로는 전혀 연락도 없던 한 동양 여인과 그 가족이, 삼십 년의 세월이 흐른 어느 날 저녁 무렵에 갑자기 현관문을 두드리며 "J의 어머니 계시냐?"고 물었으니 많이 당황스러웠을 것이다.

그럼에도 불구하고 그 시절을 기억하고 그렇게 서로 반가운 인사를 나눌 수 있었던 것은, 서로에게는 외국인이던 어머니들이 간직한 특별한 기억들과 함께, 어느덧 인생을 초연하게 바라볼 수 있는 연륜의 성숙함 때문이 아니었나 싶다.

예상치 못했던 갑작스런 해프닝이었지만 참으로 마음을 훈훈하게 만들어준 만남이었다. 사람이 산다는 것이 무엇인지, 인연이란 어떤 것인지, 또 우리가 할 수 있고 할 수 없는 것이 무엇인지를 다시금 생각하게 해주는 시간이었다.

그동안 살아오면서 수많은 인연들이 스쳐 지나갔다. 좋은 인연, 나쁜 인연, 그리고 지금도 내 주변에서 같이 인생을 나누며 살아가는 많은 인연들이 있다. 흘러가는 어느 인연 하나 소홀히 해서는 안 될 소중한 만남들이란 것을 새삼 되새기게 만들어준 추억 여행이었다.

내 놀던 옛 동산에

몇 달 전 이 여행을 계획하면서 짧은 기간 동안 어떻게 여정을 잡아야 할지가 고민이었다. 영국을 처음 방문하거나 거의 기억이 없다는 딸들을 위해서는 대부분 가본 곳들이지만 다시 가지 않을 수 없으니, 내가 미처 가보지 못한 곳 중에서 꼭 가보고 싶은 곳 몇 군데만 끼워 넣기로 했다. 그러면서 '요즈음 입장료도 비싼데, 런던 주변의 관광 명소는 여러 차례 가보았으니 너희들만 들어가는 걸로 하자'고 했더니, 돌아오는 딸들의 대답이 걸작이었다.

"그럴 것 같으면 저희들끼리 갔다 오지, 뭐 하러 가족이 같이 여행을 갑니까? 우리 가족의 가치family value, 한 사람은 모두를 위하고 모두는 한 사람을 위한다(One for all, all for one)!"

19세기 프랑스 소설가 알렉상드르 뒤마 페르의 소설 『삼총사』에 나온다는 구호까지 들먹이는 그런 고마운 마음들 덕분에 런던 땅을 다시 밟게 되었으니, 그 옛날 해외 근무를 처음 시작하면서 밤낮없이 헤매던 그 런던지점 자리를 찾아가보지 않을 수 없었다.

나중에 지점이 이전했다는 이야기는 들었지만, 그 당시에는 시티에 있는 영란 은행Bank of England 근처 베이징홀 스트리트에 위치하고 있었다. 내가 걸어 다니던 그 사무실 주변이라도 어떻게 변했는지 한번 보고 싶었다.

시내 구경을 하던 토요일 저녁 땅거미가 질 무렵에야 틈을 내서 예전의 기억을 더듬어 나갔다. 워털루역과 시티 구역을 바로 연결하는 지하철 뱅크역을 지나서 영란 은행 건물 벽을 따라가다가 베이징홀 스트리

영란 은행 북서쪽 코너

트라는 표지가 붙은 골목을 찾긴 했으나, 일방통행이어서 부득이 차를 돌려야 했다.

'내비'가 시키는 대로 이리저리 돌아가는데, 도중에 공사 중인 곳이 있어서 몇 번을 돌아도 '도돌이표'였다. 어쩌다 그 길을 찾아 들어도 온통 낯설기만 해서 두리번거리다가 또 다른 길로 접어들곤 했다. 주소를 기억해내지 못하고 도로 이름과 영란은행 쪽에서 걸어가던 기억만 믿고 찾아 나섰으니, 안 해도 될 그런 수고를 한 것이다.

여기까지 와서 포기할 수도 없고 또 다음날이면 다른 일정들을 계획하였으니 마음이 급했다. 그래서 지하철역에서부터 영란 은행 옆을 거쳐서 걸어가던 옛 기억을 제대로 다시 더듬어 가보기로 하고 차에서 내렸다. 아내와 둘째는 시차와 강행군 일정에 지쳐서인지 벌써 차 안에서 곯아떨어졌고, 아빠의 마음을 헤아린 큰딸만 사진기를 들고 나를 따라 나섰다.

'그래 저기 저 코너에 일본계 은행이 있었지. 현지인 직원들이 대리

석 벽면 하단을 광내고 있었던 그 건물인데, 지금은 은행이 아니네….'

'맞아, 저 건너편에 파이프 담배 팔던 가게가 있었는데 안보이네. 아니, 저기쯤이 지점이 있던 곳일 텐데 건물이 옛 모습이 아니야. 저 출입구 유리문의 각도는 비슷한데, 이게 어떻게 된 것이지?'

'어, 저기 길드홀이 있네. 그 앞에 있던 식당에 가려면 한참 걸어간 것 같았는데 바로 저기라니, 어찌된 셈이지? 길이 새로 뚫렸나? 아무리 그래도 저 도로에서 꺾어 들어오면 이 정도에 지점 건물이 있었던 것이 확실해. 아무래도 건물을 헐고 새로 지었는가 봐….'

옛 직장 터를 찾아서 사방을 두리번거리며 중얼거리는 아빠의 마음을 조금이라도 이해했는지, 옛날 지점 위치인 듯한데도 지은 지 오래되지 않아 보이는 "시티 센터The City Centre"라고 씌어 있는 건물 앞에 서성이는 아빠를 향해서 큰딸이 이리저리 셔터를 눌렀다.

서울로 돌아와서, 나보다 나중에 귀국했던 동료에게 런던지점이 그때 이전했던 이유를 물어보았더니, "그 근방에서 로마 시대 유적이 발

런던 길드홀 앞 The City Center

굴되어서 그랬다"는 얘기를 듣고서야 비로소 의문이 풀렸다. 그러고 보니 오래된 기억의 자락에서 언젠가 그런 이야기를 들었던 것 같기도 했다. 세월이 흐르며 까마득히 잊고 있었던 것이다.

좀 더 내용을 알고 싶어서 인터넷으로 관련 자료와 옛 주소 등을 검색해봤다. 1411년 중세 상인 조합의 사교장으로 지어진 길드홀 옆에 길드홀 미술관The Guildhall Art Gallery이 세워진 것은 1885년이었고, 제2차 세계 대전 당시 독일의 공습으로 파괴된 것을 재건하던 1988년에 그 일대에서 로마의 원형 경기장 유적지를 발견하였다고 한다.

런던 인구가 2~3만 명이었던 로마 지배 시절에 6천 명의 관중이 앉을 수 있도록 지어진 원형 경기장 유적을 발굴하고 개발하느라고, 지점이 들어가 있던 그 건물은 헐리고 나중에 1평방마일의 런던 시티 구역을 소개하는 시티 센터 건물로 바뀐 모양이었다.

영국의 역사는 켈트족과 함께 시작되었고, 쥴리어스 시저Julius Caesar가 기원전 55년과 54년에 영국을 두 차례 원정한 뒤 영국과 로마 세계의 접촉이 증가되었다. 서기 43년 로마의 침공Roman Invasion에서 정점을 이루며, 서기 409년경까지 로마의 지배가 이어졌다고 한다.

그러니 영국에 대한 로마 지배의 초기 즈음인 서기 70년경에 지어져서, 동물들의 싸움 쇼나 범죄자들의 처형 장소로 쓰이고, 간혹 전문 검투사들의 공연이 있었다고 하는 그 원형 경기장 London's Roman Amphitheatre이 있었다고 하는 곳 위에서 3년 넘게 근무하였다는 사실이 묘한 느낌으로 다가선다.

더구나 몇십 년 만에 그 자리를 다시 찾아갔을 때만 해도 그 주변에 그런 사실들이 있는지조차 잊어버리고 한참을 어리둥절했었으니, 정말 사람 산다는 것이 우스워진다.

그렇게 내 추억의 장소에 얽혀 있는 긴 역사의 흐름을 잠깐이나마 훑어보면서, 그 도도한 세월의 흐름 속에 한낱 티끌보다 작은 이 시간과 나에 대해 되돌아보게 된다. 그저 나에게 보이는 것만 보고, 내가 보는 것만 아는 것뿐일 텐데….

지금 내가 어디에 서 있는지도 모르고, 바로 옆도 모른 채 살아가는 처지에, 제 조금 아는 것만 믿고 함부로 판단해서는 안 되겠다는 것을 뼈저리게 느끼게 된다.

재발견의 감동

영국 여행을 준비한다고 이런저런 자료들을 뒤적이다가 보니, 정말 몇 년을 그 나라에서 살았어도 제대로 몰랐던 것이 너무나 많고, 또 가까운 곳에 있는 것도 미처 살펴보지 못한 곳들이 많았음을 알게 되었다.

물론 그 당시에는 'AAThe Automobile Association'에서 나온 지도와 숙소 안내 책자와 동료들의 경험담들에 의존해서 이리저리 다닌 처지라, 요즘처럼 인터넷으로 모든 정보와 자료들을 찾아볼 수 있는 시대에 사는 사람들과 비교할 수는 없을 것이다.

요즘에야 우리나라에서도 각종 보험 회사별로 긴급 견인이니 고장 수리 지원 서비스를 하고 있지만, 삼십 년 전 영국에서 경험한 '회원제 자동차여행안내 및 고장수리지원 전문회사'의 존재 자체가 나에게는 충격이었다. 투숙할 방 하나 구하려고 해도 그 회사의 숙소 소개 책자에 나온 위치 정보만 보고 전화로 예약하거나, 아니면 길가다가 "공실 있음vacancy"이라는 팻말을 보고 찾아 들던 시절이었다.

주변 관심 지역에 관한 자료도 그 책자에 수록된 장소나 동료들의 경험담이 전부였다. 물론 제대로 챙기는 노력이 부족했고 과문한 탓도 있었겠지만, 그저 그렇게 유명하다고 소문난 곳만 훑어보기에도 여력이 없었음이 사실이다.

예를 들어, 런던 남서부의 주택가에서 살면서 수시로 히스로 공항이나 윈저성 주변을 돌아다녔지만, 그 중간쯤에 있는 럭비 경기장에 대해서 듣거나 가본 적이 없다. 1907년에 지어졌고, 런던 풋볼유니온의 사무국이 여기에 있으며, 8만 2천 명을 수용하는 잉글랜드 럭비 대표팀의 홈구장인 트위크넘 스타디움이 근처에 있다는 사실조차 몰랐었다.

이번 여행 때 런던 시내 관광을 위해서 호텔을 물색하다가, 비교적 값이 비싸지 않고 전에 살던 집이나 런던 시내에서 그리 멀지 않은 곳이라서 리치몬드 파크 인근의 메리어트 호텔에서 3일간을 묵기로 했다. 트위크넘 스타디움에 부설된 호텔이라서 '환경이 좋지 않으면 어떻게 하나?' 하고 은근히 걱정하였었는데, 조용한 주택가와 어울린 주변 환경, 그리고 아담하고 깔끔한 호텔 내부 시설들을 보는 순간 그런 염려는 사라졌다.

럭비가 영국에서 기원하였다고 막연하게 알고 있었지만, 1823년 잉글랜드의 오래된 유명 사립 학교인 Rugby School의 윌리엄 웹 엘리스 William Webb Ellis라는 학생이 당시 풋볼 규칙을 무시한 채 공을 안고 달린 것이 기원이라는, 그 럭비의 홈구장에서 잠을 자게 될 줄이야 어떻게 상상이라도 했겠는가! 이리저리 적당한 곳을 고르다가 우연히 찾아든 곳이 그렇게 의미 있는 장소였던 것이다.

여행을 떠나기 전 어느 강좌에서, "19세기 아동 문학 장르 중 대표적 학교 소설이라고 불리는 토마스 휴즈Thomas Huges의 『톰 브라운의 학창 시절Tom Brown's Schooldays』(1857년 발표)이란 작품이, 퍼블릭 스쿨(영국 사립 학교)의 개혁을 주도한 토마스 아놀드Thomas Arnold 럭비 학교 교장을 모델로 하여 기독교 신사라는 이상, 조직의 가치와 남성다움, 스포츠맨 정신을 강조했다"는 내용을 접한 적이 있다.

그 트위크넘 스타디움 앞 도로변에 럭비 경기 모습을 담은 조형물이 세워져 있는데, 그 바닥에 둥그렇게 이런 글씨가 새겨져 있었다. 영국 럭비의 핵심 가치관이다.

"팀워크teamwork, 상호 존중respect, 즐김enjoyment, 규율discipline, 스포츠맨십sportsmanship"

Twickenham Stadium, the Home of England Rugby

이런 막연한 토막 지식들이 체계적으로 연결되지 못하는 바람에, 런던을 떠난 다음 일정으로 워릭셔Warwickshire의 럭비에 있다는 그 럭비 학교로부터 35km 정도 떨어진 호텔에서 이틀씩이나 머무르면서도, 그 학교를 둘러보지 못하고 온 것이 아쉬움으로 남는다.

'더 멀리, 더 많이' 같은 외형 위주 여행의 어설픔은 전에 런던에서 근무할 때부터 쭉 있어왔다. 그때 한국에서 출장자나 파견 연수생들이 올 경우, 런던 근교에 있고 오가는 길가 풍경이 아름다우며, 주말에 당일치기로 다녀올 수 있다는 이유로 자주 안내하던 코스가 있었다.

아침 일찍 런던을 출발해서 옥스퍼드 대학교와 처칠 수상의 생가라는 블레넘궁Blenheim Palace을 살펴보고, 대문호 세익스피어의 고향인 스트랫퍼드-어폰-에이번Stratford-upon-Avon, 그리고 1058년 정복자 윌리엄이 요새를 쌓은 후 성의 윤곽을 갖추어오면서 영국 사람들이 사랑하는 최고의 성으로 손꼽히는 워릭성Warwick Castle을 돌아오는, 조금은 빡빡한 일정의 코스였다. 5~6월이면 오가는 고속 도로 옆으로 노란 유채꽃이 만발해 있는 풍경을 즐길 수 있고, 가을철에는 단풍이 아름답고 역사와 문학, 자연의 풍광이 어우러진 아주 멋진 관광 루트였다.

여러 해에 걸쳐서 자주 그 길들을 따라 다녔지만 늘 방문객들을 위한 명소 탐방에만 주력했을 뿐, 그 옆길로 접어들어서 아름다운 꽃들과 초원을 느긋하게 완상할 여유를 가진 적은 별로 없었다.

그래서 이번에는 과감하게 일부 명소들은 포기하고 옥스퍼드와 블레넘궁을 거쳐서, 그 서쪽 자락에서 웨일스 경계선까지 펼쳐져 있는 코츠월드Cotswolds 지역의 시골길을 제대로 살펴보려고 계획을 세웠다.

잉글랜드 중부의 스트랫퍼드-어폰-에이번 남서쪽에서 남쪽으로 바스Bath 부근까지 대략 폭 40km, 길이 145km 규모의 구릉 지대인 코츠월드 지역을 가로지르는 시골길로 들어서는 순간, '이런 세상이 다 있나' 싶을 정도로 아름답게 펼쳐지는 풍경에 탄성이 절로 쏟아져 나왔다.

양 떼들의 우리 Cots와 언덕을 뜻하는 옛날 영어 Wold가 합해진 말이라는 이 지역의 Cotswold 양들은 털이 길어서, 여기서 생산된 양모는 중세 유럽 전역에 그 이름을 날렸고, 대륙과의 교역으로 이 지역이 번창했었다고 한다.

'완만한 산비탈 울타리 안에 있는 양'이란 말 그대로, 유채꽃 만발한 저 푸른 초원에 구름같이 푸근한 털로 휘감긴 양 떼들이 늘어서 있는 것을 바라보면서 달리는 기분은 이루 말할 수 없는 기쁨이었다.

다만, 왕복 2차선의 구불구불하고 제법 경사가 있는 길이라 차를 세울 만한 곳을 찾지 못하고, 또 운전하느라고 돌담이나 꽃나무 울타리로 가려진 그 아름다운 풍광을 때때로 충분히 완상하지 못하는 것이 조금 아쉬웠을 뿐, 너무나도 감동적인 경관이었다.

그리고 코츠월드 지역에 산재해 있는 동화 같은 마을들도 둘러보았다. 1380년에 수도원의 양모 저장소로 지어져서 17세기에 방직공들의 오두막으로 쓰였다는 알링턴 로우Arlington Row cottages가 있으며 영국에서 가장 아름다운 마을로 꼽힌다는 바이버리Bibury, 영국의 베니스라고 불린다는 버튼-온-더-워터Burton-on-the-Water, 중세 장터 마을이었다는 스토-온-더-월드Stow-on-the-Wold, 그리고 아름다운 집들과 시내 중심가가 길다는 브로드웨이Broadway 같은 마을들을 들리느라고, 늦게 해가 지는 영국의 초여름임에도 하루가 너무 짧아 아쉬울 정도였다.

예나 지금이나 길을 나서면 욕심이 앞선다. 그래서 또 건성건성 건너뛰는 모습을 재현하고 있음을 발견하고는 혼자서 실소하기도 했다. 그렇게 유채꽃과 양 떼가 어우러진 푸른 초원과 구릉들 사잇길을 누비면서, '전에는 왜 바로 곁에 있는 이런 길들을 버려두고 고속 도로만 쫓아다녔는지' 안타까워진다. 그저 많이, 그저 멀리 가보려는 욕심과 미숙함 탓이었을 게다.

그래도 살아가면서 또 이렇게 새로운 것을 보고, 깨우치고, 배울 수 있음이 감사할 뿐이다.

알링턴 로우, 바이버리

피크 디스트릭트 국립 공원

키이라 나이틀리가 주연한 「오만과 편견Pride and Prejudice」이란 영화를 보면서, 그 배경으로 나오는 아름다운 산하와 집들이 어디에 있는 것인지 궁금했었다. 그런데다가 영국 여행을 계획할 즈음에 우연찮게 그 원작 소설과 저자인 제인 오스틴Jane Austen(1775~1817)에 대한 이야기를 접하면서 궁금증과 흥미가 더해졌다.

그래서 영화에서 여자 주인공인 엘리자베스 베넷(키이라 나이틀리粉)이 다아시의 저택인 펨벌리Pemberley로 찾아가는 장면들을 촬영했다는 채스워스 하우스Chatsworth House를 둘러보기로 정했다. 그곳은 영국 중부 지방 더본셔 공작인 캐번디시 가문Carvendish family의 저택으로, 여러 차례 '영국에서 특별히 사랑 받는 저택'으로 선정되기도 했다는 곳이다.

그리고 그 저택이 있는 피크 디스트릭트 국립 공원Peak District National Park에는 영국 내에서 경치 좋은 길로 열 손가락 안에 꼽히는 캣 앤드 피들 루트Cat and Fiddle route도 있었다. 중·북부 지방의 야생화로 뒤덮인 황야 지대moors와 구릉지 사이를 휘감아 도는 길들을 달리는 운치를 다시 한 번 맛보고 싶었으니까 아주 안성맞춤이었다.

빙햄턴 근교의 숙소에서 북쪽으로 두 시간 정도를 달린 후 체스터필드를 거쳐서 피크 디스트릭트 국립 공원의 동쪽으로 들어섰다. 도심을 벗어나자 제법 구릉지로 들어선 느낌이 들었다. 1951년에 영국의 첫 국립 공원으로 지정된 이 지역은 대부분이 해발 300미터에 위치하고, 최고 높은 곳은 해발 636미터에 이른다고 한다.

채스워스 하우스 쪽으로 가까워지면서 산자락의 양 떼들이 목가적인 분위기와 감동을 물씬 안겨다 준다. 풀밭에 펼쳐진 양들의 모습이 마치 흰색 솜털을 흩어놓은 듯했다.

이윽고 천천히 눈앞에 펼쳐지는 대저택의 위용과 푸른 초원, 그 앞에 놓인 강줄기, 파란 하늘과 하얀 구름을 배경으로 여기저기서 한가로이 노닐고 있는 양 떼들…. "그가 나를 푸른 풀밭에 누이시며 쉴만한 물가로 인도하시는도다"라는 다윗의 시 구절이 절로 떠오르는 '평화로움'이었다. 연신 탄성을 자아내던 가족들도 빨리 저 푸른 풀밭에 한가로이 거닐고 있는 양들 곁으로 달려가고 싶은 눈치였다.

'하드윅의 베스Bess of Hardwick'로 알려진 엘리자베스Elizabeth Talbot(슈루즈버리 백작 부인)가 두 번째 남편인 캐번디시 가문의 영지領地로 1549년에 채스워스를 구입하고, 1553년에 새로 집을 짓기 시작했다. 베스는 그 지역의 가난한 집안 딸로 태어나, 어린 나이에 시작된 4번의 결혼으로 엄청난 부와 함께 메리 여왕과 엘리자베스 1세 여왕 다

채스워스 하우스

음으로 영향력이 높아졌다던 사람이다.

그 채스워스 하우스는 17세기 후반에 고전주의 양식으로 개조 공사가 이루어졌고, 이후 1981년에 일반에게 공개되었다고 한다.

나이 많은 할머니들이 일하는 모습이 인상적인 휴대품 보관소에 배낭을 맡기고 줄지어 늘어선 관람객들의 뒤를 따라 들어선 저택의 내부는, 영국의 다른 성이나 저택들과 별반 다르지 않게 여러 가지 진귀한 그림들과 장식으로 꾸며져 있었다.

사실 독일이나 프랑스에서 다녀본 고성들의 상당수는 싱거울 정도로 장식물들이 그리 많지 않았다. 그에 비해 영국의 성이나 저택들은 천장화나 벽면을 가득 메운 초상화, 각양각색의 장식품, 무기류, 가구, 도자기들이 꽉 들어차게 진열되어 있어서 볼거리가 많다.

그런데다가 그 영화에서 관심이 끌리는 남자 다아시의 저택을 구경하러 온 여주인공의 시선이 머문 곳을 거닌다는 즐거움이 더해지니까 아주 흥미로워졌다. 요즈음 "한류 붐을 타고 많은 외국인 관광객들이 인기 드라마 촬영지를 찾는다"는 기사를 보면서, '뭘 그렇게까지 하나?' 하는 생각을 한 적이 있었는데, 그게 아니었다. 그냥 영화 속 그 시절로 들어가 있는 것 같은 기분까지 더해 주었다. 그렇게 저택과 정원, 강가의 초원을 거닐어 보고, 평화로이 노니는 양들 곁에서 푸근한 여유로움을 느껴보기도 했다.

그리고는 18세기에서 낭만주의 문학기로 넘어가는 시기에 독신의 여성 작가인 제인 오스틴이 채스워스 하우스를 배경으로 『오만과 편견』을 쓸 때 머물렀다는 베이크웰Bakewell이란 마을도 둘러보고, 채스워스 하우스 부근 산자락에 있는 식료품점Chatsworth Estate Farm Shop에서 입에 살살 녹는 듯한 샌드위치도 맛보았다. 그곳에서 내려다본 초원의 풍경은 그 자체로 하나의 그림엽서였다.

채스워스 경내 식료품점

이렇듯 자연과 어울리고 그 아름다운 자연을 그대로 간직하고 있는 영국인들의 문화와 인식에 감탄을 금치 못하면서, 채스워스 지역을 떠나서 본격적으로 피크 디스트릭트를 동서로 관통하는 도로로 나아갔다.

벅스턴Buxton에서 매클즈필드Macclesfield까지의 '캣 앤드 피들 루트'는 그 거리가 19km 남짓이다. 벅스턴을 지나 황야 지역의 구릉 사이로 하늘로 치솟는 듯한 A54 도로를 따라 가다보니, 시시각각으로 변하는 햇빛과 바람과 구름이 환상적인 조화를 이루었다. A537 도로로 접어들어서 그 오르막의 정점에 이르자 저만치 식당 같은 표지가 보이기에 무조건 차를 세웠다.

5월말인데도 바깥바람이 제법 세차고 쌀쌀했다. 저 아래로 보이는 황야 지대와 구릉이 곳곳마다 색깔이 달랐다. 구름을 뚫고 내비치는 햇살에 따라 다른 색조를 보이는 그 광경이 마치 '태초의 신비' 같은 장엄함마저 안겨주었다.

그 곳이 캣 앤드 피들 인Cat and Fiddle Inn이었다. 1813년에 지어진 그 퍼브Pub의 이름을 따서 '캣 앤드 피들 로드'라는 길 이름이 붙여졌다고 한다. 해발 515m로 영국에서 두 번째로 높은 곳에 있다는 그 퍼브에서 맛본 커피 한 잔이 그날의 피로를 싹 날려주었다.

'이런 곳에서 하루 정도 지낼 수 있다면 얼마나 멋질까' 하고 생각하다가 쓴웃음을 삼켰다. '우리 같으면 벌써 대단위 리조트 같은 콘크리트 구조물이 어딘가에 들어섰을 텐데…' 하는 생각이 스쳐갔기 때문이다.

그곳을 다녀온 6개월 후인 2015년 12월에 그 퍼브가 문을 닫았다고 한다. 멋들어진 풍광 속에서 200여 년을 지내왔다고 하는데, 조금은 안타까운 소식이었다.

거기서 서쪽으로 굽이쳐 내리는 산길을 따라 내려오다가 보니 그냥 지나쳐 버리기에는 너무나 아쉬워서, 무작정 이름도 모르는 작은 길로 핸들을 꺾었다. 겨우 차 하나 다닐만한 길을 따라 가면서, 양 떼와 농장들이 평화로이 놓여 있는 초원과 구릉길을 이리저리 넘나들었다. 늦은 오후 시간에 그렇게 자연을 음미하며 달리다가 보니, 길가의 어느 농장

Cat and Fiddle Inn

피크 디스트릭트 A54 도로변 농가

의 모습이 너무나 평화롭게 보여 잠시 차를 세웠다. 저녁 무렵이 되어서인지 저 멀리 집 앞쪽으로 양 떼들을 불러 모으고, 이를 지키며 부지런히 움직이는 개들의 모습이 인상적이었다.

위도가 높아서 저녁 때가 되어도 어두워지지 않는 덕분에, 정말 구경 한번 잘했다. 저녁 요기를 위해 국립 공원 남쪽에 있는 리크Leek라는 도시의 조그만 이태리 식당을 찾아갔다. 인터넷으로 식당 종류만 보고 찾아간 집이었는데 기대 이상이었다. '언제부터 영국에서 먹는 음식이 이렇게 맛있어졌나?' 싶었다. 하기야 원래 그랬었는데, 내가 예전엔 경험하지 못한 채 쉽게 생각한 탓일 것이다.

그렇게 옛것과 자연을 잘 간직하고 있는 영국이란 나라를 둘러보다 보니, 마음 한편으로는 착잡한 마음도 일어났다. 많이 나아지긴 했지만 여전히 수시로 허물고 짓고 바꾸는 우리 주변과 비교해볼 때, 자연 그대로, 있는 그대로 자손들에게 물려주는 그들의 문화가 돋보임은 어쩔 수 없다.

건물마다 무슨 할 말이 그리 많은지, 이러쿵저러쿵 써서 덕지덕지 내다 걸고는 '문화'를 말한다. 탄소 저감 운동의 모체라 할 국제기구를 우리나라에 유치해 놓고도, 도심지마다 휘황찬란한 조명에다가 건물 외벽까지 번쩍번쩍 호사를 부린다.

산업 혁명의 중심지였던 나라의 겉모습만 둘러보고 서구의 것이 마냥 좋아 보이고 우월하다는 이야기가 아니다. 그냥 시원한 공기가 그립고, 천고마비의 계절에 맑고 파란 우리의 가을 하늘을 다시금 보고 싶어진다는 말이다.

도버의 피안, 칼레

한밤중에 불현듯 잠이 깨더니 아무리 해도 다시 잠을 이룰 수 없다. 갈수록 정신이 맑아진다. 스마트폰을 만지작거리다가 그냥 일어나서 TV를 켜보았다. 이리저리 채널들을 돌리다 보니, CNN에서 프랑스 칼레에 있는 난민촌을 철거한다는 소식들이 전해지고 있다.

근자에 자주 그 지역 이름과 함께 수많은 난민들이 영국으로 건너가려고 필사의 노력들을 경주하는 장면들이 보도되는 것을 보던 터였다. 그 난민촌이 '정글'이라고 불린다는 사실도 처음 알게 되었다.

수단, 시리아, 쿠르드족 이락, 아프가니스탄 같은 아프리카 북동부와 중동 지역에서 몰려든 7천 명이 넘는 난민들이 더 나은 세계를 향해 떠나려고 몰려들었다는 그 항구 도시 칼레는, 수십 년 전 꿈과 낭만에 대한 기대로 들뜬 동양의 한 젊은이가 미지의 유럽 대륙을 향해 첫발을 내딛었던 피안의 도시였다.

그런데 세월이 흐르면서 그 도버 해협을 반대 방향으로 건너려고 수많은 난민들이 목숨을 걸고 기차나 화물차에 숨어들고 있다는 현실이 '삶이란 참으로 미묘한 것'이라는 느낌을 안겨준다.

야심한 가을밤에 잠은 잊어버리고, 생각은 기억을 타고 시간을 거스른다. '새벽동이 틀 무렵, 도버 해협을 가로지르는 카페리 뱃전에 서서, 어둠이 걷히며 천천히 희뿌연 윤곽을 드러내며 다가오는 유럽 대륙, 프랑스 칼레 해안을 바라보면서 가슴이 벅차오르던 젊은 시절….'

그때의 그 강렬했던 느낌을 되새겨보고 싶어서, 가족 여행 말미에 도버 해협을 거쳐서 잠깐이나마 파리를 다녀오는 것으로 계획을 세웠다.

도버 해협도 다시 한 번 건너고, 비록 주마간산 격이라도 파리의 명소들을 둘러보면 프랑스에 가본 적이 없는 딸에게는 그 나라에 대한 첫인상 정도는 가질 기회가 되리라고 생각되었다.

카페리 관련 자료를 찾다가 보니까 그사이 세상이 바뀌어서, 영국과 프랑스 간에 해저 터널Channel Tunnel이 1994년에 개통되었다고 한다. 기차에 차를 싣고 도버 해협을 건널 수 있다니까, 시간 절약과 함께 새로운 경험을 위해서 도버에서 배를 이용하는 방법은 과감히 포기했다.

포크스톤Folkestone에서 출발하는 아침 기차 시간을 맞추기 위해서 에어비앤비를 통해서 그 도시 인근의 가정집에 유숙하면서 그 옛날 B&B에서 머물곤 하던 기억도 되살려보았다.

차를 탄 채로 출국 수속을 한 뒤, 기차역 주차장에 줄지어 서 있다가 안내원들의 지시에 따라 기차에 오르는 것은 카페리와 비슷했다. 달랐던 점은 기차 안으로 오른 후에도 계속해서 주차된 차 안에 머물러야 한다는 것이었다.

줄지어 열차의 뒤쪽으로 올라가서, 주욱 앞으로 나아가 주차할 때까지 모든 것이 신기했다. 그리고는 약 50km 거리의 해저 터널을 수면

포크스톤역에서 유로 터널 셔틀 기차에 오르는 모습

아래로 최대 75m 깊이를 달려서 약 35분 만에 도버 해협을 주파하는 새로운 경험에 신명 나 있을 때도, 그 피안의 도시에 자신들의 삶을 위해서 목숨을 걸고 있는 사람들과 정글이라 부르는 난민촌이 있는지도 모르고 있었다. 1999년에 프랑스 적십자사가 칼레항 부근에 수용 시설을 설치하고 이후 여러 차례 폐쇄와 이전 등의 숨바꼭질을 거친 모양이었다.

내 삶에 파묻혀서 거들떠보지도 않았던 일이었다. 그랬던 그 일, 그 장면이 왜 갑자기 오밤중에 내 눈에 들어오고, 새삼스레 옛 생각까지 떠올리게 만들며 아린 마음을 주는 것인지를 생각해 보게 된다.

이런저런 생각들로 하얗게 밤을 지새운 지 며칠 되지 않아서 온 나라가 떠들썩해졌다. 우리가 앙앙불락하고 산다는 것이 정말 아무것도 아닐진대, 그저 나의 기대, 나의 생각대로 되지 않는다고 서로 탓하기에 바쁘다.

도버 해협을 건너려고 영국행 화물차에 스며들던 그들, 프랑스 칼레의 난민촌이 철거되자 파리 시내에 텐트를 치기 시작한다는 그들, 남의 나라 험준한 산천을 목숨 걸고 헤매는 그들의 일이 우리들의 일이 되어지는 것이나 아닌지 덜컥 겁이 난다.

잠시 후 또는 내일, 무슨 일이 일어날지도 모르고 살고 있는 우리다. 주어진 순간과 오늘에 감사하며 살아야 하는 연약한 인간들인 처지에, 그저 자신의 생각만 옳은 것으로 여기는 '너와 나의 이 독선과 욕심'들을 어이하면 좋을지 모르겠다.

누가 뭐라든, 초가삼간 태우고 남의 나라 떠돌아다니게 되는 일만은 없어야겠다.

파리의 중심가에서

“미라보 다리 아래 센강은 흐르고 그리고 우리들 사랑도 흐른다”라고 시작되던 기욤 아폴리네르의 시를 흥얼거리고, 「파리는 안개에 젖어」라는 영화를 보면서 눈으론 울면서 보일 듯 말 듯한 미소를 머금던 페이 더너웨이의 표정 연기에 빠져들던 젊은이가 프랑스 파리에 처음으로 발을 디뎠을 때는 그저 모든 것이 신기하기만 했었다.

‘저기에 진짜 나폴레옹이 누워 있나? 모나리자의 미소라는데 난 별로야. 센강을 보니 한강은 정말 큰 강이구나’ 같은 생각을 해가면서 유모차를 끌고 부지런히 돌아다녔었다.

지금은 그곳이 어디였는지는 잊었지만, 해산물이 즐비하게 진열된 조그만 식당들이 늘어선 좁은 골목 안에서 무언가를 맛있게 먹어보기도 했고, 피곤한 몸을 이끌고 숙소로 돌아와서 갓 지은 밥에다 통조림 깻잎 하나 올려서 입안에 넣을 때 하루의 피로를 일시에 날려주던 그 맛까지, 파리는 그렇게 여러 가지 아련한 추억들을 남겨준 곳이었다.

그 도시를, 머리카락이 하얗게 변해서야 다시 가보게 되었으니 여러모로 감회가 새롭지 않을 수 없었다. 도버 해협을 건너서 칼레에서 파리의 개선문까지 약 300km를 단숨에 달렸다. 숙소를 찾느라고 제법 혼이 났지만, 짐을 풀자마자 곧바로 추억을 더듬는 여정을 시작했다.

우선, 루이 13세의 어머니 마리 드 메디시스가 루브르궁으로부터 교외로 사냥 나가기 위해서 1616년에 센강 주변의 늪지대 채소밭에 여왕의 길을 내게 하고, 루이 14세가 이 길을 확장하여 1709년 샹젤리제라는 이름을 붙였다는, ‘세계에서 가장 아름다운 거리’로 향했다.

하지만 밀려드는 차량의 홍수 속에서, 개선문 근처에 내려서 어쩌고 할 경황이 없었다. 시간도 많이 지체되었기에 그냥 에펠 탑으로 향했다. 그래도 높은 곳에서 시가지를 조망하고 센강에서 유람선 한번 타보면 처음 파리에 온 딸에게는 도움이 되리라고 생각했다.

그 전날 영국에서 인터넷을 보던 딸이 "소매치기 횡포를 막아달라며 에펠 탑 종사 직원들이 파업을 한다"는 소식을 전하길래 내심 걱정했는데, 다행히 정상화되어 있었다. 소매치기 파동 때문인지, 도처에 보이는 경찰들과 소지품을 앞으로 감싸 안으면서 주변을 경계하는 관광객들의 모습들이 눈길을 끌었다. 엄청 많아진 한국인 단체 관광객들이 많은 인파 사이로 안내원을 따라 움직이고 있는 것도 수십 년의 세월 동안에 달라진 모습이었다.

오랜만에 다시 높은 곳에서 내려다보는 그 도시는 전혀 새로운 모습으로 다가왔다. 연휴 기간이라서 그런지 에펠 탑 전망대나 부근의 센강변은 완전히 북새통이었다. 강가에 유람선 선착장이 있어서 옛날의 그 배인 줄 알고 탔더니, 출발하고 나서야 전에 탔던 바토 뮤슈Bateau-Mouches 선착장이 강 건너편에 보이길래 혼자 실소를 머금었다.

석양 무렵의 아름다운 센강 주변 경치에, 여기저기서 연신 탄성이 터져 나왔다. 이윽고 도심에 서서히 어둠이 내려 깔리자, 다리와 강변의 건물들을 비추는 은은한 불빛들과 에펠 탑의 현란한 조명이 '빛의 도시'라는 파리의 명성을 드높이려는 듯이 더욱 흥을 돋우었다. 배 안의 모든 관광객들이 일어나서 환성을 지르며 때마침 보름달이 걸려 있는 에펠 탑의 야경에 빠져들었다.

밤늦게까지 돌아다니느라 피곤했을 가족들을 위해서 다음날은 느지막이 출발해서, 기독교 성지이자 "19세기 초부터 화가들이 영감을 얻기 위해 왔었다"는 몽마르트르 언덕으로 향했다.

파리 에펠 탑

그 언덕의 사크레쾨르 대성당 옆, 테르트르 광장Place du Tertre 주변은 그야말로 사람들로 북적거렸다. 광장이란 말이 무색할 정도의 자그마한 공간이지만, 오랜 세월에도 불구하고 별로 바뀐 것이 없어 보이는 것이 신기했다. 그곳에서 이름 모를 화가들의 소품들도 한두 점 고르고, 바로 옆의 식당에서 와인 한 잔의 여유까지 부려보았다.

몽마르트르 언덕 테르트르 광장

몽마르트르 언덕을 뒤로하고 갤러리 라파예트 백화점에서 얼마 떨어지지 않은 큰길을 지나고 있을 때였다. 차들이 붐벼서 서행하고 있는데, 오토바이가 주변에 얼쩡거리는 것 같더니 갑자기 문을 두드리며 '뒷바퀴가 펑크가 났다'는 손짓을 했다. 길가에 차를 세우고 보니 정말 오른편 뒤 타이어가 납작해져 있었다.

보조 타이어가 있으면 갈아 끼워나 보려고 잭 킷jack kit를 찾고 있는데, 웬 젊은이가 다가와서 "도와주겠다"고 나서더니 차 트렁크를 뒤지기 시작했다. '아까 그 오토바이 타던 친구 같은데…'라고 생각하며 어정쩡하게 지켜보고 있으려니까, 무언가 어색한 동작 끝에 손가락을 다쳤다. 전혀 상처까지 날 상황이 아니었고, 느닷없이 주머니에서 일회용 밴드를 꺼내서 붙이기까지 하는 것도 의아했지만, 그래도 도와준다니까 일단 지켜보고 있었다.

그 젊은이는 잭으로 바퀴를 약간 들어올리더니 바퀴 잠금을 푸는 공구를 찾는다면서, 이번에는 차 앞자리의 글로브 박스와 콘솔 박스를 살폈다. 그러더니 뒷자리까지 넘어가서 여기저기를 뒤지면서 놓여 있던 카메라와 가방 등을 앞자리로 옮겨놓는 것이었다. '이 사람, 공구를 왜 차 안에서 찾고 이러나?' 싶었다. 뒷자리에 놓여 있던 손지갑을 앞으로 옮길 땐 손끝이 미세하게나마 흔들리는 듯 했다.

그러더니 약속이 있다면서 어딘가로 핸드폰을 하고는, 우리 일행을 차 뒤쪽으로 불러 세웠다. 차 가까이서 지켜보던 둘째 딸까지 자기 쪽으로 불러 세우면서 "저 뒤쪽으로 돌아가면 정비소가 있으니 거기 가서 도와달라고 하라"고 했다.

그 말을 듣고 있는데 아내가 갑자기 "야, 도둑이다!" 하고 벼락치는 소리를 내며 차 앞으로 뛰어갔다. 그리고는 차에서 막 빠져 나오는 남자를 막아서며 팔을 붙잡고 "뭐야? 내놔!"라고 하고, 동시에 달려간 둘째 딸이 그 남자의 뒷덜미 옷깃을 잡고 섰다.

'저러다 다치면?' 하는 생각이 스쳐가는 사이에, 우리를 도와주는 척을 하던 녀석이 뭐라고 짧게 한마디 하니까, 그 남자가 잡혀 있던 자신의 패딩 조끼를 벗어 던지고는 달아나버렸다. 도와주는 척하던 녀석에게 "너도 한패지?"라고 딸이 쏘아붙이자, 먼저 도망치는 남자를 잡으려는 척하면서 같이 달아났다. 미심쩍긴 했었지만 워낙 순식간에 벌어진 일이라, 그저 어안이 벙벙할 뿐이었다.

파리에서 가장 크고 유명하다는 백화점으로부터 300m도 안 되는 번화가에서, 대낮에 "도둑 잡아라, 훔친 것 내놔라!" 하는 한국말 고성이 터져 나오고, 도둑이 가방을 뒤지다가 손에 들었던 휴지 조각들이 르피가로 빌딩 앞 오스만가에 흩날리는, 영화 같은 장면이 연출된 것이다.

놀란 가슴을 쓸어내리며 살펴보니까 다행히 잃어버린 것은 없었다. 파리에 소매치기가 많다는 뉴스를 듣고는 가방 안에 휴지를 잔뜩 넣어두고, 도와준다며 접근한 녀석의 사진까지 찍어두는 딸들의 경계심과, 주위를 살피다가 "차 안에서 뭔가 곱슬머리 같은 것이 어른거리는 것"을 보자마자 순식간에 내달린 아내의 순발력과 용기 덕분이었다.

그렇게 도둑을 쫓는 바람에, 여권과 여행 경비, 소중한 장면들이 담긴 카메라 등을 잃어버리지 않았으니 얼마나 감사한지 모른다. 더구나 '다음날이면 다시 런던을 경유해서 귀국을 해야 되는데 여권을 잊어버렸다면 어찌되었을까?' 생각하면 정말 아찔했던 순간이었다.

긴급한 상황은 그렇게 끝났지만, 자동차 펑크와 그들의 유류품 처리를 위해서라도 경찰에 신고가 필요한 것 같았다. 근처의 호텔에서 도움을 받아 'AA 긴급 지원 서비스' 신청을 마치고 온 큰딸과 아내에게 현장을 맡겨두고, 둘째 딸과 함께 도둑이 남기고 간 조끼와 그 안에 들어 있던 휴대폰을 들고 인근 경찰서를 찾아갔다.

"길거리에서 도둑을 맞을 뻔 했고, 그들이 남기고 간 물품을 신고하겠다"고 했더니, 한참 만에 한글이 같이 쓰인 신고서 양식을 건네주면서 "내용을 적으라"고 했다. 그러면서 "잊어버린 것이 있느냐?"고 물은 뒤로는 더 이상 뭘 어떻게 하겠다는 말이 없었다. 아까운 시간을 그렇게 흘려보내는 것이 안타까워서 안내 데스크의 경찰에게 뭐라고 말을 걸어도 못들은 척했다. "좀 전에 영어를 할 줄 아느냐고 물었을 때, 좀 한다고 하지 않았느냐?"고 말했더니, "그러는 당신은 왜 프랑스어를 못하느냐?"고 되묻기까지 했다.

매너 없는 그 경찰관하고 더 이상 시간을 허비하고 싶지 않아서 "도둑을 잡든지 말든지 그냥 그들의 물건들을 두고 가겠다"고 하니까, 자기들은 "받을 수 없으니 가져가라"는 것이었다. '무슨 이런 경우가 있나' 싶었다.

그때 대기 의자에서 그 장면을 지켜보던 여인이 "자기가 영어를 할 줄 아니까 도와주겠다"고 나섰다. 그러면서 "프랑스 법에는 그렇게 되어 있다"고 이야기를 하는데, 길 가던 과객의 상식으로서는 납득할 수가 없었다.

그래서 "이것은 내 것도 아니다. 이 나라의 것이니 여기다 두고 가겠다. 알아서 해라"고 하면서, 그 경찰관의 책상 위에 던져두고 나왔다. 바로 문 앞에 기관단총을 들고 방탄복을 입은 경찰들이 지키는 곳에서 겁도 없이 안내 데스크 경찰관을 향해서 눈총을 주고 나오다보니 갑자기 등골이 써늘해져서 걸음을 서둘렀다.

그 후로도 한참이 지나서야 견인차가 왔는데, 펑크를 때울 장비는커녕 바퀴 잠금을 풀 도구조차 가지고 있지 않았다. 우리나라의 훌륭한 긴급 출동 서비스가 생각났다. 삼십 년 전의 우리나라에는 이런 서비스 제도조차도 없었는데, 금석지감今昔之感을 금할 수 없었다.

그리고 비록 토요일 오후였지만, '세계적인 렌터카 회사가 영업하는 파리 시내니까 쉽게 다른 차로 대체되리라'고 생각했었는데, 그저 "견인해 가야 된다"고만 했다. 타이어 펑크 하나 해결하는 데 그렇게도 문제가 많은 줄은 상상도 못했지만, 현지의 실정이 그렇다니 방법이 없었다. 일단 다음날 아침까지는 결과를 기다려보고 결정하기로 했다.

다음날 아침, AA에서는 "주말이라서 수리가 안 되니, 런던행 기차표나 항공편을 예약해주겠다. 차는 자기들이 알아서 처리한다"고 했다. 파리를 가보고 싶다던 둘째 딸은, 도착 첫날부터 숙소와 식당, 택시 같은 곳에서 연이어 부딪히는 상식 밖의 일들과 백주대로의 도둑 사건으로 충격을 받았는지 "한시라도 빨리 파리를 벗어났으면 좋겠다"고 했다. 가족 모두 같은 생각이었다.

그래서 가능한 한 빠른 시간에 출발하는 편으로 AA에서 예약해둔 유로스타 기차를 타러 파리 북역Gare du Nord으로 갔다. 그런데 대합실에 들어서는 순간, 어떤 남자가 아내의 배낭을 열려는 것을 눈치챈 딸 덕분에 또다시 위험을 모면했다. 고함을 질러도 아닌 척하며 유유히 걸어가는 그 모습에 어이가 없었다. '아니면 말고'인가? 정말 어디서 어떻게 덤벼들지 가늠할 수가 없어서 혼이 빠질 지경이었다.

영국행 입국 심사를 마치고 대기실에 들어서서야 겨우 안도감과 함께 경계심의 끈을 늦추게 되었다. 소매치기의 공포에서 벗어나니까 그렇게 편안할 수가 없었다. 더구나 예상치도 않게 기차 내에서 점심이 제공되는 바람에 한결 기분이 나아졌는데, 그 음식이 그렇게 맛있을 수가 없었다.

여행에 대한 사전 준비가 소홀했던 탓도 있지만, 아름다운 경치하고는 달리 도저히 음식이라고 할 수도 없던 센 강변의 샌드위치, 몽마르트르 테르트르 광장 식당의 어설픈 요리, 씹어 삼킬 수조차 없었던 샹제리제 길가 식당의 스테이크 등으로 상처받았던 '프랑스의 맛'을, 떠나는 기차에서야 다시금 되살리게 되었다. 그렇게 한 잔의 와인을 곁들이는 사이, 지난 며칠간의 갖가지 일들이 봄눈 녹듯 사르르 흘러내렸다.

이렇게 편안한 기차 여행을 두고 왜 차를 끌고 갔었는지 슬며시 후회가 되기도 했다. 게다가 '자동차를 빌릴 때 추가 비용을 내고 유럽행 전손 보험full coverage을 들어놓지 않았으면 어쩔 뻔 했나' 싶었다. 공항까지의 택시 예약에, 유로스타 기차표에, 런던에서의 렌터카까지 전부 준비해준 AA의 서비스를 경험해본 것만은 의외의 반전이었고, 멋진 경험이 되었다.

런던의 세인트 판크라스St. Pancras역에 도착했을 때는 그야말로 모든 것이 조용하고 평화로웠다. 이제서야 사람 사는 곳에 돌아 온 것 같았다. 그렇게 편안함과 여유로움을 즐기며 걸어나가는데, 한 무리의 우리 동포들이 각자 큰 가방 하나씩을 끌면서 줄지어 들어서고 있었다. 반가운 마음보다는, '우리와 같은 난관들은 만나지 말아야 할 텐데' 하는 착잡한 마음이 스쳐 지나갔다.

근엄하고 밤만 되면 사방이 조용해지면서 마치 시골의 종갓집 같은 분위기를 내던 런던과는 달리, 활기찬 도회지에 온 것 같은 느낌을 주던 파리였는데, 흐르는 세월 따라 너무나 많이 바뀐 듯해서 안타까운 마음이 컸다. 하지만 내 마음속의 운율은 그대로 남아 있다.

"미라보 다리 아래 센강은 흐르고…, 밤이 오고 종은 울리고 세월은 가고 나는 남아 있네."

여유로움의 향기

워싱턴D.C.에서 일을 하게 된 딸을 따라 나섰다. 배편으로 미리 실어 보낼 짐을 챙기고, 비행기로 실어 갈 수하물 꾸러미를 챙기는 것이 예전과 달리 조금은 힘에 부친다. 딸이 자신의 꿈을 찾아서 새로운 도전을 시작하는 바람에 내 일상에도 변화가 왔지만, 그런 젊은 생각에 내 편안함을 내어주는 것이라서 기분이 좋다.

오랜만에 미국 땅을 다시 밟으니 마음이 설렌다. 황사에 찌든 하늘을 벗어나 맑고 푸르른 하늘을 바라보니 상쾌하기 그지없다. 가슴이 시원해지는 공기는 차라리 '달다'라는 표현이 맞을 것 같다. 그 동안 쌓인 미세 먼지를 조금이나마 더 털어낼 요량으로 자꾸만 심호흡을 해본다.

워싱턴D.C.는 공사公私간에 여러 차례 가보긴 했으나 그저 동서남북이나 아는 정도라서, 알맞은 거처를 물색할 동안 도심에서 멀지 않은 호텔에서 며칠간 머물기로 했다. 시차 탓인지 한밤중에 잠이 깨서 뒤척이다가, 동틀 무렵 떠오르는 햇빛에 벌겋게 물들어가는 하늘과 이른 아침의 상쾌한 공기에 이끌려 무작정 거리로 나섰다.

저만치 길 건너 계단 위로 델리deli 식당의 불이 켜져 있다. 옛적 맨해튼에서 출근길에 즐기던 머핀과 커피 맛을 그려보며 그 입구 쪽 계단을 오르는데, 누군가가 안에서 문을 열어주며 미소를 짓는다. 조금 전 길을 건널 때 먼저 올라가는 흰 셔츠 차림의 남자를 보았는데, 바로 그 사람이다.

대여섯 계단 차이, 그냥 들어가고도 남을 상황이었음에도 내가 뒤따라 올라오는 것을 보고 문을 붙잡고 기다려주고 있는 것이다. 감사하다는 말 한마디로는 부족할 듯한 그 몇 초간의 스침 속에서 모처럼만에 사람의 향기와 따뜻함을 느껴본다.

이른 아침의 상큼한 공기와 함께 싱그러운 여운을 남겨주는 그 사람의 친절과 배려심 덕분에 참으로 여유롭고 푸근한 하루가 시작될 것 같다.

오전에 새 거처로 입주하게 되어서, 짐을 실은 승합차를 몰고 미 국방부 청사The Pentagon 부근 고속 도로를 빠져 나올 때다. 스마트폰 '길찾기'에서는 진출로를 나오자마자 교차로에서 좌회전하라는데, 진출로 초입부터 늘어선 좌회전 차량들 때문에 어쩔 수 없이 직진 차선인 2차선에서 신호 대기를 하게 되었다.

약속된 시간도 있고 부근의 지리도 잘 모르는데 그대로 직진했다가는 또 어디론가 한참을 돌게 될지도 모르고, 그렇다고 마구잡이로 끼어들 수도 없어서 난감해진다. 그러는 중에 먼저 좌회전 신호가 들어오고 1차선 차량이 거의 다 지나갈 무렵에 직진 동시 신호로 바뀌는데, 때마침 1차선의 차가 한참 뒤떨어져 오는 틈을 타서 좌회전 표시등을 넣으며 여유롭게 방향을 틀었다.

이제는 제대로 길을 들어섰다고 안도하는 순간 뒤에서 뭔가 번쩍거리고, 백미러에는 헬멧을 쓴 오토바이 경찰관이 보인다. '어이구, 하필 그때에…' 싶었지만, 이미 엎질러진 물이었다.

하릴없이 차를 길가에 세우니, 영화에서나 봄직한 복장의 경찰관이 다가와서 면허증을 내놓으란다. 여권과 국제 면허, 국내 면허증을 같이 건네주며, "엊그제 미국에 와서 오늘 숙소에 입주하러 가는 길인데, 이곳 지리를 잘 몰라서 그랬으니 선처 바란다"고 덧붙여보았다.

승합차 뒷자리를 살펴보던 경찰관이 씨익 웃으면서 "미국 온 지 며칠 안됐고 하니, 벌금 없는 경고장을 발부하겠다"고 한다.

머리가 하얗게 센 사람의 어설픈 읍소 때문인지 아니면 차 안에 잔뜩 쌓인 가방들과 잡다한 생활 집기들이 그를 미소 짓게 만들었는지는 알 수 없으나, "부적절한 좌회전improper left turn"이라고 쓰인 경고장을 받게 되면서 '새로 살 집에 들어가는 날 아침부터 찝찝하게 벌금이나 물게 만든다'는 비난은 면하게 되었다.

이른 아침 식당 앞에서 스쳐간 한 사람의 배려와 친절로 기분 좋게 시작된 그날은 그렇게 순조롭게 이어져갔다.

며칠 후, 미국 최초의 가톨릭계 대학이자 최상위권 사립 대학인 조지타운 대학교 캠퍼스를 구경하려고 길을 나섰다. 스마트폰이 시키는 대로 로슬린Rosslyn역에서 38B 버스로 갈아타려는데, 막 도착한 버스는 반대 방향으로 가는 것이었는지, 기사가 "다음에 오는 차를 타라"고 한다.

옆에서 지켜보던 중년의 남자가 '26분이나 기다려야 한다'는 버스도착 정보 알림판을 가리키면서, "저 아래로 가면 시티 셔틀이 있는데, 오래 기다리지 않고 바로 갈수 있다"고 알려준다. 괜스레 마음이 바빠져서 알려주는 곳으로 종종걸음을 치자, 등 뒤에서 "뛸 필요는 없다"고 외쳐준다.

손을 흔들어 감사의 뜻을 표하면서 길을 건너니, 통근 버스 같은 흰색 버스가 서 있다. "조지타운 대학교 가느냐?"고 묻자, 마음씨 좋아 보이는 기사가 어서 타라는 손짓을 한다. 10~30분 간격으로 로슬린역에서 조지타운 대학교를 오가는 무료 셔틀버스였다.

마주친 사람들 모두가 참 친절하고 여유롭다고 생각하는 사이, 차는 벌써 포토맥강을 건너서 고색창연한 대학 캠퍼스로 들어선다. 반짝이는 강물과 파란 하늘, 늦가을의 정취를 물씬 풍기는 단풍과 우뚝 선 첨

Healy Hall, Georgetown University

탑…. 강바람조차도 계절을 잊은 듯 포근하게 감싼다.

학기 말 시험 기간이라서 그런지, 학생회관에는 학생들이 삼삼오오 모여 앉아서 무언가 열띤 토론도 하고, 벽난로 옆에서 책을 보기도 한다. 그들의 학구적인 분위기와 포토맥 강변의 풍취를 음미하며 커피 한 잔의 여유를 누려본다.

아내와 함께 종소리가 은은히 울려 퍼지는 힐리 홀 시계탑 앞 잔디밭 길을 거닐다 보니, 한국말로 얘기하며 오가는 젊은 남녀들이 제법 눈에 띈다. 조지타운 중심가인 M 스트리트와 위스컨신 애비뉴 교차 지역에서도, 학교 부근인데다가 인기 관광지라 그런지 한국말을 하며 지나는 젊은이들이 심심찮게 보인다. 어느 경우든, 우리 사회가 이렇듯 발전했구나 싶어서 마음이 뿌듯해진다.

그런데, 이리저리 거니는 사이에 마주치게 된 그들이 한결같이 애써 시선을 피하며 지나치는 것이 마음에 걸린다. 며칠 전 항공 우주 박물관 벤치에 같이 앉게 되었던 아이 엄마도, 아내가 먼저 인사를 건네기 전까지는 아이와의 대화 외에는 스마트폰만 만지작거리고 있었다. 그때도 '같은 한국인끼리 이국 땅에서 만났는데, 서로 가벼운 인사라도 나누면 좋으련만'이라고 생각했었는데….

저녁 시간의 조지타운 중심가는 더 많은 사람들로 붐빈다. 오래 전 이곳에 왔을 때의 기억을 더듬으며 가족들과 사진을 찍으려는데, 큼직한 개를 데리고 지나던 젊은 여성이 "사진을 찍어 줄까요?" 하고 묻는다.

그리고 북적거리는 밤거리를 배경으로 가족 사진을 찍어주고는, "조지타운에 오신 것을 환영합니다(Welcome to Georgetown)!"라는 말과 함께 싱그러운 미소를 날리며 떠난다. 정말 멋진 젊은이다.

아무리 각박한 세상살이지만, 이해인 수녀의 「아침의 향기」라는 시의 시어詩語처럼 "오늘 하루도 온유하게 녹아서 누군가에게 향기를 묻히는 정다운" 사람들이 많았으면 좋겠다. 오랜만에 다시 가본 미국의 수도에서 만난 사람들이 건네준 그런 친절과 배려, 따뜻함과 여유로움의 향기가 우리 모두에게도 흘러넘치기를 기원해 본다.

맨해튼의 잠 못 이루는 밤

2019년말 가족과 함께 워싱턴D.C.에 머무를 때, 딸들이 “이번 크리스마스에는 뉴욕에 가서 지내자”고 했다. 오랜만에 다시 미국 땅을 밟게 되니, 맨해튼을 오가며 살던 시절의 성탄절 분위기를 다시 느껴보고 싶었던 모양이다.

머무를 곳으로 연말 맨해튼의 비싼 호텔비를 감안해서 강 건너 뉴저지 쪽을 추천했더니, 일찌감치 할인가로 맨해튼에 예약해두었다면서 라디오 시티 크리스마스 스펙타큘러 입장권도 사두었다고 한다. 그 로케츠 무용단 공연은 어릴 적에 다 본 것인데 뭐 하러 또 보느냐고 했더니, “하나도 기억이 나지 않을 뿐더러 취소 불능 조건”이라며 막무가내다. 부모 형제와 함께 하는 현재라는 시간의 귀함을 강조하면서 “나중에 후회할 일을 줄이겠다”는 그 마음을 당해낼 재간이 없다.

크리스마스 전날 오후에 뉴욕으로 향했다. 수없이 드나들던 뉴저지주 고속 도로NJ Turnpike로 들어서자 중간중간의 휴게소마저 정겹다. 뉴브런즈윅을 지날 때는 벌써 어두워지고, 쉴 새 없이 비행기가 오르내리는 뉴어크Newark 공항 주변도 여전하다. 링컨 터널 쪽으로 향하자 자유의 여신상과 맨해튼의 야경이 모습을 드러낸다. 얼마 만에 보는 풍경인가…. 반가운 마음에 탄성이 절로 난다.

호텔에 도착해서 이스트강East River 쪽 객실의 시원한 조망에 감탄하며 방안을 살피던 딸이 침대 베개에 뭔가 벌레 껍질 같은 것이 묻어 있다며 호텔 프런트와 얘기를 나눈다. 빈대bed-bug 종류일 리는 없다면서도 ‘남은 게 시내 쪽 객실 하나 밖에 없으니 그것도 괜찮다면 방을 바꾸라'고 한다기에 다시 가방을 챙겨서 나섰다.

호텔 측에서는 미안하다면서 아침 부페 식사권까지 제공하며 바꾸어 주었지만, 오랜만에 뉴욕을 찾은 나에게는 강변 쪽의 컴컴한 밤 풍경보다 도심 쪽의 풍광이 훨씬 더 매력적이다. 딸들 덕분에 다시 와본 맨해튼에서 크리스마스이브의 시가지 전경을 감상할 수 있게 되었으니, 이보다 나은 크리스마스 선물도 없을 성 싶다.

예약된 저녁 시간에 늦을까 봐 서둘러 식당으로 향했다. 날이 날이니만큼 스테이크 식당에 가보자기에, 일정을 고려해서 호텔에서 가까운 스팍스Sparks Steak House로 정했다.

1966년부터 시작된 식당이라는데, 예전에 이곳에서 식사를 할 때 "마피아의 총격전 때 멈추어선 시계"라는 설명을 들었던 벽시계 생각이 나서 이리저리 둘러보아도 보이지 않는다. 1985년 12월에 뉴욕 마피아 두목인 감비노Gambino가의 카스텔라노Paul Castellano와 그의 수행원이 식당 입구 앞에서 총격을 받아 사망했을 때의 얘기였을 것이다.

안내 데스크 직원에게 "여기에 걸려 있던 그 벽시계가 어디 있느냐?"고 물어보니, 지하층에 가 있다고 한다. 손님들도 붐비는데 더 이상 귀찮게 할 수도 없어서 그냥 돌아섰지만, 살짝 아쉬운 마음은 든다.

예전보다 많이 비싸진 메뉴와, 손님이 알아서 팁을 계산해서 적어 넣던 청구서가 3단계의 봉사료율과 해당 금액이 예시되어 제시되는 것이 세월의 흐름을 말해주지만, 크리스마스이브 만찬을 즐기려는 가족 단위 손님들의 분위기와 큼지막한 스테이크 요리는 여기가 맨해튼임을 실감나게 해준다.

식당을 나와서 건물 전체를 빨간색과 초록색 조명으로 장식한 헴슬리 빌딩 앞을 지나 파크 애비뉴를 걸어 본다. 세계 정상들의 단골 숙소이던 월도프아스토리아 호텔 주위는 공사장 칸막이로 가려져 있다. 그러고 보니 '내부를 고급 아파트, 일부 객실 등으로 개조한다'는 기사를 본 기억이 난다.

국가 원수들이 머무를 때의 관례대로 호텔 정문 위에 휘날리던 태극기를 바라보던 때나 호텔 내 식당들을 들락거리던 때가 엊그제 같은데, 이렇듯 역사 속으로 사라진다니 세월의 무상함이 가슴을 적신다.

언젠가 이 호텔에서 있은 행사에 갔다가 갑자기 비가 오는 바람에 혹시나 싶어서 로비 직원에게 "우산 좀 구할 수 없느냐"고 물었더니, 아무 말 없이 선뜻 호텔 로고가 박힌 새 우산을 꺼내주길래, '투숙객도 아닌데 이래도 되나' 싶어 내심 놀란 적이 있다.

덕분에 가볍고 고급스런 영국 신사풍의 우산을 한참 동안 아끼며 들고 다니기도 했었고, 호텔 로비에 있는 화장실을 갈 때마다 양복 어깨를 털어주거나 향수를 뿌리며 손 닦을 수건을 건네주는 예복 차림 직원의 서비스에 팁을 건네면서도 왠지 거북스러웠던 기억들도 새롭다.

이런 호텔에서 잠을 자면 어떤 기분일까 궁금해서 일부러 한 번 머물러보기도 했었는데…. 마음 한 켠으로 솔바람이 인다.

길가의 크리스마스 장식과 조명들을 감상하며 록펠러 센터 앞 5번가 삭스 피프스 애비뉴 백화점 부근에 이르자 분위기가 달라진다. 백화점 전면 외벽을 스크린 삼은 크리스마스 조명 쇼와 쇼윈도 장식을 구경하려는 사람들 때문인지 보행로와 차도 사이에 차단 펜스가 설치되어 있고, 밤을 잊은 사람들의 열기와 길가에 늘어선 핫도그 판매대에서 피어나는 연기가 밀려드는 차량들의 불빛과 어우러진다.

1931년 12월에 록펠러 센터 건설 노동자들이 돈을 모아서 6m 짜리 발삼 전나무를 사고 그들의 집에서 만든 화관 등으로 장식된 트리를 세

록펠러 센터 크리스마스트리

운 것이 그 기원이라는 록펠러 센터 크리스마스트리 주변으로는 각양각색의 사람들이 들뜬 가운데 저마다의 추억거리를 만들기에 여념이 없다.

채널 가든의 나팔 부는 천사들 장식에서 자아내는 평온함이나 프로메테우스 조각상 뒤쪽에 세워진 23m 짜리 대형 트리 위의 스와로부스키 별과 5만개의 LED 장식등에서 만들어내는 황홀한 색감을 제대로 완상할 겨를도 없이, 몰려 있는 사람들 사이를 헤쳐나가기에 바쁘다.

도심을 걸어 다니느라 피곤해진 몸을 이끌고 호텔로 돌아왔으나, 쉽게 잠을 이룰 수가 없다. 자정이 훌쩍 넘은 시간까지도 도심 상공에 떠있는 헬리콥터의 움직임과 고층 빌딩들의 황홀한 불빛이 세계적인 도시의 크리스마스이브임을 실감나게 만든다. 그런 시가지의 밤 풍경 속에서 '저기는 출근하던 길이고, 저기는 무슨 빌딩이고, 저쪽은 어딘데' 라고, 한참 뛰어다니던 시절의 기억들도 소환해본다.

밤하늘을 배경 삼아 우뚝 서있는 엠파이어 스테이트 빌딩의 조명 빛은 마치 영화를 보고 있는 듯 로맨틱한 감상을 불러일으킨다. 여주인공이 이 빌딩의 발렌타인데이 조명을 보고 달려가서 운명적 사랑을 이루

크리스마스이브의 맨해튼

던 「시애틀의 잠 못 이루는 밤」, 사랑에 빠진 남녀가 훗날 만나기로 한 이 빌딩 앞에서 벌어진 운명적 엇갈림과 해후를 그린 「러브 어페어」 같은 영화들에서 사랑을 기다리는 곳으로 자리 매김된 바로 그 빌딩에서, 크리스마스이브에 처연할 만큼 아름다운 불빛을 발하고 있다.

그렇게 뉴욕에서 맞는 크리스마스이브의 정취에 취해가면서도 마음 한 켠으로는 '이렇게 마구 행복해도 되나?' 싶은 막연한 불안감이 스멀스멀 피어오르기도 했다. 이럴수록 주어진 이 기회에 감사하고 더욱 겸손한 마음가짐을 가져야겠다는 다짐을 해보는 사이에 '맨해튼의 잠 못 이루는 밤'은 조용히 깊어져만 갔다.

그로부터 한 달 후에 전 세계에 전염병이 창궐하여 이동과 여행이 일거에 제한되고, 도시가 텅텅 빈 가운데 수많은 사람들이 고통 받고 희생당하는 환란을 맞을 것이라고는 상상도 못한 채로….

크리스마스트리 단상

코로나 시국에 매몰된 채 무기력하게 한 해를 보내지만, 그래도 연말을 맞으며 크리스마스트리를 꺼내어 펼쳐본다. 오래된 것이라 인조 잎새들이 많이 엉성해졌지만, 트리 장식들을 걸어놓으니 제법 그럴싸해진다.

비록 몇 푼 되지 않는 장식물들이지만, 온 가족이 외국에 나가거나 기회가 닿으면 한두 개씩 사서 깨어질세라 소중히 모셔온 것들이다. 그리고 12월이 다가오면 함께 트리에다 걸면서, 이건 언제 어디서, 저건 누가 무얼 하다가 샀는지를 회상하며 크리스마스 분위기를 띄운다.

트리 전구에 불을 넣고 나니, 지난 해 연말에 우연히 목격한 미국 국립 크리스마스트리 점등 행사가 생각난다. 12월초 해거름 무렵에 아내와 함께 워싱턴 D.C. 시가지를 거니는데, 백악관 남쪽의 공원The Ellipse으로 통하는 거리들을 불도저 손을 내린 대형 덤프트럭들이 봉쇄하고 있고, 도처에 경광등이 번쩍이고 있는 것이었다.

진치듯 거리를 막고 있는 덤프트럭들의 위용과 경비 인력들이 들고 있는 기관단총에서 뿜어져 나오는 삼엄한 분위기에 내심 놀라면서도, 무슨 일이 있나 싶어서 통행 가능한 보행로를 따라 워싱턴 기념탑 앞쪽으로 내려가 보았다.

그 덕분에 비록 먼발치에서나마, 1923년 이래 근 100년의 세월을 이어져온다는 국립 크리스마스트리 점등 행사장의 스피커를 통해서 울려 퍼지는 미국 대통령의 연설을 들으면서 나름대로 생생한 현장감을 맛볼 기회를 가지게 되었다.

National Christmas Tree(2019.12.)

나중에 다시 그곳에 찾아가서 50개 주와 6개의 미국령을 대표하는 작은 트리들과 함께 서 있는 국립 크리스마스트리를 살펴보았다. 특히 밤하늘을 배경 삼아 워싱턴 기념탑, 백악관 주변의 풍광과 어우러진 차분한 불빛이 인상적이었다.

그러고 보니 고즈넉한 이곳과는 달리, 뉴욕 맨해튼에서는 록펠러 센터 광장뿐만 아니라 센트럴 파크 남단 5번가, 타임 스퀘어 부근은 차도까지 내려서야 할 정도로 많은 사람들이 붐볐다. 길가의 패스트푸드점이나 어느 초콜릿 회사의 기념품 매장에는 경비원들이 아예 출입문을 닫아걸고 밀려드는 사람들을 통제하고 있었다. 그 많은 사람들을 살피며 정리해야 하는 보안 요원들이 어떻게 이런 상황을 제어할 수 있을지가 궁금할 정도였다.

물론 그들도 나처럼 세계적인 도시에서 나름대로 의미 있는 시간들을 보내고 있는 것이겠지만, 지난날 이 도시에서 일할 때 경험했던 크리스마스 때와는 차원이 달랐다. 전 세계에서 몰려든 듯한 사람들 모두가 자신들이 향유할 수 있는 세상 것들의 추구에 여념이 없는 듯 했다.

모두가 무엇엔가 홀린 듯 들뜬 사람들과 현란한 조명들을 보면서 불현듯 「십계」란 영화에서 출애굽한 모세가 하나님의 계명을 받으러 시내산에 올라가 있을 때 성급한 백성들이 그 아래 광야에서 금송아지를 만들어서 울러메고 춤추던 장면이 떠올랐다.

그토록 모두가 무엇인가에 쫓기듯, 무엇인가를 찾으며 떼 지어 몰려다니던 그 모습…. 그러면서 '이런 북새통을 이루면서까지 찾으려는 우리 욕망의 끝이 과연 어디일까?'라는 생각마저 들게 만들었다.

그 록펠러 센터 광장에서, 또다시 크리스마스트리에 불을 밝히는 연례 점등식 행사가 TV 실황으로 전해진다. 수많은 사람들로 붐비던 그 광장은 일 년 만에 인적조차 드문 황량한 분위기로 바뀌어 있고, 화면으로 전해지는 광장 주변의 불빛과 크리스마스트리를 장식한 조명은 추운 겨울 날씨처럼 처연함마저 자아낸다.

한치 앞을 모르는 세상살이를 마치 우리가 다 가지고, 다 해낼 것 같은 교만에 겨워 살아온 것을 나무라듯, 바이러스 하나로 일거에 모든 것을 허물어버린 그 오묘한 섭리에 절로 숙연해진다.

이제부터라도 크리스마스트리에 걸린 장식들의 아름다움에서 얻는 소소한 즐거움보다, 이런 환난의 시간조차 주관하시며 천하만물을 움직이는 "하나님이 세상을 이처럼 사랑하사 독생자를 주셨으니"(요한복음3:16) 그 성탄과 사랑의 신비로운 깊이를 제대로 알게 되는 기쁨이 있었으면 좋겠다.

다양한 목소리, 하나의 나라

워싱턴D.C.에 있는 '스미소니언 국립 미국사 박물관' 3층에 가면 "영광스러운 책무A Glorious Burden"란 부제목이 붙어 있는 미국 대통령직The American Presidency 전시관이 있다. '대통령 직무를 성실히 수행하며, 최선을 다해 헌법을 보존하고, 보호하며, 지키겠다preserve, protect and defend'는 취임 선서문이 걸려 있는 그곳에 들어서면, 대통령직에 요구되는 대표적 역할들을 일목요연하게 보여준다.

국가의 지도자, 의전상 국가 원수, 군 통수권자, 외교 수장, 행정부 수반, 정당 지도자, 경제 관리자.

그리고 이어서 대통령 권한의 제한Limits of Presidential Power이란 코너로 연결된다. "국가의 운명이 걸린 선택을 실수 없이 해야되는 영광과 도전의 자리", 그 대통령직에서 행사할 수 있는 막강한 권한이 의회와 대법원, 탄핵, 여론, 언론 같은 헌법과 정치적인 제약 장치들에 의해

국립 미국사 박물관 대통령직 전시관

제한됨을 설명하고 있다.

이런 역사 박물관에 국가 원수의 권한과 그 권한의 제약 장치들에 대한 내용이 나란히 전시되고, 또 그렇게 천명하고 있다는 사실이 조금은 놀랍다.

공직자들의 처신에 대한 설왕설래로 우리 사회가 떠들썩하던 즈음이라 그런지, 여론과 언론이란 단어가 삼권 분립 제도의 의회, 대법원과 함께 대등하게 자리 잡고 있는 그곳에서 한참을 머물게 된다.

같은 층, "자유의 대가The Price of Freedom: Americans at War"라는 전쟁사 전시관 한쪽에는 한국 전쟁 당시의 한반도 지도가 걸려 있다. 그 지도 하단부에 표시된 낙동강 방어선을 살펴보고 있으려니, "점점 가까워지는 박격포 소리를 들으며 피난 준비를 했다"던 어머니의 회고담이 떠오른다.

듣기만 해도 오금 저리던 포탄 날아다니는 이야기와 빛바랜 사진 속의 상흔傷痕들을 더듬으며, 미국의 역사 박물관에 자리 잡고 있는 우리나라 지도의 의미를 생각해본다.

3층짜리 박물관 건물 곳곳에는 대통령 부인들이 취임 축하 무도회에서 입었던 드레스에서부터 성조기, 미국 민주주의와 투표 제도, 운송 수단, 전기 통신, 화폐, 악기, 주택과 주방 같은, 미국의 역사와 산업의 변천사가 주제별, 시대별로 전시되어 있다. 그 많은 전시품들을 이리저리 살펴보느라 발걸음이 제법 묵직해질 즈음, "다양한 목소리, 하나의 나라Many Voices, One Nation"라고 쓰인 표지판이 보인다.

전 세계 각양각색의 문화권에서 모여든 수많은 인종들이 어떻게 미국이란 하나의 나라를 만들어왔는지 살펴볼 수 있는 이 전시관에서는, "다양한 문화의 포용Embracing America's Cultural Diversity"이란 설명문 옆에 고운 색감의 빨강 한복 치마저고리가 눈길을 끈다.

그 건너편에는 "기독교 선교 단체 등의 사회 복지 노력으로 1950년대 이후 20만 명이 넘는 한국 고아들이 미국 가정에 입양되었다"는 설명과 함께, 그 사례인 아기 사진과 예쁜 치마저고리도 걸려 있다.

가슴이 아려온다. 1980년대 초 파리로 가는 비행기 안에서 끊임없이 들려오던 아기 울음소리가 다시금 귓가를 맴돈다. 그때도 승무원이 "입양 가는 아기가 저렇게 계속 운다"고 했었는데….

수많은 아기들이 낯선 사람들의 품에 안겨서 이국땅으로 보살핌의 손길을 찾아가게 하던 그런 시절, 그런 안타까운 얘기들은 까마득히 잊어버린 채 오늘에 파묻혀 살아가는 우리들의 옛 모습을 미국의 역사 박물관에서 되돌아보게 되다니 만감이 교차한다.

넓은 전시관을 돌아다니다 보니 체력의 중요함을 새삼 깨닫게 된다. 승강기 앞 빈 의자에서 잠시 지친 몸을 가누는데, 어디선가 옹기종기 모여든 학생들이 내 앞쪽 복도 바닥에 털썩털썩 주저앉는다. 옆쪽을 돌아보니, 인솔 선생님들도 벽에 기댄 채 학생들과 함께 바닥에 앉아 있다.

다양한 목소리 하나의 나라 전시관

엉겁결에 학생들에게 둘러싸인 모양새가 어색해서 “자리를 비켜줄까?”라고 물으니, 선생님들이 손사래를 친다. 그러면서도 이쪽이 불편하지 않도록 떨어져 앉으라고 눈짓이라도 한 듯, 내 앞의 학생들이 슬금슬금 조금씩 비켜 앉는다. 자유분방한 듯하면서도 나름대로의 규범이 엿보이는 스승과 학생들의 모습이 잔잔한 감동을 안겨준다.

털털하고도 구김 없는 그들의 행동거지와 현장 학습 분위기를 가까이서 지켜보다 보니, 다양한 문화권의 사람들이 한데 어우러져 사는 나라를 만들어가는 노력들과 사회 제도, 역사의 흐름을 어린 시절부터 직접 보고 배울 수 있게 만드는 이런 환경이 은근히 부러워지기도 한다.

그들에게 자리를 내어주고 일어서는 내 머리 위로 입양아의 앙증맞은 한복과 울음소리, 한국 전쟁 지도와 자유의 대가, 대통령직의 영광스런 책무와 선택, 여론과 언론이란 단어들, 그리고 “다양한 목소리, 하나의 나라”라고 쓰인 큼지막한 글자가 한꺼번에 뒤엉키며 어지러이 날아든다.

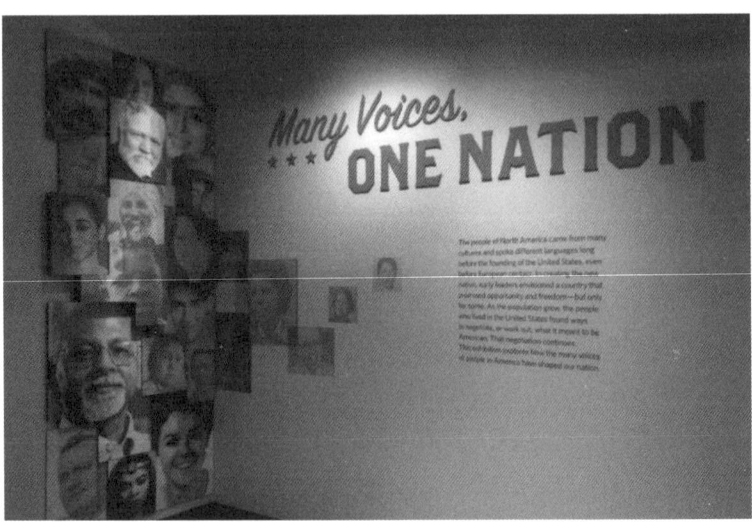

다양한 목소리 하나의 나라 전시관

추억 여행

어느 우물 안 개구리의 여로

발행일 : 2022년 4월 20일

지은이 : 조병수

펴낸이 : 최경애
펴낸곳 : 도서출판 자연과 사람
홈페이지 : www. nature-human.co.kr
편집디자인 : 다락방 안소라

주 소 : 경기도 양평군 서종면 소구니2길40번길 20
전 화 : 070-7548-5429
팩 스 : 031-774-7486

정 가 : 15,000원

ISBN : 978-89-969197-8-0 03810